리더십/팔로워십

주 만 성 저

법 영 사

머리말

본서는 다가오는 시대를 책임져야 할 청년 리더들을 염두에 두고 저술 한 책이다. 하지만 단지 리더만을 위한 책은 아니다. 그 이유는 대부분의 리더들은 다른 공동체의 팔로워이기 때문이다. 본서는 팔로워십을 항상 염두에 둔 리더십에 관한 책이다. 리더십과 팔로워십은 별개의 개념이 아니다. 그렇지 않다고 생각하는 바로 거기에 리더십의 문제가 있다. 리더십과 팔로워십은 동전의 양면과 같아서 분리할 수 없다. 이 리더십 교본을 집필하면서 꼭 해 둘 말이 있다. 부디 모두가 리더가 되려고 하지 말라. 인류의 찬란한 역사는 수많은 이름 없는 사람들로 인해 이루어진 것이다. 우리의 놀라운 역사적 업적들 중에는 2인자로서, 협력자로서, 단순 참여자로서 그 공을 나누어야 할 수 많은 사람들이 있다.

어떤 이들은 2인자나 3인자가 되기보다 꼭 1인자가 되기 위해 분수에 넘치는 과욕을 부리다가 그 훌륭한 능력과 실력을 갖추고도 나락으로 떨어지는 경우가 많다. 어느 조폭 영화의 한 대목이 생각난다.

"누가 나를 넘버 쓰리(3)래? 나 넘버 투(2)야! ~"

갑자기 "너 자신을 알라"고 한 소크라테스의 목소리가 들려온다. "나 보다 남을 낫게 여기라"는 예수의 a말씀도 문득 떠오른다. 본 교재의 제목을 리더십/팔로워십이라고 정하기를 잘 한 것 같다.

아무튼 한 사람의 깨어 있는 리더는 중요하다. 앨빈 토플러가 말한 바 어느 공동체이든 깨어있는 10%의 창조적 소수가 그 공동체를 이끌어 가는 사실을 부인하기 어렵기 때문이다.

본서의 구성은 대략 다음과 같다. 먼저 리더가 기본적으로 파악 하고 있어야 할 권력, 권위, 헤게모니 등을 위시한 기초적인 철학적 개념들, 리더의 건전한 자아의식, 자존감, 열등감, 섬김과 희생 등 리더가 되기 위해 갖추어야 할 기본적인 덕목과 소양들, 그리고 공동체 구성원 상호 간의 갈등구조 속에서 어떻게 설득하고 의사소통을 해 나갈 것인가 하는 것들과 다양한 공동체의 의견을 효과적으로 수렴하는 회의진행 요령 등 공동체에 나타나는 문제들을 해결하는데 필요한 기술들을 다루었다.

그리고 역사상에 나타난 고전적 리더로부터 현재 활동 중인 IT(Information Technology), DT(Data Transmission)시대의 글로벌 리더에 이르기까지 다룰 수 있는 리더십 범위는 총망라하여 다루어 보았다. 최근 우리 민족을 들었다 놓았다 하는 트럼프를 다룰 것인가 말 것인가 원고를 쥐었다 놓았다 고민하면서 …

글로벌 워밍으로 인해 유난히 무더운 7월의 여름날
백석대학교 지혜관 연구실에서
주 만 성

목　차

제1장 서 론

제2장 리더와 리더십

제 3 장 리더의 자질

제 4 장 리더가 갖추어야 할 능력

제 5 장 리더가 갖추어야 할 기술(Skill)

제 6 장 리더십의 유형

제 7 장 팔로워십

제 8 장 고전적 리더십

제 9 장　글로벌 리더(Global Leader)

리더에게 팔로워는 어떤 존재들인가?

제1장 서 론

모든 생명체는 공동체를 형성하며 공동체는 조직의 효율적 운영을 위해 리더를 세우게 된다. 특히 인간은 아리스토텔레스도 말 한 바와 같이 공동체적 존재이며, 앨빈 토플러도 인류의 혁신적 변화 요인은 조직 공동체에 기인 한다고 했다. 인간은 이처럼 항상 조직 공동체와 동기화되어 있고[1] 조직 공동체는 그 효율성을 위하여 유능한 리더를 필요로 한다. 리더가 발휘 하는 그 리더십은 조직 공동체가 추구하는 자산이며 가치이기 때문이다.

리더십은 현재 사회 각 분야에서 절실하게 요구되고 있다.[2] 서점이나 도서관에도 이에 대한 각종 자료들이 넘쳐나고 있는데 리더십이 이처럼 각광을 받는 이유는 그것이 우리 삶의 모든 분야에서 효율적이기 때문이다. 리더십은 두 사람 이상이 모인 곳에서부터 세계적인 거대 조직에 이르기까지, 심지어 혼자 자기강화를 꾀하는 셀프 리더십[3]에 이르기까지 다양하게 요구되고 있는 상황이다.

본서는 먼저 리더의 활동 무대가 될 공동체에 대한 이해를 시작으로 하여 철학적 기초, 갖추어야 할 소양, 인재 식별 용인술, 회의 진행 요령, 롤(role) 모델 소개 등 독자의 리더십 역량을 강화하는데 도움이 되는 주요 내용들을 총망라하였다.

---

1) 탁진국 · 손주영 공저, 『리더십이론과 실제』, 18.

2) Peter G. Northouse, 『리더십 이론과 실제』, 김남현 역(서울: 경문사, 2011년), 2.

3) 신화식 · 이순창 외, 『대학생과 리더십』(경기도: 교문사, 2013년), 240-241.

Ⅰ. 공동체 이해

1. 조직에 대한 이해

1) 조직의 정의

조직이란 2인 이상의 사람들이 공동의 목표를 달성하기 위해 통일적인 의지아래 협력해 나가는 행위 체계이다.[4] 인간 공동체를 연구하는 대부분의 학자들은 조직의 이러한 정의에 공감하고 있다.[5]

2) 조직의 성격

조직은 개인에게서는 찾아보기 힘든 고유의 현상이나 특징을 나타낸다. 인간이 조직을 형성하는 기본적인 이유는 한 사람 이상의 확대된 주체에 바탕을 둘 때 더욱 높은 욕구 충족이 가능해지기 때문이다.[6]

3) 조직의 존속

조직이 존속하기 위해서는 구성원의 욕구 충족 뿐 아니라 구성원들의 헌신, 협동, 목표 달성 등이 계속적으로 충족되어야 한다. 그러기 위해서는 조직 내 각 구성원의 의지와 행위가 계속적으로 조정되어야 하고, 조정의 준거가 되는 규범이 필요하며, 그 규범을 집행하기 위한 통솔자가 필요하게 되는 것이다. 이 통솔자를 우리는 리더라고 부른다. 일단 이렇게 통솔자가 선정 되면

---

4) 브리태니카사전, 19권(서울: 한국브리태니커, 1993), 534.

5) 탁진국 · 손주영 공저, 『리더십이론과 실제』, 15-55.

6) 브리태니카사전, 19권, 534.

그를 중심으로 각 구성원 사이에는 방사선 상으로 커뮤니케이션 회로가 형성되며 이를 통해 정보를 서로 주고받음으로써 구성원들이 상호 연결되는 것이다.

4) 조직의 형태

조직의 가장 단순한 형태는 1인의 통솔자가 약간 명의 구성원을 통솔하는 단위 조직이며, 이와 같은 단위 조직이 계속하여 결합하면 보다 복잡한 조직이 형성되고 그 모든 조직을 총괄하는 중앙조직과 보다 상위의 통솔자가 출현하게 되는 것이다. 조직의 이와 같은 피라미드 구조는 다수 구성원의 정합적 연결을 위한 통솔자(리더)를 필요로 한다.

5) 조직의 체계

조직은 협동의 체계인 동시에 지배의 체계라고 하는 두 가지 성격을 가지고 있다. 조직이 대규모가 되어 갈수록 구성원 상호간에 생각이 다양해지고 계층 간의 수혜의 문제 혹은 의견 대립도 발생하게 되는 것이다. 이 때 그 조직의 통솔자가 일부 계층만의 이익을 위하여 권한을 행사하면 그 통솔자는 협동의 조정자가 아니라 강제적 지배자의 성격을 띠게 된다.[7)]

6) 조직의 구조

모든 조직은 구성원들 간의 역할, 책임, 권한, 규율 등을 규정한 그 조직의 공식적 구조를 가지고 있어야 한다.

7) 조직의 분류

현대사회는 그 숫자와 종류를 다 헤아릴 수 없을 정도로 다양한 조직들이 존재한다. 이 조직을 크게 두 가지로 분류하면 공동

7) 브리태니카사전, 19권, 534.

의 목표 달성을 위해 의식적으로 모인 공식 조직과 동호회처럼 개인적 접촉을 통해 무의식적으로 형성되는 비공식 조직으로 분류할 수 있다.

8) 조직의 구심

조직은 목적 달성을 추구하는 구성원들로 이루어져 있기 때문에 구성원들의 이해관계를 조정하고 통합하는 구심점이 필요하다. 이러한 구심점의 필요성 때문에 리더가 세워지게 된다.

9) 조직의 몰입

조직 몰입이란 구성원이 조직을 자기 개인과 동일시하여 그 조직의 활동에 전념하는 정도를 말한다. 애착심, 충성심 같은 정서적 몰입, 이해득실을 따져보는 계속적 몰입, 도의적으로 남아있는 규범적 몰입 등 다양하다.[8] 바람직한 조직몰입은 맡은 일에 대한 직무 만족으로 연결 된다.

10) 조직의 만족

조직에 대한 직무 만족은 그가 맡은 일, 그에 따른 보수, 직장동료, 근무 환경 등이 자신의 생각과 조화 될 때 나타나는 만족의 정도를 말한다.

2. 집단에 대한 이해

1) 집단의 정의

집단은 조직과 개념이 상당히 유사 하지만 다른 점이 있다. 조직은 보다 뚜렷한 목표와 경계를 가지고 명확하게 구성원의 지위

---

8) 탁진국 · 손주영 공저, 『리더십이론과 실제』, 29-31.

와 역할을 구별하며 규범으로 규정짓는 특성을 가지지만, 집단은 비교적 단순한 상호관계에 의해 이루어진 두 사람 이상의 모임을 말한다. Bass는 집단을 단지 "함께 하는 것이 자신들에게 이익을 준다고 생각하여 모인 사람들의 모임" 정도로 정의하고 있다.

2) 집단의 분류

미국의 사회학자 C. H. 쿨리는 그의 저서에서 인간 공동체를 1차 집단과 2차 집단으로 구분하고 있다.[9] 1차 집단은 가족이나 친구처럼 사적이고 친밀한 인간관계를 가리키는 것이고, 2차 집단[10]은 그 밖의 모든 대인관계를 가리키는데 법적 계약관계 혹은 공식적인 집단을 말한다.

한편 독일의 사회학자 페르디난트 퇴니에스는 오늘날 널리 잘 알려진 게마인샤프트와 게젤샤프트라는 용어를 만들어냈다. 보통 공동사회와 이익사회로 번역되는 이 용어 역시 1차 집단, 2차 집단 개념과 유사하다. 영국의 법학자 헨리 메인 경은 지위 집단과 계약 집단으로, 프랑스의 사회학자 에밀 뒤르켐은 우리 집단(me-group)과 그들 집단(they-group)으로 구분한다.[11]

3) 집단과 팀의 차이

집단과 팀은 다른 개념이다. 집단의 경우 한 명의 지도자가 존재하는 데 반해 팀은 지도자의 역할이 공유된다. 집단은 구성원에게 공동의 목표를 제시하고 업무 위임을 통해 개인의 책임을 강조하며 개별적인 결과물을 요구하는 데 반해, 팀은 팀 스스로 설정한 목표의 달성을 위해 공동의 책임을 강조하고 팀원들의

---

9) Human Nature and the Social order, 1902년.

10) 사실 쿨리 자신은 실제로 2차 집단이라는 이 용어를 사용하지 않았고 개념상 그 뒤에 생겨난 말이다.

11) 브리태니카 사전, 11권(서울: 한국브리태니커, 1993), 181-182.

자유로운 토의와 피드백을 거쳐 팀 공동의 결과물을 내 놓는 것이다.[12]

Ⅱ. 리더십과 연관된 철학적 개념들에 대한 이해

리더십에 대해 본격적으로 살펴보기 전에 리더십과 연관된 여러 철학적 개념들을 살펴 볼 필요가 있다. 어떤 개념들은 리더십에 효율적이기도 하지만 때로 문제발생의 소지가 되기도 한다. 예를 들면 권력이나 권위는 리더에게 정당하게 부여되는 직무수행의 추진력이 되기도 하지만 자칫 강압적 도구로 돌변할 수도 있다.

1. 권력(power)

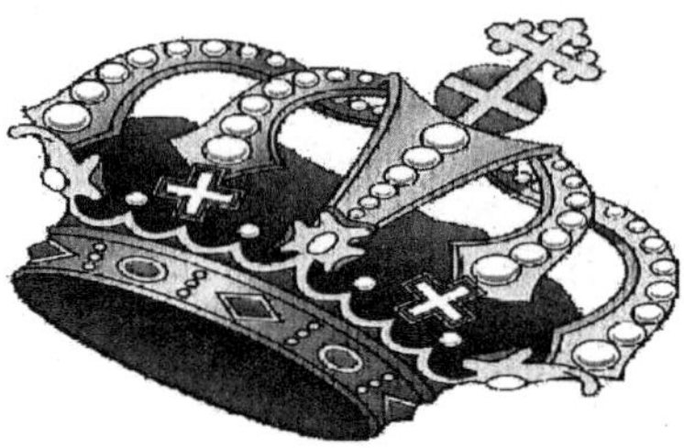

1) 권력에 대한 정의

권력에 대한 정의는 쉽지 않다. 어떤 이는 물리학적 에너지 개념으로 접근하여 '의도한 효과를 만들어내는 힘'(B.A.W. 러셀)이라 하기도 하고, 어떤 이는 '선(善)이라고 생각되는 장래의 어떤 것을 획득하기 위하여 그가 현재 가지고 있는 방법'(T. 홉스)이라 하기도 한다. 그런가 하면 '어떤 사회적 관계에서 저항을 무릅쓰고 자기의 의사를 관철하는 모든 기회'(M. 베버)라고도 말한다. 아무튼 개인 또는 집단이 다른 개인 또는 집단에 대해 자기 뜻대로 하고자 통제하는 힘을 일단 권력이라고 할 수 있다.

---

12) 탁진국 · 손주영 공저, 『리더십이론과 실제』, 19.

2) 권력의 계층구조

모든 권력 조직은 대개 계층적 구조를 이룬다. 핵심적 권력층 아래에 이를 보좌하며 실제로 행동하는 권력 구성원들로 이루어진다.

3) 권력의 종류

권력의 종류에는 지위권력과 개인 권력이 있다.[13] 지위권력이란 공식 조직에서 시스템에 의해 그 직위를 가지게 되는 것이고, 개인 권력이란 동료들이 그가 가진 전문적인 지식이나 매력으로 그에게 호감을 느끼게 됨으로 자연히 주어진 권력이다.[14]

4) 권력과 리더십

권력과 리더십은 대단히 밀접한 연관이 있다.[15] 리더에게는 항상 그에 따른 권력이 주어지기 마련인데 권력이란 리더가 공동체에 영향을 미칠 수 있는 잠재력 혹은 직접적인 영향력이기 때문이다.

5) 권력의 기반

권력(power)은 항상 기반을 발판으로 행사되는 것이다. 보상, 처벌, 합법성, 참조성, 전문성 등이 그 기반으로 작용 한다.

그러나 만일 그 권력의 기반들이 정도를 넘어선 강제력이 되면 그 강제력은 결코 리더십과 동일한 개념이 아니다.[16] 왜냐하면 강제력은 권력자가 추종자의 행동 변화를 유도하려고 위협이나 처벌을 사용한다. 그러나 리더십은 추종자가 자발적으로 자기 행동

---

13) Petwe G. Northouse, 『리더십 이론과 실제』, 김남현 역(서울: 경문사, 2011년), 11.

14) Petwe G. Northouse, 『리더십 이론과 실제』, 11-12.

15) 탁진국 · 손주영 공저, 『리더십이론과 실제』, 66.

16) Petwe G. Northouse, 『리더십 이론과 실제』, 20.

변화를 시도하게 하는 것이기 때문이다.

2. 권위(authority)

1) 권위에 대한 정의

권력(power)과 권위(authority)는 인간을 복종시키는 힘이며 위력이라는 의미에서는 예로부터 흔히 동의어로 사용되어왔으나 사실 그 개념이 다르다. 권력은 제도적이고 의식적인 것이지만 권위는 다소 무의식에서 출발한다.

물론 권위도 의식적 제도·이념·인격·지위 등이 그 근거가 되기도 하지만 무의식적으로 어느 새 자연스럽게 환치된 것들이다. 예를 들면 어떤 이의 철학과 인격 같은 것에 감동되어 발생하는 가치가 권위로 환치되는 경우이다. 이런 점에서 진정한 권력은 권위에서 비롯되어야 하고 사람들이 그 가치와 정당성을 승인할 때 비로소 영향력을 발휘하게 된다. 권위는 정당성을 획득한 권력이라고 일컬어지는 까닭도 여기에 있다.[17]

2) 권위와 리더

위에서 말한 바와 같이 권위가 이처럼 사회적 공동체 안에서 인정받고 영향력을 행사할 수 있는 능력이나 위신[18]이라면 이러한 이유 때문에 구성원들은 심지어 그가 합법적 권력을 쥐고 있지 않더라도 그를 리더로 삼아 그의 결정에 따라야겠다는 무의식을 가지게 된다. 이러한 권위를 가진 사람을 우리는 리더라 부른다.

3) 권위의 성립

막스 베버에 의하면 리더의 권위는 정통성을 획득하는 일인데

17) 권위 [authority, 權威] (두산백과).

18) 21세기 정치학대사전, 한국사전연구사.

전근대사회에서는 전통이, 근대사회에서는 법이 정통성의 기반이었다. 하지만 위기적 상황에서는 초인적 카리스마에 기반하여 지배의 정통성이 확보될 수도 있다.

물론 이 외에도 권위와 권리를 획득할 수 있는 요소는 있다. 예를 들면 근대국가의 절대군주제는 왕권신수설을 이용하여 합법화 했고, 민족주의가 고양된 시대에는 민족적 일체감에 호소하여 지배자는 자신의 권력의 정통성을 확보 했다.

4) 권위의 소재

권위와 권력의 소재가 반드시 일치하는 것은 아니다. 예를 들어 권위는 총리에게 있지만 권력은 총을 가진 군부의 실권자가 장악하고 있는 상황이 존재할 수도 있다. 이런 점에서 권위는 권력에서 완전히 독립하여 생각할 수 없다. 그리고 권위와 권력이 뒷받침되어 있어도 적절하지 못한 결정이 구성원 인내의 한계를 넘어 거듭된다면 권위와 권력은 저항을 받게 되고 함께 사라지게 될 것이다. 따라서 권위 있는 리더가 되어 권력을 합당하게 행사하려면 현명한 정책 결정과 효과적인 실행의 연속이라는 리더십이 필수적이다.[19] 앞서도 말했듯이 권위란 법과 제도에 있는 것 같지만 사실 그 소재는 따르는 사람들의 마음속에 있다.

5) 권위의 수단

권위자가 자기의 권위를 세우기 위해서는 여러 가지 수단이나 방법을 사용하는데 예를 들면 왕관, 제복, 계급장, 건축물 등 여러 심벌과 상징으로 나타나기도 하고 종교적 신화, 계시, 호소, 설득 같은 것도 여기에 속한다.

---

19) 브리태니카사전, 19권(서울: 한국브리태니커, 1993), 260.

3. 권위주의(authoritarianism)

권위는 합법적이고 정당한 것이어야 함에도 불구하고 그 권위의 가치를 이성적, 민주적 방법이 아닌 강제적, 압박적인 방식으로 적용하려 할 때 이것을 우리는 권위주의라고 한다. 그러므로 권위주의적 사고에서는 힘의 맹신에 따른 반이성적 권력 휘두름 현상이 나타나게 된다. 하지만 사람들은 이성적 판단에 입각하여 일정한 가치기준을 설정하고 그것을 넘어서는 이 권위주의에 대해서 역사적으로 끊임없이 벗어나고자 했다. 하지만 어떤 경우에는 이성적 판단보다 감정이 우선되어 권위나 위광을 절대시 하였다. 권위주의는 단지 권위를 가진 권력자에게만 나타나는 현상이 아니라 그를 잘못 추종하는 자들에게도 공통적으로 나타난다. 리더나 팔로워에게 나타나는 자기 몰입적 일체화 현상이다. 권위주의의 전형으로는 관료적 권위주의, 파시즘 등이 있다.[20]

1) 관료적 권위주의

관료적 권위주의자들은 자신들의 출현 이전 상황을 사회적 난국으로 일단 규정짓는다. 그래서 대중의 단합을 무질서하고 복잡한 사회적 상황이라 질타하며 그들만의 메카니즘을 강화하고 대중들이 얻기를 원하는 것들을 약속하고 보장하며 체계적으로 확장되어 간다.[21]

관료주의적 권위는 규칙을 갖추고 있어 표면적으로는 합리적이기 때문에 이 권력과 권위는 때로 개인주의를 무시하고 각 개

---

20) 권위주의 [authoritarianism, 權威主義] (두산백과)

21) Charles Anderson, *Politics and Economics in Latin America*(Newyork: Van Nostranda), 1967. G. 오도넬, 한상진 역, 『관료적 권위주의와 조합체제』(서울: 한울, 1987), 38. 재인용.

인의 자유와 책임을 제도권에서 맡아하겠다고 나선다. 하지만 어느 새 그 집단 속에 있는 각 개인들은 의사결정에 대한 책임 소재가 불분명해지면서 결국 집단적 체제로 돌변하게 된다.

개인주의는 결코 나쁜 것이 아니다. 그 자유와 책임을 다하면 되는 것이다. 하지만 본래 이기적 인간의 죄 성 때문에 사회는 조직과 제도에 따른 관료를 두게 되는 것인데 관료는 집단 속으로 숨어 들어가 그 속에서 관료 자기 개인의 이기주의의 발톱을 드러냄으로써 관료주의가 되는 것이다. 관료주의적 권위의 마력은 그것이 실제로는 비합리적이고 문제가 있는데도 겉으로는 합리성과 유효성이라는 얼굴을 가지고 권력을 행사한다는 것이다.

제도화 되고 테크놀러지화 된 현대 사회에서는 점점 더 개인주의의 가치와 의미는 사라져가고 관료주의적 권위가 합법적이고 제도적 체계적 모습을 갖추고 개인을 압박해 오고 있어 우리 사회는 심각한 개인 실종의 사회로 가고 있다. 이 소용돌이는 너무 가열 차게 돌아가기에 우리는 감히 이 소용돌이에서 빠져 나올 수도 없다. 여기서 우리는 자크 엘룰의 경고를 들어야 한다. 효율 극대화를 위한 전문가 집단인 관료주의자들이 거의 점령군처럼 우리 사회 전반을 경직화 시키고 있어 이러한 환경에서는 민주주의도 불가능하고 합리화된 테크놀러지와 민주주의는 양립할 수 없으며 테크놀로지가 이기는 한 민주주의는 지게끔 되어 있다고 그는 주장한다.[22] 이것이 합법화 된 권력과 권위가 관료화 될 때 나타나는 위험성이다.

2) 파시즘(fascism)

'파시즘'이란 용어는 고대 로마에서 권위의 상징이던 도끼, 그

---

22) Clifford G, Christians and Michael R. Real, *Jacques Ellul's Contribution to Critical Media theory* Journal of Communication 29:1 (Winter 1978), 84; 강준만, 『커뮤니케이션 사상가들』(서울: 인물과 사상사, 2017), 159.

리고 나무의 '묶음'을 의미하는 용어 '파스케스'에서 유래했는데 좀 더 가까이로는 이탈리아어 '파쇼(fascio)'에서 유래한 말[23]로서 '결속' 또는 '단결'의 뜻으로 전용(轉用)되었다. 이탈리아의 무솔리니는 권위의 상징이던 도끼와 나무의 묶음을 이탈리아 파시즘 운동의 표상으로 채택하기도 했다.[24]

파시즘이란 공동체의 절대 우위를 신봉하는 잘못된 이념이다. 때로는 종교적 개념으로까지 변질되어 역사적으로 많은 과오를 범하기도 하였다. 이러한 파시즘은 국가적으로는 지난 20세기 이탈리아, 독일, 스페인 등 그 외에도 여러 나라들에게 나타나 자기 국가가 아닌 다른 국가에 대한 식민지 지배 이념으로서 작용했으며, 특히 제1차 세계대전과 제2차 세계대전 시기에 유럽 국가들을 중심으로 각지에 등장한 일종의 정치이데올로기이다.

파시즘의 가장 중요한 특징 중 하나는 국가에 대한 절대 우위를 내세워 다른 모든 것이 무시되는 사고구조이다. 절대화 된 국가, 신격화 된 지도자 앞에서는 개인은 없고 이러한 파시즘은 민주주의나 합리주의적 가치관은 무시한다.

파시즘은 신비주의적 요소가 배어 있으며 역사적으로 볼 때 아이러니 하게도 이탈리아 파시즘의 경우에는 무능한 권력이나 권위, 희망을 주지 못하는 지도자 즉, 리더에 대한 환멸의 토양 속에서 자라난 것이다.

이러한 파시즘적 사고를 가지고 등장한 리더는 다른 모든 구성원들의 열등한 사고 속에 자기의 우월한 사고를 심고자 하는데[25] 기존 정치세력이 사태를 효과적으로 수습할 능력을 상실할 경우, 무정부적 진공상태를 메우기 위한 명분을 가지고 나타난

---

23) 파시즘 [fascism] (21세기 정치학대사전, 한국사전연구사).

24) 브리태니카사전, 23권(서울: 한국브리태니커, 1993), 135.

25) 브리태니카사전, 23권, 135.

다. 그 이데올로기를 요약하면 다음과 같다.

(1) 반 합리주의: 인간의 이성을 불신하고, 비합리적이고 감정적 요인들을 강조하며 광신적이며, 독단적이다.

(2) 인간평등 부인: 파시스트 사회는 인간은 불평등하다고 본다. 더 나아가 이상적인 불평등 상태를 추구한다.

(3) 폭력과 기만: 파시즘의 행동규칙은 적의 존재 가능성 및 적의 전면적 섬멸로 시작하여 그것으로 끝난다. 집단수용소와 가스실 등이 이를 입증한다.

(4) 엘리트에 의한 정치: 파시즘은 국민들의 자치능력을 강조하는 민주주의에 반대한다.

(5) 전체주의: 파시즘은 단순한 정치제도가 아니라 생활양식이다. 요람에서 무덤까지 인간생활의 전 국면을 통제하고자 한다.

(6) 인종주의와 제국주의: 폭력적 인종주의로 전쟁을 추구한다.

(7) 일당독재: 사회 전 분야에 국가가 독점권을 가지고 있다.[26]

어떤 학자들은 이 '파시즘'은 앞선 사상사에서는 학문적으로 찾아보기 힘든 사상이며 유일하게 20세기에 최초로 그 모습을 드러낸 희한하고 중요한 이데올로기[27]라고 주장하지만 자기 공동체만 절대시 하여 다른 공동체와 개인을 짓밟는 파시즘적 형태가 인류 역사 속에서 유별나게 20세기에만 특이하게 발생했을 리가 없기에 그 견해에 저자는 쉽게 동의 할 수 없다. 어떤 공동체이든 리더가 자기 공동체의 우위성과 우월성을 신성시 하거나 다른 공동체에 대해 잘못된 인식을 하게 될 경우에 파시즘적 행태들이 우리 사회를 언제라도 위협으로 몰고 갈 수도 있다.

---

26) 파시즘 [fascism] (두산백과).

27) 파시즘 [fascism] (21세기 정치학대사전, 한국사전연구사).

4. 헤게모니(hegemony)

헤게모니의 본래 사전적인 의미는 한 나라의 연맹제국에 대한 지배권, 맹주권, 패권(覇權)을 의한다. 달리 말해서 한 집단·국가·문화가 다른 집단·국가·문화를 지배하는 것을 이르는 말인데 모든 공동체의 사회문화 속에 권력의 알력으로 인해 늘 나타나는 현상이다. 공동체 속에서 구성원들과 공생관계에 있는 지도자에게 이 헤게모니는 양날의 칼과 같이 유념해야 할 할 개념이다.

5. 개인주의(individualism)

흔히 개인주의를 말하면 대부분 이기주의를 연상 할지 모르나 개인주의와 이기주의는 다른 것이다. 물론 모든 인간은 개인적으로는 다 이기적이다. 하지만 본질적으로 각 개인의 자유와 권리, 그리고 유익은 추구 되어야 하고 본질적으로 무시 할 수 없는 것이다. 다만 각 개별적 인간의 이기주의적 충돌을 제어하고자 개인은 그 본질적 자유와 책임을 공동체에 일시적으로 위임한 상태이다.

개인주의란 본질적으로 본다면 민주라는 말과 함께 국가, 사회, 종교단체 보다 존중 되고 우선되어야 한다. 역사적으로 보면 개인주의는 르네상스 이후의 전근대적 체제에 항거하며 근대 유럽에서 나타난 사상이며, 종교적으로는 중세적인 교회중심 체제에 반대, 가톨릭의 보편주의에 대항 하며 각 개인의 신앙의 내면화를 주장하고 나온 프로테스탄티즘[28]으로 연결되기 때문에 단순히 부정적으로만 다루어져서는 안 되고 비판적으로 다루어져야 한다. 공동체의 리더는 항상 구성원 각 개인의 자유가 보편적 공동

28) 개인주의 [individualism, 個人主義] (두산백과).

체 속에서 묵살되거나 가려지지 않도록 유념하여야 한다.

Ⅲ. 리더와 엘리트

대중은 무지한 존재인가? 그래서 무지한 대중을 각성시킬 엘리트가 필요한가? 리더는 엘리트인가? 리더와 엘리트는 어떻게 다른가? 이곳에서는 엘리트와 관련된 여러 개념들을 이해하고 참된 리더에 대해서 살펴보고자 한다.

1. 엘리트(elite)

엘리트란 대중(mass)과 대립되는 정예(精銳), 사회 중추(中樞) 등을 뜻하는 프랑스어이다. 일반적으로는 정치, 경제, 사회, 문화 등 각 영역에서 주도적인 역할을 하는 계층[29]을 말하며 대중과 달리 선택된 일부 소수의 사람들이다.[30]

2. 파워 엘리트(power elite)

파워엘리트란 사회조직의 중요한 지위를 차지하고 있으면서 그 조직사회의 각종 의사결정 및 집행을 담당하는 권력집단이다. C.W.밀스(Charles Wright Mills)가 《파워엘리트 The Power Elite》(1956)라는 저서에서 현대 미국의 고도의 권력집중 사실에 주목하고, 이 권력담당자를 파워엘리트라고 부르게 됨으로써 일반화되었다. 엘리트 권력을 점한 사람들은 사회적으로 유사성을 가지고 있고 심리적으로 상호 친근성을 가지고 중요한 결정을 행사한다. 이에 반해 대중들은 원하는 바에 대해 신속하고 유효한 반응은 힘들

29) 브리태니카사전, 15권(서울: 한국브리태니커, 1993), 432.

30) 엘리트 [elite] (두산백과).

게 되고, 의견에 대한 행동으로의 실현은 통제되어 제도화된 권위로부터의 자율성을 전혀 갖지 못하는 방향으로 나아가게 된다. 상층부의 끊임없는 부도덕성과 부패는 이러한 파워엘리트의 특권 의식에서 비롯되는 것이다.

3. 엘리트주의(elite theory)

엘리트주의는 일단 선택된 일부 소수의 특권의식이 있는 엘리트들이 그들의 지배 · 지도를 받는 대중은 수동적 존재에 불과하다고 보는 사상이다.[31] 엘리트주의는 모든 사회조직에서 특정한 소수로 국한된 이들이 우리 사회를 이끌어가야 한다는 의식을 가지고 있다. 이들은 조직의 정책이란 집단적 요구로 만들어지는 것이 아니라 소수 엘리트에 의해서 결정되어야 한다고 주장한다. 그것은 대중이란 맹목적이며 자립적인 판단을 하지 못하고 감정적인 유혹에 쉽게 이끌리거나 창조적인 행동을 수행하지 못한다는 것이다.

4. 엘리트주의와 테크놀로지

대중을 무시하는 엘리트들의 사고저변에는 전문성과 테크놀로지를 배경으로 민주적 사고에 대한 무시가 깔려 있을 수 있다. 현대는 분명 전문화된 테크놀로지 사회다. 테크놀로지 사회에서는 효율의 윤리가 모든 것을 지배한다. 사람들은 비용과 시간의 능률에 집착한다. 사람들은 기계적 생산성이라는 모델을 따라 무의식적으로 모든 사회적 제도를 재구축하고 있다. 이에 대해 자크 엘룰은 옛날 사람들이 "노래를 더 잘 부르게 하기 위해 나이팅게일의 눈을 없애버리듯 우리는 기계적 생산성에 우리의 모든 것들을 종속시키고 있다"고 비판했다. 허버트 마르쿠제는 지배는

31) 엘리트 [elite] (두산백과).

이제 행정으로 전환되었다고 말하는데 이는 엘룰의 주장과 일맥상통한다.[32)]

5. 엘리트주의의 폐해

엘리트 이론이 특별히 주목받게 된 시기는 20세기 초부터 제1차 세계대전 후 나치스[33)]가 대두할 때까지의 시기이다. 제1차 세계대전 이후 유럽 전체를 야만의 광기로 몰아넣은 나치즘은 인종적인 차이를 엘리트주의의 근거로 삼고 있었다.[34)]

파레토는 엘리트의 자격은 시대에 따라 변하며, 어떤 때는 남성 또는 여성이, 어떤 때는 고령자가, 어떤 때는 육체적으로 강건한 자가, 또 어떤 때는 지식이나 도덕성이 뛰어난 자가 엘리트가 된다고 생각하였다. 그러나 그는 동시에 인류의 역사는 묵은 엘리트가 몰락하고 새로운 엘리트가 등장하며, 항상 엘리트가 지배한다는 점에서는 변함이 없다고 주장하였다.

이러한 그의 엘리트이론은 문제가 있다. 사회형태 여하를 막론하고 소수자가 항상 대중을 지배한다는 설은 제1차 세계대전 후에 대두한 파시즘이나 나치즘을 직접 · 간접으로 지원하는 결과가 되었다. 제2차 세계대전 후에도 거대한 정치적 · 경제적 관료조직이 생김에 따라서 대중은 수동적이며, 정치에 대해서 관심이 없다는 생각이 득세했었다. 그러나 자유주의를 기반으로 하는 의회제 민주주의는 이성적인 대중없이는 성립할 수 없다.[35)]

---

32) Clifford G, Christians and Michael R. Real, *Jacques Ellul's Contribution to Critical Media theory* Journal of Communication 29:1 (Winter 1978), 84; 강준만, 『커뮤니케이션 사상가들』(서울: 인물과 사상사, 2017), 157.

33) A.히틀러를 당수로 하여 1933~1945년 정권을 장악한 독일의 파시즘 정당. 정식 명칭은 국가사회주의독일노동자당.

34) 브리태니카사전, 15권(서울: 한국브리태니커, 1993), 432.

35) 엘리트 [elite] (두산백과)

제 2 장 리더와 리더십

Ⅰ. 리더에 대한 개념 이해

1. 리더에 대한 정의

리더란 조직이나 단체를 이끌어 가는 위치에 있는 사람으로서 합법적으로 혹은 비합법적으로 정책수립과 결정 그리고 실행에 대한 상당한 권한을 위임 받아 그 조직을 관리해 나가는 사람이다. 그러나 리더는 조직의 단순한 관리자는 아니다. 양자는 상당한 부분이 중복되기는 하지만 다음과 같은 점에서 서로 다르다. Bennis와 Nanus가 정리한 리더와 관리자의 차이는 다음과 같이 요약해 볼 수 있다.

2. 리더와 관리자

리더는 관리자와는 다른 개념이다. 관리자는 관리하지만 리더는 혁신한다. 관리자는 모방하지만 리드는 창조한다. 관리자는 현상을 유지 하지만 리드는 도전한다. 관리자는 시스템과 구조에 초점을 맞추지만 리더는 사람들에게 초점을 맞춘다. 관리자는 사람을 통제하지만 리드는 사람을 신뢰한다. 관리자는 단기적인 관점을 가지고 있지만 리더는 장기적인 관점을 가지고 있다. 관리자는 '언제' '어떻게'를 강조하지만 리더는 '무엇을' 그리고 '왜?'를 강조한다.

관리자는 수직적이지만 리드는 수평적이다. 관리자는 주어진 일을 수행하지만 리더는 주체적으로 몸소 행동한다. 관리자는 일을 올바르게 하지만 리더는 올바른 일을 시키는 사람이다.[36] 관리자는 전통적 계획과 지휘 통제에 초점을 맞추지만 리더는 영향과 과정을 강조한다. 관리자는 반응적(reactive)이고 덜 정서적이지만 리더는 전향적(proactive)이고 정서적이다.[37]

Ⅱ. 리더십에 대한 개념 이해

1. 리더십에 대한 정의

리더십에 대해 한마디로 정의 하기란 어렵다. Stogdill의 말처럼 리더십에 대한 정의는 리더십을 연구하는 학자의 수만큼 많고 다양 하다. 그것은 리더의 특성과 유형이 너무나 다양하고 역사상 수많은 특이한 리더십들이 등장했기 때문이다. 굳이 일반적으로 정의 하자면 리더십이란 조직의 비전 및 공동의 목표를 달성하기 위해 리더가 조직 구성원에게 영향을 미치는 과정, 능력 및 기술 등 리더의 온갖 다양한 능력을 총칭하는 것을 말한다.[38]

2. 리더십 연구의 경향성

리더십이란 용어가 표면화 되어 처음 등장한 것은 1800년대가 되어서이고 이에 대한 본격적인 학문적 연구는 최근 20세기 이후라고 볼 수 있다. 그것도 주로 경영학, 심리학, 역사학, 정치학

---

36) 탁진국 · 손주영 공저, 73.

37) Petwe G. Northouse, 『리더십 이론과 실제』, 김남현 역(서울: 경문사, 2011년), 20.

38) 탁진국 · 손주영 공저, 『리더십이론과 실제』, 59.

등의 영역이다.[39] 장구한 인류 역사에 반하여 리더십에 대한 전반적인 연구는 그 중요성에 비추어 볼 때 연구역사가 일천하다 아니할 수 없다. 리더십 연구에 대한 시대적 흐름을 보면 다음과 같다.

1) 위인 이론

1900년대 초반에 가장 주목받았던 리더십이론으로서 용어 그대로 인류 역사상 가장 큰 영향을 미친 위대한 인물이나 영웅들의 삶에서 리더십 원리를 도출하고자 시도된 이론이다. 전 세계 어느 누구에게나 보편타당하게 적용될 수 있는 리더십의 핵심 요소를 찾아내고자 하였다. 문화적 특성 또는 역사적 특성 등의 차이에 의해 발생하는 다양한 변수를 고려하지 않았다는 단점이 있지만 누구에게나 쉽게 이해되는 설득력 있는 리더십이론이라는 장점을 가지고 있다.

2) 집단이론

1930년~40년대에 가장 주목받았던 리더십이론으로서 시대적으로 제국주의 또는 집단주의가 주도하는 상황에서 집단의 과업을 달성하기 위한 동기부여에 초점을 맞춘 리더십 이론이다.

3) 특성이론

1940년~1950년대에 가장 주목받았던 리더십이론으로서 이는 지난날의 리더십 위인이론을 체계적이고 과학적으로 발전시킨 것이다. 위인이론과 집단이론이 리더십에 대한 감성적 차원에서의 접근이라고 한다면 특성이론은 학문적 차원에서 접근한 최초의 리더십이론으로 인정받고 있다.

---

39) 탁진국 · 손주영 공저, 『리더십이론과 실제』, 59.

4) 행동이론

1950년~1960년대에 가장 주목받았던 리더십이론으로서 이는 행동주의 심리학의 바탕을 둔 것으로 인간의 동기에 집중하기보다는 특정 외부 환경조건이나 상황에 의해 유발되는 특정 행동에 초점을 맞춰야 한다는 것을 강조했다. 행동주의 이론은 리더십이 선천적인 것이 아니라 학습될 수 있는 것이기 때문에 좋은 리더가 가지고 있는 특별한 행동양식을 습득하게 되면 누구나 좋은 리더가 될 수 있다고 주장한다.

5) 상황적합 이론

1960년~1970년대에 가장 주목받았던 리더십이론으로서 이는 시대적으로 포스트모더니즘사상의 등장과 무관하지 않다. 다양성과 상대주의적 특성이 보다 강화된 리더십이론이다.

6) 우수이론

1980년대에 가장 주목받았던 리더십이론으로서 이는 거대한 조직들의 사회적 상호관계와 역동성을 파악하는 리더의 안목과 능력을 강조 한다.

7) 변혁이론

1980년대 이후에 가장 주목받았던 리더십이론으로서 이는 변혁이라는 개념이 연구의 주류를 이루고 있다.[40)]

8) 특성비교이론

최근의 리더십 연구 경향으로서, 성공한 리더의 특성과 실패한 미래의 특성을 도출하여 비교 분석하는 것이다. Bennis라는 학자

---

40) 탁진국 · 손주영 공저, 『리더십이론과 실제』, 91-92.

에 의하면 성공한 리더들은 뚜렷한 비전, 열정, 성실성, 신뢰성, 자존감, 용기 등을 가지고 있고, 실패한 리더들은 감정적 안정감 부족, 자제력 부족, 방어적인 대인관계, 대인관계 미숙, 미숙한 인지 능력, 편협 등이 나타나고 있다는 것이다.[41]

3. 리더십 특성론과 과정론

만일 누가 어떤 사람을 가리켜 "그는 타고난 리더이다 천부적인 재능을 가지고 태어났다"라는 말을 하게 되면 그는 리더십 특성론적 관점을 가진 사람이다. 하지만 리더십이란 후천적으로 학습과 훈련에 의해 습득, 강화 될 수 있다고 본다면 이러한 주장은 리더십 과정론이라 할 수 있다.[42] 다시 말해 특성론은 생득적, 선천적, 천부적 자질을 강조하고, 과정론은 교육과 훈련을 통한 후천적 습득을 강조한다.[43]

41) 탁진국 · 손주영 공저, 『리더십이론과 실제』, 106.

42) Petwe G. Northouse, 『리더십 이론과 실제』, 김남현 역, 9.

43) 탁진국 · 손주영 공저, 『리더십이론과 실제』, 62.

제 3 장　리더의 자질

Ⅰ. 리더와 자아의식

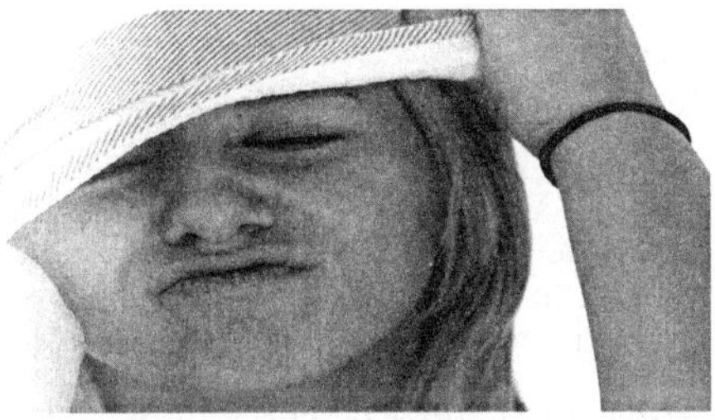

지도자가 자신에 대해서 어떤 자아상을 가지고 있는가 하는 것은 중요하다. 왜냐하면 그의 인간에 대한 관점이 그를 따르는 추종자들과의 인간관계 속에서도 그대로 드러나기 때문이다. 그런데 철학적으로 접근하여 인간 자아에 대하여 이해하기란 결코 쉽지 않다. 여기에서는 비교적 쉽게 접근 할 수 있는 자아 개념인 자기주장, 자존감, 자존심, 자기애, 열등감 등에 대해서만 살펴보고자 한다.

1. 자아의 정의

자아란 한 사람에게 있어서 감정, 의지 등 여러 심리적 작용의 주관자로서 통일적으로 행동하는 주체를 말하는데 상황 변화에 따른 사고·감정·의지의 변동 작용에 있어 본질적으로는 동질성을 지니는 것이어야 한다. 그리고 그 모든 것에 대한 반성적 과정을 통해 일정하게 형성되어 가는 것이다. 이것이 자아의 복합성이다.

2. 자아의 자각

인류 역사 이래 사람들은 누구나 자기 자신이 누구인가에 대한 의식을 했겠지만 체계적이고 철학적인 자아에 대한 자각은 고대에 "너 자신을 알라"고 가르친 소크라테스로 부터 시작되었다. 하지만 어떤 의미에서는 신화나 종교 중심적 인간 이해가 아닌, 인간 그 자신이 주체가 되어 자아관을 확립하는 계기가 된 것은 16세기 근세 이후에 "나는 생각한다 고로 나는 존재한다(cogito, ergo sum)"라고 외친 데카르트 이후가 아닐까 한다.

그 이후 17세기 스피노자는 정신적 실체를 주장 하는 합리론을 펼쳤고, 이에 맞서 18세기 데이빗 흄 같은 이들은 감각과 감정을 떠난 자아는 없음으로 상황에 따른 감정의 다양성의 총체가 바로 자아라고 주장하면서 합리론에 반박했다. 합리론에서 다시 인식론의 관점으로 옮겨 이 문제를 해결 하고자 한 칸트의 입장까지 다 다루려면 복잡한 자아를 설명하기가 쉽지 않으니 이곳에서는 다음 몇 가지 개념을 살펴봄으로 자기 이해에 도움이 되기 바란다.

3. 자기애(self-love)

자기애는 정신분석학적 용어로서 자신의 외모, 능력과 같은 어떠한 이유를 들어 지나치게 자기 자신이 뛰어나다고 믿는 자기중심성 성격 또는 행동을 말한다. 이는 대부분 청소년들이 주체성을 형성하는 동안 거쳐 가는 하나의 과정이기도 하며, 정신분석학에서는 보통 인격적인 장애증상으로 본다.

자기애는 자기의 신체에 대하여 성적 흥분을 느끼거나, 자신을 완벽한 사람으로 여기면서 환상 속에서 만족을 얻는다. 이를 나르시시즘(narcissism)이라고도 하는데 이 단어의 유래는 물에 비친 자신의 모습에 반해서 물에 빠져 죽었다는 그리스 신화에 나오는 나르키소스의 이름을 따서 독일의 정신과 의사 네케가 1899년에 만든 용어이다.

정신분석에 따르면 유아기에는 본능이나 관심이 주로 자기 자신에게 쏠려 있다. 경우에 따라서는 청소년기까지 나타난다. 정신분석학자인 프로이트는 이 상태를 1차적 나르시시즘이라고 했다. 나중에 자라면서 이런 본능이나 관심, 애정 등은 자기 자신에서 어머니나 누이로, 또 이성으로 점차 확대 된다.

그러나 자신이 애정을 쏟았던 타인과의 관계에 있어서 애정을 베풀기 어렵게 되거나 심각한 배신, 비난, 결별 등의 환경에 여러 번 노출 되어 상대를 사랑 할 수 없게 될 때, 이들은 유아기나 청소년기에 그랬던 것처럼 자기 자신을 사랑 하는 형태로 되돌아가게 된다.

이러한 자기애는 자신이 남보다 잘하는 점이 있으면 극도로 자신에 대한 과시와 자긍심에 넘쳐난다. 그러나 남보다 뒤쳐진 점이 있으면 지나치게 풀이 죽거나 자기를 비하 한다. 그래서 협동이나 팀워크에 잘 적응하지 못하는 모습을 보인다. 자기애에 사로잡히면 타인의 처지나 입장을 고려하지 않고 자기중심적으로 세상을 관찰하고 타인을 재단하려한다.[44)]

4. 자존감(self-esteem)

자존감이란 이 용어는 미국의 의사이자 철학자인 윌리엄 제임

44) 위키 피디아백과, 나르시즘.

스가 1890년대에 처음 사용하였고[45] 그 뜻은 자신이 사랑받을 만한 가치가 있는 소중한 존재이고 어떤 성과를 이루어낼 만한 유능한 사람이라고 믿는 마음이다.[46] 주로 자기 효능감, 자기 조절감, 자기 안전감 등 3가지 기본 축을 가지고 있다.[47]

리더에게 있어 자존감은 대단히 주요한 특성인데 남이 자신에 대해 어떻게 생각하는지와 관계없이 자기 자신을 받아들이는 것이며 더 나아가 자신의 능력이나 역량을 확신하는 것이다.[48] 자존감이라는 개념은 때로 자존심과 혼동되어 쓰이는 경우가 있지만 서로 다른 것이다. 자존감과 자존심은 자신에 대한 긍정이라는 공통점이 있지만, 자존감은 '있는 그대로의 모습에 대한 긍정'을 뜻하고 자존심은 '경쟁 속에서의 긍정'을 뜻하는 등의 차이가 있다. 자존심과 자존감은 모두 자신을 좋게 평가하고 사랑하는 마음이다. 하지만 자존심은 끝없이 타인과 경쟁해야 존재할 수 있으며 경쟁에서 패할 경우 무너져 내린다. 하지만 자존감은 자신에 대한 확고한 사랑과 믿음이기에 상황에 따라 급격히 변하지 않는다.[49]

여러 사람의 복잡한 심리를 다 헤아리며 그들을 이끌어야 하는 지도자에게는 반드시 자존감이 필요하다. 자존심은 지도력에 악영향을 미치게 되지만 자존감은 지도력을 도리어 크게 향상시키게 된다. 자존감에 대하여 인터넷상에서 자신의 강점을 무료로 파악 할 수 있는 곳이 있는데 The VIA Survey에서 character

---

45) 윤대현, '자존감' 떨어져 고민하는 당신, 목표 낮추고 남과 비교하지 마세요, 한국경제, 2011년 6월 3일.

46) 박성환, 당신의 아이는 지금 행복한가요, 북데일리, 2011년 9월 2일; 김범수, '아이의 사생활'·'아이의 자존감', 한국일보, 2011년 8월 6일.

47) 윤홍균, 『자존감 수업』(서울: 심플 라이프, 2017), 17.

48) Petwe G. Northouse, 『리더십 이론과 실제』, 김남현 역(서울: 경문사, 2011년), 31.

49) 이주연, 《크리스천투데이》, 2011-09-11.

strengths 체크가 도움이 될 것이다.[50]

5. 열등감(feeling of inferiority)

인간은 누구나 신체적·심리적·사회적 조건 등 다양한 원인에서 열등감을 가지게 되는데 이를 극복하지 못한 지나친 열등감이 문제가 되는 것이다. 이러한 열등감은 자신이 남보다 못하거나 부족하다는 생각에서 오는 느낌.[51]으로서 이러한 감정은 열등감 콤플렉스(inferiority complex)로 확장되기도 하는데 리더가 될 사람은 반드시 극복해야 한다.

6. 자기주장(assertiveness)

리더의 자기주장은 반드시 갖추어야 할 자질이다. 자기주장이란 자신의 의사표현을 명백하고 단호하게 하는 긍정적 의미이다. 이러한 자기주장은 물론 개방되고, 정직하고, 직접적인 의사소통으로써 타인의 권리를 침해하지 않으면서도 자신의 개인적 권리를 찾는 것이라야 한다. 리더는 자기주장을 통해 자기가 지시하고 원하는 내용에 대해 "예"와 "아니오"에 대한 반응을 수시로 점검해야 하는 위치에 있다. 자기주장은 리더의 일에 대한 추진력이며, 다음 미션을 감행하기 위한 자신감을 증진시키는 방법이다. 이것은 리더 개인을 상황과 조직의 희생자가 되지 않게 하는 방법이고 자기만족과 타인을 다루고 존중하는 방법이다.

자기주장은 타인의 권리를 침해하지 않고 스스로 개인적 권리를 옹호하는 것이며, 자기 의지대로 행동하지 못하게 하는 불만을 감소시키는 것과 자신의 권리가 거절되는 소극적 행동을 못

---

50) 다음을 참고하라. www.viame.org

51) 가족상담용어사전 - 열등감《학지사》.

하게 하거나 타인이 권리를 침해하는 공격적 행위를 못하게 하는 것이다.

자기주장은 지나친 수동적 행동으로 책임을 최소화 하려는 것을 막고 지나친 공격적 행동으로 남에게 책임을 떠넘기는 것으로부터 리더를 바로 세우기에 필요한 것이다. 또한 리더의 바람직한 자기주장은 분명한 입장을 표현하면서도 상대의 반론에 대하여 경청하고 타협할 의도를 가지는 것이다.[52]

Ⅱ. 리더가 갖추어야 할 덕목들

1. 관점

관점이란 사물이나 현상을 관찰할 때, 생각하는 태도나 방향, 사물과 현상에 대한 견해를 규정하는 사고의 출발점을 말한다. 요즈음 일종의 관점으로 FRAME이란 말도 많이 사용하는데 그 뜻은 '마음가짐', '정형화 된 사고', '습관으로 자리 잡은 생각' 등으로 풀이 해 볼 수 있다. 때로 '프레임'은 리더를 통해 잘못하면 이데올로기가 되기도 한다. 관점의 차이가 우리사회에서 어떤 파

52) 김후자 편저, 『커뮤니케이션 실습 지침서』(서울: 수문사, 2004), 139.

장을 불러오는가를 보면 알 수 있다. 이런 점에서 리더는 항상 개방된 자세로 프레임을 때로 리프레임 해야 하는 과정이 필요한 사람이다.

프레임, 즉 관점이란 대단히 중요한 차이를 불러일으키고 목적과 의미와 방향성을 아예 바꾸어 놓기도 한다. 예를 들어 다음과 같이 무의미하게 나열된 GODISNOWHERE라는 알파벳에서 그가 어떤 사고의 프레임과 관점을 가지고 있느냐에 따라 전혀 다른 의미와 결과가 나타날 수도 있다.

아무 의미도 발견 하지 못하는 관점은 위에 단지 그대로 GODISNOWHERE이다. 하지만 무신론적 관점은 GOD IS NO WHERE이며, 유신론적 관점은 GOD IS NOW HERE이다.

2. 비전

Vision이란 시야, 환상, 상상력, 직감력, 통찰력, 미래의 전망, 선견지명 같은 것이며, 한편으로는 단순하게 시각상의 환각이나 환영(幻影)을 가리키기도 한다.

만일 그것이 허황되지 아니하고 예술적 의미로 마음에 나타나는 환상적인 현상이라면 그것은 중요하다. 예술이란 상상력을 이용한 직관적 인식이다. 직관적 인식이란 지성을 이용한 논리적 인식과는 구별된다. 논리적 인식은 보편자를 인식하지만, 직관적 인식인 예술은 개별자를 인식한다. 예술적 행위는 직관에 의해서 창작자나 독자의 마음에 환상적 현상인 미적 비전을 현현하게 할 수 있는 것이다. 이런 점에서 리더는 예술적 의미의 비전을 가지고 꿈꾸는 자가 되어야 한다.

비전은 한편으로는 단순한 주관적 시각이면서도 실물과 같은 실재감을 가지고 눈앞에 나타나는 것을 의미한다. 비전은 고도의 직관성을 갖춘 환상적 형태로서 철학적으로 말하면 표상이며 아직 개념이 아닌 이미지이다. 그것은 감각의 수준을 넘어선 정신적인 것, 혹은 관념적인 것이다. 종교적으로 말하면 보이지 않는 실제이다. 기독교에서 말하는 "믿음은 바라는 것들의 실상이요 보이지 않는 것들의 증거니 선진들이 이로써 증거를 얻었다"(히 11:1)고 하는 말이나 직관, 즉 "믿음으로 모든 세계가 보이지 않는 하나님의 말씀으로 지어진 줄을 알게 되니 보이는 것은 반드시 현상적으로 나타난 것으로 말미암아 된 것이 아니다"(히 11:2-3)라고 하는 주장들은 리더가 될 자들에게는 직관적 비전, 감각을 넘어선 그 어떤 정신적인 능력을 가져야 함을 일깨워 준다.[53]

3. 목적의식

비전과 유사한 개념이지만 리더는 목표, 목적, 가치 등에 민감한 사람이어야 한다. 그것은 공동체가 함께 힘써 나아갈 방향을 제시하는 것이기 때문이다. 단순히 목적과 목표를 제시하는 것은 리더가 아니라도, 심지어 좋지 못한 리더나 아무라도 할 수 있는 일이다. 영향력 있는 선한 리더는 따르는 자들에게 흡인력 있는 가치를 목적과 목표로 제시한다. 이순신 장군은 국가에 관한 애국의 가치를, 에디슨은 창조가 가지는 가치를, 그리고 간디는 평화의 가치를 사람들에게 알려주었기 때문에 수많은 사람들이 그 목적과 목표를 향해 움직일 수 있었다.

4. 성실성

너무나 단순하지만 너무나 분명하게도 유념해야 할 것은 리더는 성실해야 한다. 수많은 능력 있는 리더들이 그가 가진 특출한

53) 비전 [Vision] (문학비평용어사전, 2006. 1. 30, 국학자료원).

능력에도 불구하고 단지 정직하지 못하고, 성실하지 못하므로 그 위치를 잃게 되는 경우가 역사상에 너무나 많이 있었다.[54)]

5. 결단력

결단력은 그 기초적 원동력이 자신감, 자기 수용, 자존감 같은 데서 오는 것이다. 거기에는 진취성, 추진력 같은 특성들이 내포되어 있다.

6. 사교성

리더는 공동체 구성원 상호 간의 협동적인 관계 형성을 위한 사교성이 필요하다. 현대의 많은 일들은 콜라보레이션을 필요로 하고 있기 때문이다.

7. 정서지능

리더에게는 정서적 지능이 반드시 요구된다. 정서지능이라는 이 개념은 1990년 초에 나타난 것으로 많은 연구자들에 의해 알려지기 시작했으며 사회 전반에 광범위하게 요청되고 있다.[55)]

8. 온정

온정이란 상대방에 대한 공감과 존중 신뢰 등을 담은 의사소통의 마음자세를 말한다. 어조 뿐만 아니라 몸짓, 얼굴 표정, 자세 등 다양한 행동으로 메시지가 전달되게 하는 것이다.[56)]

---

54) Petwe G. Northouse, 『리더십 이론과 실제』, 김남현 역(서울: 경문사, 2011년), 32.

55) Petwe G. Northouse, 『리더십 이론과 실제』, 33.

9. 섬김

국어사전에서 '섬김'이란 신(神)이나 윗사람을 잘 받들어 모시는 것 혹은 사회적으로 보람 있는 일이 이루어지도록 힘이나 정성을 기울이는 것이라고 정의한다.[57] 기독교에서도 이 섬김이란 개념이 성경 곳곳에서 강조되고 있다(여호수아 24:18; 히브리서 9:14; 예레미야 40:10). 이와 같이 종교적 근거로 말하면 리더는 신을 섬기듯, 사람을 위해 봉사하고 그들을 섬기는 자가 되어야 한다. 리더가 가진 권력과 권위는 지배하고 통치하기보다 공동체 구성원의 공복으로서 섬기는데 사용되어야 한다. "상전들아 그들(아랫사람들)에게 위협을 그치라 … 너희의 상전이 하늘에 계시다"(에베소서 6:9). "상전들아 의와 공평을 종들(아랫사람들)에게 베풀라"(골로새서 4:1).

10. 겸손

겸손은 남을 존중하고 자기를 내세우지 않는 태도를 말하는데, 성 어거스틴은 중요한 덕목으로 첫째도 겸손, 둘째도 겸손, 셋째도 겸손을 거듭 강조했는데 그의 이러한 철학은 성경의 영향을 받았음에 틀림없다. 성경은 지도자들에게 겸손을 대단히 중요한 덕목으로 다 열거하기 힘들 정도로 많이 언급하고 있다(신 8:2; 대하 7:14; 왕하 22:19; 잠 29:23; 마 5:3; 9:46-48; 행 14:11, 13-15). 그리고 결정적으로는 근본 하나님의 본체이나 하나님과 동등 됨으로 여기지 않고 이 땅에 와서 십자가에 달려 죽은 예수 그리스도를 그 겸손의 모범으로 소개하고 있다(빌립보서 2:5-8).

---

56) 김후자 편저, 『커뮤니케이션 실습 지침서』, 36.

57) '섬기다'의 어원은 용비어천가(1447)의 '셤기다'에서 왔다.

겸손과 같이 다루어 리더가 삼가 경계해야 할 개념으로 교만이 있는데 교만은 잘난 체하며 방자히 행하고 능력을 과시하며 자기를 최고로 자랑하는 행위이며 남을 깔보고 자신을 높여 쉽게 우쭐거리는 마음을 뜻한다. '교만(驕慢)'이라 할 때 만(慢)자는 불교에서 산스크리트어 '마나(Mana)'를 번역한 것으로 불교의 48 경계(輕戒)에 반복적으로 나타난다. 성경 역시 교만의 결과는 패망임을 경고하고 있다. "그런즉 선줄로 생각하는 자는 넘어질까 조심"(고린도 전서 10:12)해야 한다.

11. 정직

심리학자들은 한 목소리로 인간관계에서 본질은 서로에 대한 정직함이라고 말하고 있다. 하지만 안타깝게도 이 정직이라는 말의 의미가 크게 퇴색된 것이 현대사회의 현실인 듯하다. 이른바 '정직하면 손해 본다'라는 오해들이 만연하기 때문이다. 인간관계에 있어서 정직함은 미덕에 그치는 것이 아니라 반드시 갖춰야 하는 요소이며 더 나아가 리더가 갖추어야 할 본질적 역량이다.

12. 희생

희생은 남을 위해 자기를 부인함으로 더 크게 보편화된 자기를 획득하는 것이다. 희생이란 자기부정을 통한 자기실현이다. 고래로 영웅들의 헌신과 희생이 역사 속에서 찬양되고 있는데 기독교에서는 예수그리스도의 십자가 희생을 인류의 구원을 최고 가치로 여기고 있으며, 불교의 무아론은 자신의 희생을 강조하는 것으로 현재 서구의 자기중심적 이기주의를 극복하는 대안으로 많이 연구하고 있다.[58)]

58) [출처] 불교 무아론의 희생제의적 기원, 희생의 논리, 전체주의적 과거. 작

모든 리더는 그 지위를 가지는 순간부터 어떤 모양으로든 자기희생이 절대적으로 따르게 된다. 이 희생을 거부 하는 순간 그는 리더의 자격을 잃어버리게 되는 것이다.

13. 위트

위트(Wit)는 남의 의표를 찌르는 결정적인 말들이나 재치가 있는 말을 뜻한다. 이 위트는 지적 예지(銳智)로서 사물을 인식하고 타인에게 웃음을 줄 수 있는 능력이다. 유머(humour)와 곧잘 동일시되지만 익살스러운 말이나 행동 양식을 뜻하는 유머와 달리 본래 "지력(知力)"이나 "창의력"과 같은 진지한 정신능력을 의미했다.

위트는 단어와 개념 사이의 예견하지 못한 연관성 또는 차이를 주목하여 익숙한 언어 습관이나 코드(code)를 파괴하면서 새롭게 창조된 지적 즐거움을 주는 경구(epigram)로 나타난다.

그런데 이 위트가 공격적이 될 때는 특정 대상을 조롱하는 신랄한 페이소스[59]가 되는데, 때로 우리 사회의 갖가지 문제들을 예리하게 지적하는 사상적 도구로 요긴하게 사용되고 있다. 리더의 이러한 해학적 표현들을 보면서 대중은 자기들이 미처 인지하지 못하였거나 인지하고도 적절하게 나타내지 못한 것들을 지도적 위치에 있는 선각자들을 통해 깨닫고 그들을 따르게 된다.

이런 점에서 지도자는 대중들이나 추종자들을 향해 호소하거나 설득력 있게 말하기 위해 긴 연설이나 웅변보다 간단한 해학

성자 mimesis.

59) 그리스어 pathos(파토스)의 영어식 발음으로 일시적인 격정이나 열정, 또는 예술에 있어서의 주관적·감정적 요소를 뜻한다. pathos(파토스)에 상대되는 말로는 '에토스(ethos)'가 있다. 이것은 '예술 작품에 담긴 도덕적·이성적인 특성'을 말한다.

적 표현으로 그 메시지를 더 강력하게 전달 할 수도 있다. 다만 리더는 자기 자신에 대한 타인의 풍자에도 너그러운 자세를 가져야한다. 우리는 예로부터 탈춤이나 가면극을 통해 지도층 인사들에 대한 풍자가 비교적 자유로웠다.

14. 유머

현대의 복잡하고 예민한 각종 현안들이 난무하는 가운데 리더는 비장하고 엄격한 정신뿐만 아니라 때로 긴장을 이완(relax) 시키는 자세로 문제를 풀어나가야 한다. 사실 유머는 의료적 치료 기능까지 가지고 있으며[60] 조직원들에 대한 교육효과의 극대화를 가져다주는 기능도 있다.[61] 그러므로 유머는 오늘날의 지도자에게 필수적으로 요구되는 정서적 기능이다. 유머는 사람들의 흥미를 자극하고 긍정적인 태도를 유발하는 창의력이기에 리더십에 필수적이며 때로는 진지함보다 더욱 효과적이다.

인도 지도자 마하트마 간디는 "If I had no sense of humor, I would long ago have committed suicide(내게 유머 감각이 없었다면 나는 오래전에 자살했을 것이다)"라고 했고, 영국 작가 버지니아 울프는 "Humor is the first of the gifts to perish in a foreign language(외국어를 사용할 때 가장 먼저 잃어버리는 재능이 바로 유머다)"라고 했으며, 미국 심리학자 데이비드 시베리는 "Good humor isn't a trait of character, it is an art which requires practice(좋은 유머는 성격의 특성이 아니라, 연습이 필요한 예술이다)"라고 했다.[62]

지그문트 프로이트는 "유머는 유아기의 놀이적 마음 상태로 돌아가게 하는 어른들의 해방감"이라 정의했다. 만약에 판촉활동

60) 김후자 편저, 『커뮤니케이션 실습 지침서』, 131.

61) 김후자 편저, 『커뮤니케이션 실습 지침서』, 134.

62) humor (교양영어사전1, 2012. 10. 22., 인물과사상사).

에 종사하는 리더라면 광고에 있어 유머는 소비자의 경계심을 풀고 광고주에게 친밀감을 느끼게 하는 데 큰 효과를 올릴 수 있다.[63] 안전 교육 책임자에게도 유머는 활용되는데 종종 잘 알려진 항공사 기내 방송에서 유행하고 있기도 하다. 의학 및 보건 계열 책임자라면 유머는 생리적 기능에도 유익하여 심장박동수와 근육운동을 증가시키고, 산소교환을 촉진하며 심폐기능 체계와 교감 신경계의 카테콜라민의 생성을 자극한다.[64]는 사실을 알 필요가 있다. 유머는 위기 상황에서도 긴장을 이완시켜 상황을 벗어날 수 있도록 유연한 대처 능력을 가져다주며 팀워크를 활성화하여 일에 대한 의욕도 더욱 크게 결속력을 높여 준다.[65]

유머에는 불길하고 우울한 블랙 유머(black humour), 장난으로 하는 농담(弄談, Joke)도 있어[66] 잘못 사용하면 오히려 화근이 된다. 비난, 성차별, 음담패설, 인격 파괴 등 부정적 의미의 유머[67]는 때로 심각한 국제적으로 마찰을 빚기도 한다.

예를 들면 다음과 같은 경우이다. "He's young, handsome and even has a good tan(그는 젊고 잘생겼을 뿐만 아니라 피부까지 잘 태웠다)." 이 말은 2008년 11월 이탈리아 총리 실비오 베를루스코니(Silvio Berlusconi, 1937~)가 미국 대통령에 당선된 버락 오바마에 대해 자신은 유머라고 사용한 말이지만 적잖은 논란을 불러일으켰다. 베를루스코니는 자신의 발언이 물의를 빚자 그건 유머였다며, "If some people don't have a sense of humor, then it's their

63) 이명천 · 김요한(2012년), 『광고 전략』, 커뮤니케이션이해총서.

64) 김후자 편저, 『커뮤니케이션 실습 지침서』, 134.

65) 김후자 편저, 『커뮤니케이션 실습 지침서』, 133.

66) 유머 [Humor] (문학비평용어사전, 2006. 1. 30., 국학자료원) 이상섭, 『문학비평용어사전』, 민음사, 2001년; 프로이트, 「유머」, 『억압, 증후 그리고 불안』, 황보석 역, 열린책들, 1997년.

67) 김후자 편저, 『커뮤니케이션 실습 지침서』, 132.

problem(유머 감각이 없는 사람들이 있다면, 그건 그들의 문제다)"라고 반박했다.[68] 온갖 복잡하고 골치 아픈 일들과 첨예하게 대립되는 상황을 돌파해야 하는 리더에게는 건전한 유머 감각은 필수적인 것이다. 하지만 유머는 잘못하면 상대에게 상처를 입히는 양날의 칼과 같은 것이다.

68) humor (교양영어사전1, 2012. 10. 22., 인물과사상사).

제 4 장 리더가 갖추어야 할 능력

Ⅰ. 의사소통 능력

리더가 갖추어야 할 중요한 자질 혹은 기능 중에 하나가 조직 구성원들과의 커뮤니케이션 즉, '의사소통' 능력이다. 각기 다양한 의견을 가진 천차만별의 사람들 상호 간에 의견과 생각의 일치란 정말 어려운 일이다. 때로는 뜻하는 바를 전달하기 위해 말, 글, 소리, 표정, 몸짓 등을 다 동원하고도 제대로 전달되지 않는 것이 의사소통의 어려움이다.

하지만 이 모든 것에도 불구하고 리더십의 원동력은 조직 구성원과의 쉼 없는 의사소통으로부터 나오는 것이다. Tanneu는 말하기를 인생 자체가 의사소통의 연속이라 했고 Ruesh는 바람직한 의사소통은 조직 구성원에 대한 치료적 의미까지 있다[69]고 했다. 리더가 될 사람은 마땅히 의사소통을 귀중히 여겨야 한다. 만일 그렇지 않고 의사소통에 어려움을 느끼는 리더는 리더십을 제대로 발휘 할 수 없다.

1. 의사소통의 정의

의사소통이란 의사를 표하고 싶은 쪽에서 상대방을 향하여 언어적이든 비언어적이든 일종의 신호를 만들어서 보내면 전달 받

69) 김후자 편저, 『커뮤니케이션 실습 지침서』, 9.

은 상대방이 그것을 해석하고 반응하는 과정이다.[70] 다시 말해 내가 가진 생각과 의견을 상대방과 공유할 목적으로 말이나 글로써 상대에게 전달하는 신호체계이다. 주로 언어를 사용하지만 환경과 여건에 따라서는 더욱 효과적인 전달을 위하여 본능적으로 몸동작, 얼굴 표정, 시선(eye contact) 등을 사용하기도 한다.

2. 의사소통의 의미

의사소통이란 뜻의 영어 커뮤니케이션(communication)은 '공통되는(common)', 혹은 '공유한다(share)'라는 뜻의 라틴어 'communicare'에서 유래한 것으로 개체 간에 공동의 상징체계를 통해 의미를 주고받는 것이란 의미가 들어있다.[71]

공동체 'community'는 여기서 유래된 것이다. 그러니 공동체를 이끌어 가는 리더에게 communication은 필수적으로 갖추어야 할 능력이다. 커뮤니케이션은 심지어 동물들이 모여 사는 곳에서도 미숙한 형태이나 나타나는데, 개미의 경우를 보면, 어떤 개미가 일정한 분비물을 흘리고 가는 것은 다른 개미가 그 냄새를 맡고 어디에 무엇이 있는지 알 수 있게 하기 위함이다. 꿀벌은 자신의 움직임으로 꽃이 있는 방향과 거리를 다른 꿀벌들에게 알려준다.

커뮤니케이션은 인간이 생존과 바람직한 사회생활을 영위하기 위해서 외부적으로 나타내는 의사표시이다.[72] 사회학자인 찰스 호튼 쿨리(Charles Horton Cooley)는 커뮤니케이션을 가리켜 '인간관계가 존재하고 발전하게 되는 메커니즘(mechanism)'이라고 설명했다.[73]

---

70) 존 K브릴하트, 글로리아 J 외, 『열려라 토의』, 강정민 역(서울: 한언), 54.

71) 브리태니커 사전 21권(서울: 한국 브리태니커, 1993), 367. 커뮤니케이션(communication)은 '공통되는(common)', 혹은 '공유한다(share)'라는 뜻의 라틴어 'communis'에서 유래한다. 장혜영, 『발표와 토의』(서울: 커뮤니케이션 북스, 2012), 1.

72) 브리태니커 사전 21권(서울: 한국 브리태니커, 1993), 367.

3. 의사소통의 상호성

의사소통은 반드시 그 상대가 있는데 상대방으로부터의 피드백이 중요하다. 그 피드백은 예측가능 할 수도 있지만 때로는 불가능하다. 그래서 어떤 이는 의사소통을 탁구나 테니스 게임 같은 것에 비유하였다. 이런 게임은 내가 혼자서 공을 어떻게 치는가 하는 것에만 달려있지 않다. 상대방 선수가 공을 보낸 방향과 지점에서 그 공을 받아넘겨야 한다.

커뮤니케이션이라고 하여 다 긍정적으로 의사가 교환 되는 것은 아니다. 타인을 무시하고 자기주장이 강하며 고집스러운 비난형 커뮤니케이션도 있고[74] 상대를 이해하기보다 회유하기 위한 목적만 있는 회유형 커뮤니케이션도 있다. 우리 속담 가운데 '가는 말이 고와야 오는 말도 곱다'는 말은 바람직한 커뮤니케이션의 메카니즘을 한 마디로 잘 설명해 준다.

4. 의사소통의 요소

1) 송수신자

커뮤니케이션은 내가 전하고자 하는 신호의 의미를 상대방이 이해할 때, 혹은 상대방이 전하고자 하는 신호의 의미를 내가 알아차렸을 때 성립된다. 누군가 얘기를 하면, 이에 이어서 다른 사람이 얘기하고 싶어지는 '캔터베리 효과(Canterbury Effect)'가 자연스러운 커뮤니케이션의 과정이다.

---

73) Cooley, C. H. *Social Organization*(New York: Scribner, 1909), 61. 재인용.

74) 김후자 편저, 『커뮤니케이션 실습 지침서』, 22.

2) 메시지

커뮤니케이션에 참여하는 사람들이 주고받고자 하는 것은 결국 '메시지(messages)'다. 메시지란, '상대방을 이해시키려는 의도에서 만들어 내는 신호'라고 할 수 있다. 그러나 메시지는 반드시 언어를 통해 일어나지 않는다. 바디 랭귀지를 비롯하여 활용할 수 있는 모든 행동이 커뮤니케이션 수단이 될 수 있다.

3) 채널

채널(channels)은 송신자와 수신자 사이에 있어서 메시지를 도달하게 하는 방법이다. 음성과 지면 혹은 모든 가상공간이 이 시대의 중요한 의사전달 채널이다.[75)]

4) 피드백

피드백(feedback)이란 의사소통에서 청자가 화자에게 보여주는 반응을 말하는데 피드백이라고 다 바람직한 것은 아니고 긍정, 부정, 적극, 소극 등의 여러 피드백이 있을 수 있다.[76)] 우리는 서로에게 하루에도 수없이 많은 피드백을 하면서 살아간다. 좋은 피드백은 상대방과 의견이나 감정을 공유하고 있다고 느끼게 만드는 것임으로 의사소통에 꼭 필요하다. 피드백이 중단되는 순간 의사소통도 곧 이어 중단된다.

5) 잡음

잡음(noise)은 메시지를 정확하게 이해하는 데 방해가 되는 모든 것이다. 물리적 · 심리적 · 의미적 잡음이 있다. 예를 들어 복도

---

75) 강길호 · 김현주(2003년), 『커뮤니케이션과 인간』, 한나래.

76) Tony Alessandra 외, 『행복한 일터의 커뮤니케이션』, 최경희 외 역(서울: 한언, 2003), 134; 장혜영, 『발표와 토의』(서울: 커뮤니케이션북스, 2012), 15.

에서 나는 시끄러운 소리 때문에 수업이 지장을 받는 경우(물리적 잡음), 학습자가 마음속에 일어나는 잡념이나 상대 교수를 기피하여 강의 내용을 잘 듣지 못하는 경우(심리적 잡음), 학습 내용 자체를 잘 알지 못하여 이해하지 못하는 경우(의미적 잡음)등이 있다.

6) 세팅

세팅(setting)은 커뮤니케이션이 이루어지는 환경이나 기술과 관련된 것이다. 예를 들면 큰 강당은 거기에 맞는 마이크 엠프 시스템이 갖추어져야 하고 각종 공연에 맞는 기자재들이 세팅되어야 한다. 그리고 큰 강당은 채플이나 연설에는 적합하지만 수업하기에는 적당하지 않다. 사적인 대화나 친밀한 대화를 위해서라면 거기에 맞는 또 다른 장소가 필요하다.

5. 의사소통과 자아

자아는 커뮤니케이션의 주체로서, 자신을 스스로 어떻게 느끼는가(자아 개념), 어떻게 표현하는가(자아 표현), 어떻게 노출하는가(자아 노출)의 문제이다.[77] 자아상태는 여러 여건 가운데 바람직하게 성숙되는데 명령하고 강제 하는 통제적 부모, 염려와 걱정을 잘 나타내는 양육적 부모, 방임형 부모 등에 따라 자아상태도 다양하게 형성되는데, 반드시 매치 되는 것은 아니지만 자라나는 주변 여건에 의해 객관적 분석과 판단을 따라 심사숙고하는 성인 자아 상태, 자기 하고 싶은 대로 하고자 하는 자연적 어린이 상태, 지나치게 규범적이고 수동적인 순응적 어린이 자아 상태[78]

77) 강길호 · 김현주(2003년), 『커뮤니케이션과 인간』, 한나래; 김영임(2000년), 『스피치 커뮤니케이션』, 나남; 나은영(2002년), 『인간 커뮤니케이션과 미디어』, 한나래.

78) 김후자 편저, 『커뮤니케이션 실습 지침서』, 28-29.

등 여러 자아 상태가 나타나기도 한다.

1) 자아 개념

어떤 학자는 타잔과 원숭이의 비유를 들어 이 개념을 설명했다. 타잔은 자기 자신을 원숭이라고 생각했고 인간이면서도 원숭이와 의사소통이 원활했다. 그것은 그가 원숭이와 함께 자라면서 터득한 것이다. 이 사실은 긍정적으로는 주변 환경이 우리 자신의 정체성을 확립하는 데 도움이 되기도 하지만 부정적으로는 자아개념에 혼란을 주기도 한다는 것을 보여준다. 부정적 측면만 보면 이것은 지각 과정에서 제공된 정보의 왜곡 현상 때문이다. 이는 인간의 지각 능력이 유한하기 때문이기도 하지만, 개개인의 신념에서 비롯되기도 한다. 인간은 자신이 지지하는 정보는 취하지만 위배되는 정보는 삭제 · 왜곡하기 때문이다.

2) 자아 표현

자아는 '겉모습'을 표현하는 경향이 있다. '겉모습'은 사람들이 사회적으로 의미 있는 인상을 창조하기 위해 노력한 결과로 나타내는 것이다. 어빙 고프만(Ervin Goffman)의 인상 관리 이론(Impression Management Theory)은 사람은 누구나 '후면 영역(타인을 의식하지 않는 본연의 자연스러운 모습으로 하는 행동)'과 '전면 영역(타인 앞에서의 모습, 사회적 역할 개념에 이상적인 행동)'을 갖는다고 설명한다.

3) 자아 노출

자아는 상호작용을 통해 나타나는데 친해질수록 상대방에 대해 많이 알고 싶어 한다. 대부분의 경우 노출 수위는 자연스럽게 결정되지만, 사람에 따라서는 '도대체 그 속을 알 수 없다'는 느낌을 주기도 한다. 이렇게 되면 커뮤니케이션이 힘들고, 따라서 관계가 오래 지속되지 않거나 표피적인 상태에 머물게 된다. 그러므로 적절한 자아 노출은 커뮤니케이션에서 매우 중요한 요소다.[79)]

6. 의사소통과 비언어

비언어적 커뮤니케이션은 언어가 아닌 온갖 수단을 포함한 의사 전달의 모든 행위를 총칭 한다. 커뮤니케이션은 결코 언어만으로 이루어지지 않는다. 많은 경우에 비언어적으로도 전달된다. 그리고 실제 비언어가 커뮤니케이션에서 차지하는 비중은 매우 높다. 앨버트 머라비언(Albert Mehrabian) 같은 학자는 비언어가 의미 전달의 93%를 차지한다고 말한다. 머라비언은 말하기를 사람이 음성으로는 38%, 표정으로는 35%, 태도로는 20%, 말로는 7%라고 주장한다.[80)] 레이 버드휘스텔(Ray Birdwhistell)은 표현 수단으로서 언어 대 비언어의 비율이 35대 65에 이른다고 주장한다.

'안면 피드백(facial feedback) 가설'에 따르면 사람들이 웃는 표정을 지을 땐 기분이 즐거워지지만, 시무룩한 표정을 만들면 기분이 나빠지는 것을 경험하는 것으로 밝혀졌다. 유튜브 동영상에서 보게 된 어떤 실험에 따르면, 아직 말로 의사소통이 제대로 되지도 않는 영유아를 상대로 엄마의 웃고 화난 표정에 따라 어린 애기는 대단히 직접적으로 영향을 받는 실험을 볼 수 있다.

---

79) 박기순(1998년), 『대인 커뮤니케이션』, 세영사; 어빙 고프만 저, 김병서 역(1987년), 『자아표현과 인상관리: 연극적 사회분석론』, 경문사; 세버린 · 탠카드 공저, 박천일 외 공역(2004년), 『커뮤니케이션 이론』, 나남; J. W. Bagby (1957년), "A Cross-cultural Study of Perceptual Predominance in Binocular Rivalry", Journal of Abnormal and Social Psychology, 54, 331~334.

80) 장혜영, 『발표와 토의』(서울: 커뮤니케이션 북스, 2012), 19.

1) 비언어의 방편

(1) 물리적 요소

문화인류학자인 에드워드 홀(Hall)은 물리적 거리를 중요한 비언어로 보았다. 홀은 사람들이 상황에 따라 이용하는 공간의 거리를 다음 네 가지로 나누어 설명하고 있는데, 거리가 멀수록 업무적이고 공식적인 상황을 나타낸다.

친밀한 거리(intimate distance)는 45㎝ 이내의 거리, 엄마와 아기, 연인 사이 등 매우 근접한 관계에서 유지되는 거리이며, 개인적 거리(personal distance)는 45~120㎝까지의 거리로서 일반적인 친구 사이에서 대화하기 좋은 거리이고, 사회적 거리(social distance)는 120~360㎝까지의 거리인데 직장에서 공적인 업무로 대화할 때 주로 사용되는 거리이다. 그리고 공적인 거리(public distance)는 360㎝ 이상의 거리로서 이는 대인 커뮤니케이션이 불가능한 상황으로, 흔히 공중을 대상으로 한 연설이나 강연 등에 이용되는 거리다.

한편 시간의 사용이나 의자의 높낮이나 위치도 비언어 커뮤니케이션 행위다. 약속 시간에 늦게 나타나거나 이메일, 전화 연락에 즉각 반응하지 않고 시간이 흐르게 하는 것은 무언의 메시지를 전달하는 것이기도 하다. 나와 상대방의 의자 높이나 위치를 달리 하는 것도 메세지가 담겨있다. 매체를 통해서도 잘 알려진 바와 같이 평창 올림픽에서 김영남과 김여정의 자리 문제, 러시아 푸틴 대통령의 유명한 지각 면담, 아베 총리의 의자 높낮이 문제 등이 좋은 예이다. 지배력이 강한 사람들과 지명된 리더들은 대개 그룹 내 중앙에 앉는다.[81]

---

81) 존 K브릴하트, 글로리아 J 외, 『열려라 토의』, 강정민 역(서울: 한언), 85.

(2) 신체 접촉

신체를 접촉하는 행위 또한 중요한 커뮤니케이션 수단이다. 스킨십은 의사소통에서 중요한 비언어적 소통 수단으로서 공동체 구성원 간의 일체감과 팀웍을 강화 할 수 있다.[82] 일반적인 인간관계에서 접촉은 친밀감을 표시하기 때문에, 이를 지표로 삼는 연구가 이루어지기도 한다. 신체 접촉에는 남녀 간, 문화 간 차이가 크게 존재한다.

2) 비언어의 기능

(1) 반복 기능

우리는 비언어를 통해 언어 커뮤니케이션의 내용을 반복해서 전달한다. 예컨대 '5분만 기다려 달라'고 말하면서 손가락 다섯 개를 펼쳐 보이는 것이 그것이다. 위치를 알리거나 크기나 형태를 묘사할 때에도 비언어의 반복 기능은 많이 쓰인다.

(2) 대체 기능

비언어는 아예 언어 커뮤니케이션을 대체할 수도 있다. 시끄러운 거리에서는 말보다 '이리 오라'는 손짓이 훨씬 유용하다. 또 엄지손가락을 치켜세우면 아무런 말이 없어도 '최고'라는 뜻을 전달한다. 하지만 이 때에 문화적 차이를 유념하지 않으면 도리어 역기능이 나타나기도 한다. 대부분의 문화권에서 말없이 고개를 끄덕이는 행위는 긍정의 표시로, 가로젓는 행위는 부정의 표시로 통용되고 있다. 엄지와 검지로 만드는 동그라미 OK는 수락한다는 상징적 언어이다. 이것이야말로 대표적인 비언어의 대체 기능이다. 그러나 비언어 행동은 문화권마다 해석의 차이가 있을

82) 존 K브릴하트, 글로리아 J 외, 『열려라 토의』, 강정민 역(서울: 한언), 89.

수 있는 만큼, 언어에 대한 평가 없이 비언어만으로 모든 것을 판단하는 것은 금물이다. 남아메리카에서는 동그라미는 외설적인 의미를 가지기 때문이다.[83)]

(3) 보안·강조 기능

얼굴 표정, 시선, 어조, 크기, 제스처, 몸동작 같은 비언어는 모두 언어를 보완하거나 강조하는 기능을 함으로써 의미 전달을 보다 뚜렷하게 한다. 예컨대 '고맙다'는 말을 하면서 고개를 숙여 정중한 예를 갖추는 것이나, 화가 났을 때 목소리도 함께 커지고 높아지는 것, '아니오'라고 말하면서 머리를 세차게 흔드는 것 등이 그것이다.

(4) 규제·조절 기능

만약 상대방이 눈치 없이 길게 얘기하거나 참견할 때, 말로써 이를 규제하기란 매우 곤란하다. 이 경우 우리는 눈짓을 보내거나 몰래 툭 치는 등 비언어 행동으로 규제할 수 있다. 비언어로써 언어를 제한하는 것이다.

(5) 부정 기능

언어와 비언어는 일치하는 것이 보통이지만, 서로 다르게 전달되어 혼란을 주는 경우가 있다. 흔히 언어로 표현되는 것이 본심이 아닐 때 이와 동반되는 비언어 메시지는 전혀 상반된 뜻으로 전달될 수 있다. 이러한 상황에서 사람들은 본능적으로 비언어를 더 신뢰하게 된다. 즉 비언어가 언어적 메시지를 부정하게 되는 것이다. 언어와 비언어 메시지 사이에 상충이 일어나는 모순된 커뮤니케이션을 가리켜 '이중 구속(double bind)'이라고 부른다. 가족관계와 같이 오래 지속되는 밀접한 인간관계 속에서 이중구속

---

83) 존 K브릴하트, 글로리아 J 외, 『열려라 토의』, 56.

을 많이 경험하는 것은 정신건강에 나쁜 영향을 미친다.

7. 의사소통의 효과적 기술

1) 경청

의사소통에서 말하기보다 더 중요한 것은 듣기이다. 대화의 1, 2, 3법칙이 있다.[84] 한 번 말하고, 두 번은 듣고, 세 번 공감하라는 것이다. 경청은 의사소통에 있어 가장 기본적인 자세이다. 경청 하는 자세란 어떤 것인가? 경청은 단순히 수동적으로 저자세로 상대에게 제압당하는 것이 결코 아니다. 경청하는 사람이 도리어 전술적으로 공감을 통해 주도권을 잡을 수도 있다.[85] 심지어 유명한 점쟁이조차도 상대방의 이야기를 경청하는데서 그가 처한 상황의 정보를 정확하게 얻어 낸다.[86]

『화성에서 온 남자, 금성에서 온 여자』의 저자 존 그레이(John Gray, 1951~)는 경청하는 방법 가운데 가장 좋은 것은 아무런 비난 없이 있는 그대로 들어주는 것이라고 얘기한다. 일단 경청의 기본자세는 판단하거나 충고하지 않고 단순히 수용하는 것이다. 특히 남녀 간 커뮤니케이션 방식에는 근본적으로 생물학적인 차이가 있다. 인본주의 심리학의 대가인 칼 랜섬 로저스(Carl Ransom Rogers)가 말하는 '무조건적인 긍정적 수용'과 같은 맥락에서 이 문제를 이해될 줄 안다. 하지만 더 나아가 이러한 남녀의 근본적 차이 극복은 단순한 무조건적 경청 보다 치료적 의미를 내포한 반영적 경청, 적극적 경청[87]이 더욱 효과적일 것으로 사료 된다.

---

84) Dale Carnegie, 『화술 1, 2, 3의 법칙』, 이상각 편역(서울들녘미디어, 2002); 장혜영, 『발표와 토의』(서울: 커뮤니케이션 북스, 2012), 12.

85) 크리스 보스 · 탈라즈 지음, 『우리는 어떻게 마음을 움직이는가』(서울: 프롬북스, 2016), 76.

86) 크리스 보스 · 탈라즈 지음, 『우리는 어떻게 마음을 움직이는가』, 84.

2) 설득

설득(說得)이라는 말은 이야기(說)를 통해 상대방에게 필요한 것(물건이든 마음이든)을 얻어내는(得) 것을 가리킨다.[88] 사람들은 주로 관철하고자 하는 바가 있을 때 설득을 하게 되는데 바람직한 설득은 경청이 선행되어야 할 것이다. 결국 정치는 대중을 설득해 지지를 얻는 행위이며, 광고는 소비자를 설득해 구매를 유도하는 행위다. 주목할 점은 설득은 일체의 강압적 수단을 사용하지 않아야 한다는 것이다. 도리어 논리적 · 감정적인 근거, 혹은 문화적인 근거를 제시해야 한다.

설득보다 더 효과 있는 것은 신뢰이다. 거짓말을 자주 반복한 양치기 소년은 실제 늑대가 나타났을 때에 조차도 마을사람들을 설득하기 힘들었다. 왜냐하면 이미 그와 마을사람들 사이에 신뢰가 깨어져 버렸기 때문이다. 신뢰가 생기는 바탕인 에토스(습관, 습성이라는 뜻의 그리스어)는 중요하다. 설득은 다분히 의도적이고 설득자 중심사고이지만 에토스를 바탕으로 한 신뢰는 설득 이전에 상대방 쪽에서 다가오게 만드는 영향력 있는 것이다. 아리스토텔레스가 말한바 에토스는 3가지로 구성되는데 첫째는 전문적 지식을 가진 실천적 지혜, 둘째는 말하는 사람의 상대를 향한 선의, 그리고 셋째는 단기간에 형성되지 않는 덕망과 성품이다.

2007년 미국 대선에 출말한 오바마는 자신을 국민 화합과 노예 해방의 선구자 링컨과 연결시켜 말하려 했다. 그때 그가 택한 장소는 링컨이 오래 거주한 일리노이주 스프링 필드였다. 링컨이 가진 에토스를 자기에게 투영하려 한 것이다. 실제로 당선 후 취

---

87) 김후자 편저, 『커뮤니케이션 실습 지침서』, 98-100.

88) 강철웅, 『설득과 비판』(서울: 후마니타스, 2017), 17; 국립국어원, 『표준국어대사전』에 따르면 상대편이 이 쪽 편의 이야기를 따르도록 여러 가지로 깨우쳐 말하는 일을 가리킨다.

임식 때에도 그는 워싱턴으로 갈 때 일부러 필라델피아에서 기차를 타고 가는 여정을 택했다. 이는 링컨이 1861년 대통령에 취임 하던 당시의 여정이었다.[89]

3) 선전(propaganda)

설득과 혼동되는 개념으로 '선전(propaganda)'이 있는데 일단 선전, 즉 propaganda는 일단 나쁜 의미로는 이데올로기를 전파하기 위해 허위 또는 편파적인 정보마저 믿도록 만든다는 점에서 설득과 구별된다.

엘룰은 propaganda를 설득의 한계로 인해 그것이 누군가를 속이기 위한 의도적 노력이 아니라 대중 사회의 사회학적 현상으로 이해하고 있다. 이제는 교육수준이 높아진 현대인을 대상으로 거짓말하기가 힘든 시대가 되었다고는 하지만 또 다른 한편 지금의 대중은 미디어가 그들을 혼란케 하는 시대를 살고 있다. propaganda의 위험성은 그것들이 대단히 학술적 근거를 가지고 대중을 혼미케 한다는 것이다. 스탈린의 propaganda는 주로 파블로프의 조건반사라는 개념에 근거한 것이고, 아돌프 히틀러의 propaganda는 주로 지그문트 프로이드의 억압과 리비도의 이론에 근거한 것이었다.[90]

4) 선택 설계

선택 설계란 사람들이 결정을 내리는 배경이 되는 정황이나 맥락을 만드는 것을 말한다. 우리 주변에는 수많은 선택 설계자들이 존재한다. 각종 디자인과 서식을 개발하는 사람들 뿐 아니

89) 김은성, 『인류최고의 설득술 PREP』(서울: 쌤앤 파커스, 2017), 66-69.

90) Clifford G, Christians and Michael R. Real, *Jacques Ellul's Contribution to Critical Media theory*, Journal of Communication 29:1(Winter 1978), 84; 강준만, 『커뮤니케이션 사상가들』(서울: 인물과 사상사, 2017), 161.

라 의학, 약학에서도 있는 그대로의 나이브한 치료법이 아니라 슈가 코팅 같은 환자를 고려한 다양한 치료법을 설계한다. 교사나 부모의 자녀에 대한 교육, 물품을 판매하고자 하는 세일즈맨들 … 이들은 모두 선택설계자이다. 선택 설계자는 사용자 우호적인 환경을 조성함으로써 사람들의 삶을 크게 향상 시킬 수 있다.[91] 이런 선택 설계는 강제하지 않는 대단한 설득효과가 있어 리더가 숙지해야 할 아이디어이다.[92]

5) 자유주의적 개입주의

자유주의적 개입주의라는 말은 모순처럼 보인다. 하지만 이 표현은 따로 쓰일 때 보다 함께 쓰일 때 매력적이며 더욱 강점을 갖는다. 자유주의적 개입주의는 선택의 자유를 보장하면서도 결정을 유도하기 위해 개입하는 것으로 비교적 유연하며 비강제적인 유형의 개입주의라고 할 수 있다. 자유주의적 개입주의에서는 선택을 막거나 차단하지 않으며 선택하는 자에게 심각한 부담도 지우지 않기 때문이다.[93]

6) 넛지(nudge)

행동경제학을 바탕으로 사람의 의사결정 능력을 향상시키고 좋은 사회를 만들기 위해 때로 재미있으면서도 실용적이기까지 한 의견들을 많이 제시하고 있다. 선스타인(Cass R. Sunstein) 같은 이는 『넛지』(Nudge)의 저자로 잘 알려져 있는데 그는 저서를 통해 다른 사람의 행동을 '처벌'이나 '규제', '물질적 유인' 없이도 어떻게 변화시킬 수 있는지를 재미있게 설명하고 있다.[94]

---

91) 라차드 탈러 · 캐스 선스타인 저, 『넛지』, 안진환 역(서울: 웅진씽크빅, 2009), 30.

92) 라차드 탈러 · 캐스 선스타인 저, 『넛지』, 17.

93) 라차드 탈러 · 캐스 선스타인 저, 『넛지』, 19-20.

'팔꿈치로 쿡쿡 찌르다'라는 뜻의 이 넛지(nudge)는 일종의 자유주의적인 개입, 혹은 간섭을 뜻하는데 강요하지 않고 원하는 행동을 하도록 유도하는 방법이다. 다시 말해 넛지는 금지나 인센티브 보상 제시도 없이 사람들이 스스로가 현명한 선택을 하도록 유도하여 원하는 결과를 얻어내는 방법이다. 선택의 자유는 여전히 개인에게 열려있다.

'넛지' 는 실수를 반복하는 인간들을 부드럽게 현명한 선택을 하도록 이끌어낼 수 있다. 넛지는 간섭하지만 여전히 개인에게 선택의 자유가 열려 있는, '자유주의적 개입주의'로 인간 행동 방식을 실제로 현격하게 변화시키고 있다.[95] 다음 몇 가지 사례들을 생각해 보자.

(1) 쾌적한 화장실

남자 화장실 소변기 위에 "깨끗이 사용하라"는 경고나 금지의 글귀가 아니라 도리어 재미있고도 익살스럽게 붙여놓은 글귀들, 소변기에 파리 모양 스티커를 붙여놓는 아이디어 등으로도 소변기 밖으로 새어나가는 소변량을 상당히 줄일 수 있다. 이것이 바로 똑똑한 선택을 유도하는 부드러운 힘, '넛지'의 좋은 사례이다.

(2) 투표율 향상

투표하라고 말하지 않고 단지 "내일 투표할 건가요?"라고 묻는 것만으로도 실제 투표율을 높일 수 있다. 이 획기적인 아이디어는 2008년 민주당 대선후보였던 버락 오바마와 영국 보수당 당수 데이비드 카메론이 넛지를 활용한 정책을 수용하면서 폭발적으로 유명세를 탔다.

---

94) cf. 선스타인은 지난 미국 대선에서 오바마 캠프에 참여했고, 오바마 정부에서 규제개혁위원장을 맡은 적도 있다.

95) 리차드 탈러 · 캐스 선스타인 저, 『넛지』, 26.

(3) 남아프리카 공화국 어린이 손 씻기

남아프리카 공화국에서는 어린이들을 대상으로 “희망의 비누” 운동을 했는데 그 비누를 가지고 손을 자주 씻으면 그 비누 안에 있는 장난감을 얻게 만들어 어린이들의 병에 대한 감염률이 낮아지고 일반 질병도 70% 감소, 호흡기병은 75% 감소되었다는 보고가 있다.

(4) 미국 시카고 레이크 쇼어 도로 급커브길 사고

자동차 운전자들은 수많은 교통사고를 목격하고 자신이 당하기도 하지만 시간에 쫓겨 급하게 가야할 일이 있으면 한 순간에 교통안전 규칙을 어기게 마련이다. “과속 조심” 혹은 “급커브길” 이란 경고문을 보고도 설마 하는 심리로 속도를 늦추지 않기도 한다. 이런 경우에 경고와 금지의 글귀들은 별로 효과가 없다. 미국 시카고 당국은 급커브길 사고를 막기 위해 커브길에 가로선을 그어 커브길에 가까워질수록 좁게 그려 운전자가 착시현상으로 속도 높아짐을 절실하게 감각적으로 느끼게 만들자 사고건수 현격히 줄어들었다고 한다.

(5) 학교 급식

학교 당국은 학생들에게 정크 푸드를 금지하고 어떤 음식을 고루 섭취하라고 교육할 수도 있지만 차라리 몸에 좋은 채소나 과일을 단지 눈에 잘 띄는 위치에 놓아둠으로 강요하지 않고 효과적 급식을 수행할 수 있다.[96] 실험 결과 구내 당 음식 재배열에 의해 특정 음식의 소비량을 무려 25%나 올리거나 내릴 수 있었다.[97] 그리고 식사도 혼자 할 때 보다 누군가와 둘이 함께 하

---

96) 라차드 탈러 · 캐스 선스타인 저, 『넛지』, 21.

97) 라차드 탈러 · 캐스 선스타인 저, 『넛지』, 14.

면 35%를 더 먹는다. 네 명이 함께 먹으면 75%, 일곱 명 이상이 함께 먹으면 96%를 더 먹는다.[98)]

(6) 예방주사

심리학자 쿠르트 레빈(Kurt Lewin)이 경로 요인이라고 이름 붙인 실험을 한 적이 있다. 경로 요인은 특정한 행동들을 촉진하거나 방해할 수 있는 작은 영향력들을 의미한다. 우리는 사람들 특정한 방향으로 밀어붙이기보다는 모종의 작은 장애물을 제거함으로써 보다 수월하게 바람직한 행동을 독려할 수 있다. 레빈의 아이디어는 예일대학 캠퍼스에서 렌벤탈(Leventhal)과 싱어(singer), 존스(Jones)에 의해 이미 1965년에 입증된 바 있다.

당시 실험 대상이었던 예일대학교 4학년 학생들은 파상풍의 위험과 보건소에 가서 예방접종을 받는 일이 얼마나 중요한지에 대해 적절한 교육을 받았다. 대부분의 학생들은 해당 강연에 수긍을 하며 주사를 맞으러 가겠다고 말했지만 실천하지 않았고, 실제로 보건소에 가서 주사를 맞은 학생은 3%에 불과했다. 그들은 캠퍼스 내에 있는 보건소 위치를 잘 알고 있었지만 가지 않았다.

그러나 또 다른 4학년 학생들에게는 동일한 강의를 듣게 하고 보건소 위치를 잘 알고 있는데도 보건소 위치에 동그라미가 쳐진 교내 지도를 한 장씩 주었으며, 주간 계획표를 보고 언제 주사를 맞을 것인지 계획한 다음 지도를 보고 어떤 경로를 택할 것인지 결정하라는 요청을 받았다. 이러한 몇 가지 nudge를 활용한 결과 28%의 학생들이 보건소에 가서 파상풍 예방주사를 맞았다. 약 9배나 많은 학생들이 주사를 맞은 이 실험은 nudge의 경로 요인의 효력을 입증했다.[99)]

98) 라차드 탈러 · 캐스 선스타인 저, 『넛지』, 106.

Ⅱ. 리더와 논리력

앞서 우리는 리더의 의사소통을 살펴보았다. 그런데 리더의 의사전달은 무엇보다 논리적이어야 한다. 그 이유는 다양한 견해를 가진 공동체 구성원들에게 리더 자신의 주장을 불편부당하게 전달하기 위함이요, 효과적으로 설득하기 위함이다.

공동체의 속성은 같은 목적과 목표를 향해 나아가지만 다양한 사람들이 모인 공동체는 항상 다양한 견해가 존재한다. 리더는 공동체가 수행해야 하는 과제들에 대해 구성원들의 생각이 각기 다를 때, 그 다양한 견해와 생각들을 조정해야 한다. 이러한 과정에서 리더에게 필요한 것은 예리한 분석, 합리적 사고, 지혜로운 판단, 설득, 논리 정연한 언변 등이다.

리더의 조리 있는 사고와 판단력은 대단히 중요하다. 리더 자신의 견해가 합리적이고 논리적으로 전달되어야 하고, 반대로 리더를 향한 구성원들의 비판적 사고에 대해서도 민주적이고 합리적으로 잘 이해하고 수용해야 한다. 이에 여기에서는 리더가 갖추어야 논리적 사고와 관련된 여러 사항들에 대해 살펴보기로 하자.

1. 논리에 대한 이해

논리란 무엇인가? 논리란 말이나 글에서 사고나 추리 따위를 이치에 맞게 이끌어 가는 과정이나 원리, 사고의 형식과 법칙에 관한 것이다.[100]

---

99) 라차드 탈러 · 캐스 선스타인 저, 『넛지』, 115-116.

100) 위기철, 『논리야 반갑다』(서울: 사계절, 1992), 13.

1) 논증

논리라는 것은 논증을 통하여 구체화되어 나타난다. 논증이란 어떤 주장을 근거로 하여 다른 주장을 옹호하는 주장들의 집합이다. 그것은 추론을 언어로 표현한 과정이다. 추론이란 어떤 한 생각에서 다른 생각을 도출하는 사고 과정을 말한다.101) 이런 과정을 거쳐 타당한 논리가 되기 위해서는 두 가지 기본 논증 형태가 있는데 연역적 논증과 귀납적 논증이 그것이다.

(1) 연역적 논증

연역적 논증은 이미 있는 하나 또는 일련의 명제로부터 그 안에 숨어 있는 어떤 새로운 명제(결론)을 끌어내는 형식이다. 연역 논증은 전제에서부터 결론이 필연적으로 도출된다고 강하게 주장한다. 바꾸어 말하면, 어떤 사실을 긍정하면서 동시에 그 결론을 부정하면 정합성을 잃고 자기모순에 빠진다는 논증이다.102)

(2) 귀납적 논증

귀납적 논증은 개별 사실들을 증거로 하여 결론을 이끌어내는 형식의 논증이다. 귀납 논증은 전제가 일정한 정도의 개연성 또는 합리성만을 부여할 뿐이라고 다소 약하게 주장한다. 이러한 귀납 논증은 과학의 방법론과 거의 같으므로 논리학에서 다루기보다 과학 철학에서 다루게 된다.103)

2) 문장

사람들은 생각하고 주장 하는 바를 나타내기 위하여 말을 하

---

101) 김희정 · 박은진 『비판적 사고를 위한 논리』(서울: 아카넷, 2014년), 서문.

102) 브리태니카사전, 4권(서울: 한국브리태니커, 1993), 49.

103) 브리태니카사전, 4권, 49.

거나 글들을 쓰게 된다. 이러한 표현들을 나타나는 형태가 문장이다. 다시 말해 사고하는 바를 말하고 쓰는 것은 모두 문장의 형태로 나타난다. 문장은 그 표현들이 바르게 나타날 수 있도록 언어의 규칙에 맞게 낱말을 배열해야 한다.

그런데 문장은 서로 상이해도 그 의미는 동일한 경우가 많다. 예를 들면 "나와 너는 친구다"라는 말과 "너와 나는 친구다"라는 말로 바꾸어도 된다.[104]

3) 진술

진술은 구체적인 상황에서 사용 된 참이거나 거짓인 문장을 말한다.[105] 그 진술은 참일 수도 있고 거짓일수도 있다. 모든 진술이 다 참인 것은 아니다. 그렇다고 다 거짓인 것도 아니다. 그 진술이 참인지 거짓인지는 논리적으로 별도로 살펴보아야 할 문제이다.

4) 명제

명제란 문장이 주장하는 그 어떤 내용 자체를 말한다. 문장이 주장 바 명제는 그것이 참일 수도 있고 거짓 일수도 있다. 아무튼 이처럼 참이거나 거짓인 문장을 명제라 한다. 모든 문장은 그것이 주장하는 바가 참 이거나 거짓이다. 그래서 명제를 참 이거나 혹은 거짓인 하나의 문장이라고 하는 것이다.

그런데 명제와 문장은 다른 개념이다. 예를 들면 밖에 눈이 올 때, "눈이 온다"는 것은 명제인데, 이 명제를 문장으로 표현하라면 각 국의 언어로 다르게 표현 가능하다. "눈이 온다"(한국어), "It snows"(영어), "Snow falls"(영어) 등으로 다르게 표현해야 하고

---

104) 김희정 · 박은진, 『비판적 사고를 위한 논리』, 63.

105) 김희정 · 박은진, 『비판적 사고를 위한 논리』, 79.

할 수도 있다. 일본어로, 중국어로 표현하고자 하면 문장은 각기 또 다르게 표현될 것이다. 이것이 바로 명제와 문장의 차이이다. 그런데 이에 대해 명제적 측면에서는 지금 눈이 오는지 안 오는지 그 사실에 대해서는 참일 수도 있고 거짓일 수도 있다. 하지만 "지금 눈이 온다"는 문장은 문장 그 자체로는 완벽하고 틀림없는 것이다. 그러므로 문장과 명제는 다른 것이다.

5) 문장과 진술의 차이

동일한 서술 문장이 상황에 따라 달라질 수가 있다. "나는 ○○대학교 ○○학부 학생이다"라고 말했을 때 이 문장은 올바른 구조로 이루어진 맞는 문장이다. 하지만 이 문장은 지금으로부터 20년 전, 여러분이 ○○대학교에 입학하기 전이나 혹은 20년 후 ○○대학교를 졸업한 후에 말한다면 이 문장은 거짓 진술이 되는 것이다. 그러므로 문장은 맞으나 진술로서는 거짓말이 된다. 이처럼 올바른 문장도 진술이 될 때에는 시간이나 장소 등 그 상황에 따라 참이 될 수도 있고 거짓이 될 수도 있다.

6) 전제 지시어와 결론지시어

논증에서 전제와 결론은 중요한데 우리는 다음과 같이 대략적으로 그 지시어를 살펴봄으로 전제와 결론을 짐작할 수 있다. 전제나 결론을 암시하기 위해서 사람들은 종종 특정한 표현을 사용하는데 전제를 가리키는 말을 전제지시어, 결론을 가리키는 말을 결론지시어라고 하고 다음과 같이 보기 좋게 분류해 볼 수 있다.[106)]

---

106) 김희정 · 박은진, 『비판적 사고를 위한 논리』, 70.

전제 지시어	결론지시어
왜냐하면 … 그 이유는 … … 라는 사실을 고려한다면, … 이니 … 이므로 … 에서 알 수 있듯이 … 라는 사실 때문에 … 인 까닭에	따라서 … 그래서 … 그러므로 … 그러니까 … … 임이 틀림없다

7) 논증이 아닌 표현들

종종 논증이 아닌 표현들이 있다. 단순한 자신의 믿음이나 의견을 표현하는 것들은 논증이 아니다. 상황에 대한 기술이나 단순 설명이 그러한 경우인데, 단순히 있는 상황 그대로를 묘사하는 데 지나지 않는 표현들은 문장으로서는 맞을지 모르나 논증은 아니다. 설명과 논증은 다른 것이다. 검증이 불가능한 상관관계를 따지고 있지 않는 설명은 논증의 가치를 가지지 못한다. 그렇다면 논증은 어떤 것이어야 하는가?

8) 논증의 조건

논증이 되려면 근거 또는 이유를 제시해주는 명제(들)인 전제가 있어야 한다. 그리고 그 전제가 뒷받침하는 주장, 즉 결론이 있어야 한다. 주로 논증은 전제를 근거로 결론을 정당화하고 자 하는 의도가 나타나 있어야 한다.

9) 전제와 결론에 대한 이해

전제는 결론에 대한 근거 혹은 이유를 제시하는 명제이다. 그런가하면 결론은 전제가 지지한다고 주장하는 명제이다. 예를 들어 다음과 같이 전제와 결론을 구분지어 생각해 볼 수 있다.

"프로이드에 따르면 어린 시절 접시를 창밖으로 던지는 행위는 동생을 창밖으로 내보내고 싶다는 욕망의 표현이다" (전제 1)

"괴테의 자전적 작품인 『시와 진실』에 따르면 괴테는 어린 시절 접시를 창밖으로 던진 일이 있다" (전제 2)

"괴테는 동생에 대해 적개심과 질투심을 가지고 있었다" (결론)[107]

2. 오류에 대한 이해

논증이 잘못된 것을 우리는 오류라 한다. 다시 말해 오류란 잘못된 논증이다. 오류는 잘못된 관념이나 거짓된 믿음에 따른 주장이다. 오류에는 누구나 단번에 알아차릴 수 있는 명백한 것도 있지만 그렇지 않은 것도 있다. 단번에 알아차릴 수 없는 오류란 심정적으로 상당한 설득력을 갖는 오류이다. 그래서 우리는 오류를 저지르기도 하고 또한 받아들이기도 한다. 이러한 오류들은 얼핏 보면 타당한 것처럼 생각되나 잘 살펴보면 타당치 못한 추리 형식을 가지고 있다.[108] 논증에서 어떤 문장이 명제의 형식을 띤다고 하여 다 참인 것은 아니다. 이런 오류는 크게 형식적 오류와 비형식적 오류로 나누어 볼 수 있다.

1) 형식적 오류

형식적 오류란 타당한 추리를 위한 각종 규칙 형식을 위배 하는데서 생기는 오류를 말한다. 예를 들면 다음과 같다.

---

107) 김희정 · 박은진, 『비판적 사고를 위한 논리』, 78.

108) 문형렬 · 하창환, 『논리 여행 재미있는 논리 여행』(서울: 김영사, 1995년), 19.

모든 고양이는 동물이다.
모든 개는 동물이다.
그러므로 모든 개는 고양이다.[109)]

이 논증은 형식적으로 전제는 참인데 결론은 거짓이 되어 버렸다. 또 다른 예를 보자.

모든 꽃은 식물이다.
어떤 나무는 꽃이 아니다.
따라서 어떤 나무는 식물이 아니다.

여기서도 우리는 위의 논증이 부당하다는 것을 쉽게 알 수 있다. 그것은 전제가 모두 참인데도 전제와 결론을 정당한 관계 속에서 연결하고 있지 않음으로 결론은 거짓인 오류를 범하고 있다.[110)]

아주 오래 전부터 많이들 인용하는 예문이기는 한데 적절한 삼단 논법이 되려면 다음과 같이 되어야 한다. 대표적인 연역적 삼단 논법은 다음과 같다.

모든 사람은 죽는다. - 대전제
소크라테스는 사람이다. - 소전제
소크라테스는 죽는다. - (논리적 도출에 따른) 결론

물론 이미 앞서 진실 혹은 진리라고 입증된 대전제나 소전제를 다 생략하고 바로 주장하는 생략 삼단논법도 가능하다. 그렇게 표현하려면 "소크라테스는 사람이기 때문에 죽는다."라고 말

---

109) 김희정 · 박은진, 『비판적 사고를 위한 논리』, 159.
110) 김희정 · 박은진, 『비판적 사고를 위한 논리』, 163.

하면 된다. 흔히 일상생활에서 "~ 하기 때문에"라는 표현이 그것이다. [111]

위의 논증을 귀납적 예증법으로 고쳐서 다음과 같이 말 할 수도 있다.[112]

사람 A는 죽었다.
사람 B도 죽었다.
따라서 사람인 소크라테스도 죽는다.

하지만 위의 논증은 이 세상 모든 사람을 다 열거하기 전에는 전제로서의 가치로서 충분하지 않아 문제가 있어 보인다. 귀납적 접근은 이러한 한계가 있는 것 같다.

2) 비형식적 오류

비형식적 오류란 주제에 대한 부주의나 추리를 정식화하는 언어의 애매성 때문에 범하게 되는 과오를 말한다.[113]

(1) 힘에 호소하는 오류

힘에 호소하는 오류, 혹은 위력에 의한 오류는 사실이나 진실이 있는 그대로 알려지기보다 권력이나 위력에 의해 왜곡되는 경우를 말한다. 우리가 잘 아는 지록위마[114]란 고사성어 같은 것이 이에 해당한다 하겠다. 다음과 같은 이야기에서도 위력에 의한 오류가 나타남을 알 수 있다.

17세기 영국의 왕 찰스 2세는 과학에 대단히 흥미가 많은 왕

---

111) 김은성, 『인류최고의 설득술 PREP』(서울: 쌤앤 파커스, 2017), 64.
112) 김은성, 『인류최고의 설득술 PREP』, 64.
113) 문형렬 · 하창환, 『논리 여행 재미있는 논리 여행』, 19.
114) 사슴을 가리켜 말이라고 한다는 뜻.

이었다. 그는 어느 날 왕립학회에서 과학자들을 향해 다음과 같이 질문하였다. "내가 최근에 실험을 해보니 산 물고기를 담은 대야의 무게가 죽은 물고기를 담은 대야의 무게보다 더 무겁다는 실험 결과가 나왔는데 도대체 그 이유가 무엇인지 알아주기 바라오."

왕립 학회의 과학자들이라면 찰스 2세 보다 더 부력의 원리에 정통할 터인데 다들 망설였다. 이 때 한 과학자가 답을 알려주기 위해 우리도 왕처럼 실험을 해 보자고 제안했지만 다른 과학자가 화를 내며 말했다. "어떻게 국왕의 말에 의심을 품는가 그것은 반역이다."라고, 그러자 또 다른 과학자가 "왕이 말한 것은 옳다. 그래서 실험을 다시 할 필요는 없다."고 말했다. 하지만 해답을 주어야 하는 시간이 다가오자 실험을 제안했던 과학자 말처럼 다시 실험을 해본 결과 산 물고기를 담은 대야의 무게나 죽은 물고기를 담은 대야의 무게가 다르지 않다는 것이 밝혀졌다.

이 이야기는 여러 가지 오류들이 복합적으로 나타난다. 일단 찰스 2세의 "산물고기는 죽은 물고기보다 더 무겁다."라는 잘못된 정보이고, 다른 하나는 "과학에 대해 잘 아는 왕이 한 말은 믿어야 한다."고 의심하지 않고 받아들이는 과학자들의 태도이다.

여기서 결과적으로 거짓된 사실을 받아들인 이유는 무엇인가? 그것은 바로 왕이 과학에 대하여 잘 알고 있다는 잘못된 전제, 그리고 왕이 가진 권력 때문에 반박하기 힘들다고 하는 위력에 의한 오류이다. 여기서 특히 후자에 의한 오류를 위력에 의한 오류라 한다.

(2) 사람에의 논증 오류

어떤 주장의 타당성을 그대로 따져보지도 않고 그 주장을 한 사람의 신분, 경력, 인격, 사상 등에 의해 그 사람의 주장을 정당화하거나 부당한 것으로 취급하는 오류를 사람에의 논증 오류라 한다.

13세기 말 피렌체의 교회 지도자들은 도시의 명성에 걸 맞는 대성당을 건설하기로 결정했다. 이 공사는 1296년에 시작되어 1세기 이상이 지난 15세기 초까지도 완성되지 못했다. 그 이유는 성당의 지붕을 돔(dome)형식으로 설계하였는데 그 돔을 건설하는 방법을 아무에게도 전수하지 않고 죽어버렸고 그 돔을 완공 할 건축자가 더 이상 없었기 때문이다.

그런데 건축가들 중에 오직 한 사람, 무명의 한 젊은 건축가 필립보 브루넬리스코는 돔(dome) 지붕 건설 방법을 알고 있었다. 그러나 필립보는 선뜻 나설 수 없었다. 왜냐하면 이미 많은 유명한 선배 건축가들이 실패한 뒤였고 자신과 같은 무명 건축가를 아무도 신뢰하지 않기 때문이었다. 망설인 끝에 그는 그 일을 할 수 있다고 나섰지만 시의 관계자들은 그에게 일을 맡기려고 하지 않았다. 왜냐하면 다른 모든 유명한 건축가들이 젊은 무명의 사람이라는 이유로 필립보를 반대했기 때문이다.

그 때 필립보는 돔의 건축 방법을 설명하는 대신 한 가지 제안을 했다. 그것은 반듯한 대리석 위에 아무것도 받치지 않고 계란을 세운다면 그에게 건축을 맡기겠는가 하는 것이었다. 그 때 많은 건축가들이 시도하여 실패했고 만일 그런 사람이 있다면 건축을 맡기겠다고 했다. 필립보는 달걀 한쪽 끝을 조금 깨뜨린 다음 달걀을 똑바로 세웠다. 건축가들은 그렇게 한다면 우리도 할 수 있다고 항의하였다. 그러자 필립보는 만약 내가 여러분에게 돔(dome) 건축 방법을 설명해줬다면 지금과 똑같이 말했을 것이라고 말했다. 결국 그 성당의 돔 지붕 건축은 필립보가 잘 완성하였다.[115)]

---

115) 문형렬 · 하창환, 『논리 여행 재미있는 논리 여행』, 29-32.

이탈리아 태생인 콜럼버스가 신대륙을 발견했을 때에도 스페인 귀족들은 그가 자기 나라 사람이 아니라는 이유 때문에 그 사실을 하찮은 것으로 여겼다. 이러한 사례들이 사람에 의한 논증의 오류이다.[116)]

(3) 연민에 호소하는 오류

선거철에 어떤 후보가 자신이 계속하여 낙마한 것을 호소하면서 그 동안 가족이나 주변 사람들이 어떻게 고생 했는지를 들먹이며 유세한다면 이것은 전혀 그가 당선되어야 할 논리적 근거를 제시하지 못하고 있는 것이다. 이런 경우에 이 후보자는 연민에 호소에서 자신의 주장을 정당화하려는 오류를 저지르고 있는 것이다.[117)]

어떤 흉악한 범죄자가 만일 자기의 성공적인 사회적 지위나 혹은 딱하게 처한 상황 등을 내세우면서 결코 자기는 그런 죄를 저지를 사람이 아니라고 호소하는 경우에 연민의 정을 느껴 그를 무죄 판결한다면 이 역시 연민에 의한 오류를 범하는 것이다.

그런데 한편으로는 법적으로 판결을 내리는 법관이 피고인에게 항소하라고 하는 것은 바로 이런 논증을 허용 하는 경우이다. 이런 경우를 고려한다면 연민에 호소하는 오류는 단지 오류라고 하기보다 변호의 기회를 제공하는 것이라는 차원에서는 달리 생각할 수도 있겠다.

(4) 군중에 호소하는 오류

한 때 조기 유학의 열풍이 몰아 칠 때, 유학 이민 단체에서 학부모들의 군중심리에 호소하는 경우가 그러한데, 그들이 말하기를 요즘은 조기 유학이 대세라느니, 모두 다 조기 유학을 보낸다

116) 문형렬 · 하창환, 『논리 여행 재미있는 논리 여행』, 34.

117) 김희정 · 박은진, 『비판적 사고를 위한 논리』, 167.

느니 그러므로 당신의 자녀도 조기 영어교육을 받아야 한다고 말을 한다면 이런 경우 역시 논리적 근거 보다는 단지 군중심리를 자극하는 오류를 범하고 있는 것이다.[118)]

군중에 호소하는 오류 혹은 효과의 가장 좋은 예는 상업광고에서 많이 볼 수 있는데 대중이 열광하는 유명인을 상품 판매에 연결시키는 것이다. 그리고 선거운동에서도 정책 대결이 아니라 군중의 감정을 동원하여 여론을 조성 혹은 조작해서 자신의 주장을 선전하는 경우이다.[119)]

(5) 인신공격의 오류

상대방의 주장을 반박할 때 그 주장의 내용과 무관하게 그 사람의 성품이나 하는 일에 대해 모욕적인 발언을 함으로써 그 사람의 주장이 정당하지 못하다는 것을 보여주는 경우가 바로 이 경우에 해당한다.[120)]

(6) 분할의 오류

어떤 것에 대해 분할하고 쪼개어 나누어도 그 효력이 그대로 있으리라고 생각하는 것은 분할의 오류를 범하는 것이다. 예를 들어 소문난 맛 집의 요리사가 여려 명인 경우에 그 중에 한 사람의 요리사를 자기 식당으로 데려간다고 해서 또 다른 맛 집이 될 수는 없다. 그 요리사는 전체 요리 중에 겨우 한 가지 일을 맡았을 뿐이기 때문이다. 유명한 값비싼 명화 그림을 나누어 가지고자 분할하는 순간에 그 가치는 사라지고 만다. 미국이 돈 많은 나라임으로 미국 사람 누구나 다 돈이 많은 것은 아니며, 뭉게구름이 하얀 색이라고 뭉게구름을 이루고 있는 물방울들이 다

118) 김희정 · 박은진, 『비판적 사고를 위한 논리』, 167-170.
119) 문형렬 · 하창환, 『논리 여행 재미있는 논리 여행』, 33.
120) 김희정 · 박은진, 『비판적 사고를 위한 논리』, 170.

하얀색은 아니다. 이 사실을 간과하면 분할의 오류를 범하는 것이다.[121]

(7) 결합의 오류

수학에서 1+1=2이지만 또 다른 상황에서는 반드시 이 원리가 적용되지 않는다. 그럼에도 불구하고 그렇게 생각한다면 이는 결합의 오류를 범하는 것이다. 예를 들어 아름다운 새소리의 결합을 생각해보자. 꾀꼬리, 뻐꾸기, 종달새, 방울새… 등이 각기 별도의 소리로는 아름답지만 과연 이 새들을 한곳에 다 모아놓고 그 소리를 들어도 아름다울 것인가? 그것이 그럴 것이라고 생각한다면 결합의 오류를 범하는 것이다. 사극에 나오는 사약은 독약이다. 하지만 이 독약은 인삼을 비롯하여 온갖 몸에 좋은 보약들을 다 결합하여 만든 것이다. 그리고 빨강색, 파랑색, 노랑색은 개별적으로는 밝고 선명한 아름다운 색이지만 그 모든 것을 섞어 버리면 어두운 검정색이 되어 버린다.[122] 마치 잘생긴 연예인의 얼굴에서 잘생긴 부분들만 조합하여 그것으로 새로운 얼굴을 만들었을 때 전혀 그렇지 않은 얼굴이 나타나는 것과 같은 원리이다.

(8) 무지에 의한 논증의 오류

무지에의 논증이란 어떤 주장이 거짓이라고 증명된 적이 없다는 단순한 이유로 참이라고 말하거나 그 반대로 참이라고 증명된 적이 없다는 단순한 이유로 거짓이라고 말하는 것이다. 이러한 무지에의 논증은 논리적으로 오류이다. 왜냐하면 무지가 어떤 주장의 참이나 거짓을 증명할 증거가 되지 않기 때문이다.

만일 어떤 명백한 죄를 지은 사람이 그것을 입증하기 힘든 사람을 향해 "내 죄에 대해 증거를 대라 그렇지 못하면 나는 무죄

121) 위기철, 『고맙다 논리야』(서울: 사계절,1993), 131-133.

122) 위기철, 『고맙다 논리야』, 134-137.

이다."라고 주장하면 이런 경우를 무지에의 논증이라고 한다.

우리는 흔히 무신론자와 유신론자 사이에 신 존재에 대한 시비가 일어나는 것을 볼 수 있다. 무신론자가 유신론자에게 "신이 있다는 것을 증명해 보라. 당신은 그것을 증명하지 못했다. 그러므로 신은 없는 것이다." 이 말을 받아 유신론자는 무신론자에게 말한다. "신이 없다는 것을 증명해 보라. 당신은 증명하지 못할 것이다. 그러니 신은 있는 것이다." 이런 경우는 양자 모두 자신의 주장을 상대의 무지를 통해 참이라는 것을 입증하고자 하는 것이다. 이처럼 상대방이 무지하여 반박할 능력이 없다는 것을 이용하여 자신의 주장을 정당화시키는 것을 무지에의 의한 논증의 오류라고 한다.[123)]

(9) 피장파장의 오류

이 논쟁은 자신의 어떤 주장이 정당하지 못하다는 상대방의 반박에 대해 상대방의 주장은 자신의 주장보다 더욱 더 정당하지 못하다고 주장하는 경우이다. 예를 들어 아버지가 아들에게 "담배를 피우는 것이 건강에 좋지 않으니 담배를 피우지도 말아라." 하고 말하자 아들이 아버지에게 "아버지도 담배를 피우시면서 그러시나요?"라고 응대했다고 하자 이때에 아들은 아버지와 피장파장이라는 이유로 아버지의 주장이 옳지 못함을 증명할 수 없다.[124)]

(10) 선결문제 요구의 오류

이 오류는 결론에서 증명하려는 주장이 이미 참이라는 사실을 전제 하고 있기 때문에 일어난다.

---

123) 문형렬 · 하창환, 『논리 여행 재미있는 논리 여행』, 42.

124) 김희정 · 박은진, 『비판적 사고를 위한 논리』, 172.

낙태는 금지해야 한다.
왜냐하면 살인은 금지돼 있기 때문이다.

언뜻 보기에 이 논증은 타당할 뿐 아니라 전체가 참으로 건전한 논쟁인 것 같다. 그러나 어떤 전제가 생략되어 있는지를 생각해 보면 이 논증의 문제점은 분명해진다. 이 논증에서 전제를 생략하는 것은 사람들을 속이기 위해서다. 이 논쟁에서 무시된 전제가 있다면 그것은 "낙태는 살인의 한 형태이다"라는 것이 되어야 할 것이다. 하지만 그 전제조차도 아직은 참인지는 의심스럽다. 이 논증은 낙태가 살인의 한 형태임을 먼저 해결해야만 하는 선결 문제를 요구하고 있기 때문이다. 또 다른 예를 하나 더 살펴보자.

그녀는 나를 사랑한다.
그녀는 그렇다고 내게 말했다.
그녀는 내게 거짓말을 했을 리가 없다.
왜냐하면 사랑하는 사람에게 거짓말 할리가 없기 때문이다.

이 논증의 결론은 '그녀는 나를 사랑한다.'이다.

그런데 이 문장도 선결 문제 요구의 오류를 범한 순환 논증이다. 순환 논증은 결론을 적용하면서 그 참을 이미 전제함으로 결론에 오류를 범하고 있다.[125] 특히 "그녀가 거짓말 할 리가 없다" 같은 전제들은 이미 참이라는 사실을 잘못 전제하고 있는 것이다.

"소크라테스는 착한 사람이기 때문에 살인을 하지 않았다." 라는 주장은 문제가 있다. 대전제인 "착한 사람은 살인하지 않는

125) 김희정 · 박은진, 『비판적 사고를 위한 논리』, 190-191.

다."라는 말은 진리가 아니기 때문이다. 그리고 소전제인 "소크라테스는 착한 사람이다."도 문제가 있다. 소크라테스는 늘 항상 착하지 않기 때문이다.[126)]

왜 내가 싫으냐? 하고 묻는 이에게 "싫으니까 싫지!"라고 말하는 것 역시 순환논리의 오류를 범하는 것이다.[127)]

아큐정전이라는 책에 나오는 한 마디 "그놈이 사형을 당하는 것을 보니 나쁜 놈이구나"라는 말 속에는 순환논증의 오류가 들어 있다.

(11) 거짓된 원인의 오류

원시인들이 일식 때 북을 계속 치고 있으니 해가 다시 나타났다고 믿는 것은 거짓된 원인의 오류이다. 우리가 흔히 징크스라고 말하는 대부분은 여기에 해당한다고 볼 수 있다. 그리고 성공한 사람의 부인들이 모두 자가용을 가지고 다니는 것을 본 어떤 여인이 자신도 남편의 성공을 위해서 자가용을 사야겠다고 남편에게 주장한다면 이것 역시 거짓된 원인의 오류를 범하고 있는 것이다. [128)]

(12) 잘못된 이분법에 의한 오류

잘못된 이분법에 의한 오류는 완전하지 않은 두 개의 선택지를 주고 그 중 하나를 선택하라고 요구한 경우에 발생한다. 전제는 두 개의 선택지를 갖는 선언 명제로 되어 있다. 그리고 그 두 개의 선택지가 완전한 것인 양 그 밖의 다른 선택지는 없는 것처럼 보이게 한다. 이것은 잘못된 이분법에 의한 오류로서 올바

---

126) 김은성, 『인류최고의 설득술 PREP』(서울: 쌤앤 파커스, 2017), 65.
127) 위기철, 『고맙다 논리야』(서울: 사계절, 1993), 127.
128) 문형렬 · 하창환, 『논리 여행 재미있는 논리 여행』, 50.

른 논증이 아니다.[129)]

(13) 흑백사고의 오류

잘못된 이분법에 의한 오류와 유사한 흑백 논리의 오류를 생각해보자. 우산 장수와 부채 장수 두 아들을 가진 어머니가 비가 오나 날이 맑으나 항상 이래도 걱정, 저래도 걱정하는 것처럼 흑백 사고의 오류는 이것 아니면 저것이라고 딱 잘라서 사고하는 오류를 말한다. 이와 반대로 이래도 좋고 저래도 좋다고 생각하는 경우에도 그 결과는 마찬가지이다.

혹 누가 말하기를, "어때 너의 말이 틀렸지 그러니까 내 말이 맞아!" 이렇게 말하면 흑백사고의 오류이다. 두 사람 말이 다 틀릴 수도 있기 때문이다. "너는 나랑 헤어지는 것이 슬프지도 않아?! 나랑 헤어지는 것이 기쁜 모양이지?!"라고 말한다면 이 역시 두 가지 선택의 여지만 생각하는 흑백 논리의 오류에 빠지는 것이다.[130)]

(14) 일반화의 오류

어떤 특별한 경우에만 해당 되는 사실을 성급하게 일반화하여 적용하는 데서 오는 오류를 말한다. 예를 들어 백조는 모두 하얀색이라고 생각하는 것은 오류이다. 1697년 호주에서 검은 백조(Black Swan)가 발견되었기 때문이다. 그 이전까지 사람들은 백조는 모두 흰색이라고 생각했었다. 이 외에도 지역감정을 품고 말하기를 "경상도 사람들은… 전라도 사람들은…"이라고 말하는 것이나 미인은 박명이라느니 하는 말들은 모두 일반화의 오류를 범하는 것이다.[131)]

---

129) 김희정 · 박은진, 『비판적 사고를 위한 논리』, 194.

130) 위기철, 『고맙다 논리야』, 150-151.

131) 위기철, 『고맙다 논리야』, 159-160.

3. 비판에 대한 이해

흔히 비판이라는 말은 비난과 혼용되어 오해의 소지가 있다.[132] 그래서 비판적으로 사고한다고 하면 마치 누군가의 주장에 대해 부정적으로 꼬투리를 잡거나 흠집을 낼 목적으로 사고하는 것이라 하기 쉬운데 비판적 사고는 결코 그런 것이 아니다. 비판(批判)이라는 말의 어원은 쳐서(批), 잘라 나누는(判) 일을 가리킨다. 영어 criticism 역시 그 어원은 '옥석을 가른다'라는 뜻을 가진 헬라어 krisis와 krinein에서 온 것이다.[133]

비판적 사고란 어떤 주장을 깊이 있고 폭넓은 맥락에서 더욱 잘 이해하려는 것이며, 맹목적으로 어떤 주장을 받아들이지 않는 합당한 사고를 말한다. 따라서 비판적 사고는 우리 모두에게 꼭 필요한 것이다. 비판적이지 못한 사고는 도리어 잘못된 견해를 수용하는 어리석음을 범하거나 잘못된 주장을 강요하기도 한다. 비판적으로 사고를 한다는 것은 독단을 경계하는 것이다.

한편 비판적 사고라고 할 때 감정이나 정서는 배제되어야 한다. 어떤 감정에 휩싸여 상황을 냉정하게 판단하지 못하는 경우도 있기 때문이다. 하지만 비판적 사고라 하여 감정이나 정서는 전혀 개입되지 않은 사고라고 말할 수는 없다. 그것은 비판적 사고에 대한 정확한 이해가 아니다. 오히려 비판적 사고에는 편견이나 정보 왜곡에 대한 분노와 사랑 같은 감정이 사고의 그 동기가 될 수도 있기 때문이다.[134]

---

132) 강철웅, 『설득과 비판』(서울: 후마니타스, 2017), 19.

133) 강철웅, 『설득과 비판』, 18.

134) 김희정 · 박은진, 『비판적 사고를 위한 논리』, 23.

Ⅲ. 리더와 지력

리더는 그를 따르는 사람 보다 지능이 높은 사람이어야 하는가? 맞는 말이기도 하고 아닌 말 같기도 하다. 아니 상관없는 말이라고 하는 것이 옳겠다. 왜냐하면 우리 사회의 각계각층의 리더들을 볼 때 그들은 반드시 추종자들에 비해 지능이 높은 사람들은 아니다. 학교 다닐 때 공부를 반드시 더 잘한 사람도 아니었다. 학교 성적과 지능 같은 것은 리더로서의 지도력과는 직접적인 관계가 없는 것으로 보는 것이 옳다. 하지만 굳이 지능이 중요한 기능이라면 그 지능은 다른 차원에서 고려되고 평가되어야 한다.

1. 지능에 대한 정의

지능에 대한 정의는 다양하여 한 마디로 말하기 어렵지만 고대시대부터 지능은 정신적 능력이라고 생각했다. 지능에 대한 체계적 관심은 찰스 다윈을 비롯한 여러 학자들로 인해 1850년대 이후부터 본격적으로 시작 되었다고 볼 수 있는데 일반적으로는 지능이란 완전히 발달한 상태의 것이라기보다는 표면적으로 나타나는 지적 능력이자 또는 잠재력이다. 아마도 지능은 유전적으로 부여된 인간의 중추신경계의 특징들과 경험, 학습, 환경 요인에 의해 만들어진 정신적 복합물로 여겨진다.

2. 지능의 측정

지능은 불완전하기는 하지만 지능검사를 통해 측정할 수 있는데 이 검사들은 한 개인의 지능지수(IQ)를 측정하는 것을 목적으로 하는데 지능이 높으면 사회적 성취도도 높을 것처럼 보이지만 사회적 성취도를 판단하는 데는 다른 많은 요인이 있기 때문에 지능을 통한 예측은 신뢰할 만한 것이 못 된다. 그리고 그 지능을 사회적 성취로 바꾸어 나가는 기제는 완전히 파악되지 않고 있다.

지능 수준은 서로 다른 문화적 배경을 갖고 있을 경우에는 검사 결과가 다르게 나타난다. 영양상태, 교육 환경, 가정생활, 아동양육 방식 및 사회적 기대와 같은 요인들은 각 개인이 타고난 잠재력이 어떻게 발휘될 지를 결정하는 데 중요한 역할을 한다. 지능검사는 많은 논쟁을 불러일으켰으며 검사의 설계 및 표준화 절차에서 나타나는 문화적 편견을 중심으로 한 논쟁이 있고 유복한 배경을 가진 집단들에게 유리하며 힘없는 인종 민족 사회 집단을 차별하고 있다고 비난 받기도 한다.[135]

3. 지능의 다양성

1950년대 이후 J. P. 길퍼드의 연구는 지능 이론에 중요한 영향을 미친다. 길퍼드는 일반 일반지능이라는 개념을 120가지의 특수한 능력들로 분석했다. 다양한 연구를 통해 보면 창조적 사고와 분석적 사고는 낮거나 보통의 지능 수준에서는 중첩되지만 천부적 재능을 가진 사람들에게는 거의 전적으로 상치된다.[136] 영국 경영 사상가 찰스핸디는 인간에게 11가지 지능이 있다고 했는데 그 이상으로 분류할 수도 있다.

1) 사실적 지능 - 각종 사실 사건 등을 정확히 파악하는 지능.

2) 분석적 지능 - 전후관계, 인과관계 등을 잘 다지는 지능.

135) 브리태니카사전, 20권(서울: 한국브리태니커, 1993), 136-137.

136) 브리태니카사전, 20권, 136-137.

3) 수리적 기능 - 숫자 계산에 능한 지능.

4) 언어지능 - 각종 언어에 능통한 지능.

5) 스포츠지능 - 운동신경이 발달된 지능.

6) 손재주 지능 - 고장 난 각종 물건을 잘 고치는 지능.

7) 미술지능 - 그림, 색깔에 대한 감각이 뛰어난 지능.

8) 음악적 지능 - 노래, 악기연주 감각이 탁월한 지능.

9) 직감 지능 - 순간적 판단력이 빠른 지능이다.

10) 감정적 지능 - 감성풍부, EQ(emotional quotient)가 높은 지능.

11) 이재적 지능 - 재화 관리에 능한 지능.

12) 기업가적 지능 - 경영에 능하여 사업을 잘 하는 지능.

13) 인간관계 지능 - 소위 발이 넓은 사교적 지능.

4. 지능과 한국인

2000년대 초반에 오스트리아 빈 대학 의과대학에서 세계 50개국 국민들의 평균 IQ검사를 했는데 홍콩인이 107로 1등, 한국인은 106으로 2등을 했다. 하버드 대학 심리학자 리차드 헤른 스타인 교수는 이들이 백인들 보다는 2에서 10 정도가 높다고 했다.

그리고 특정 국가에 관하여 언급 하는 것이 조심스러워 세간에 알려진 사실과 통계 등에 의존해 리더십 문제와 관련 지어 살펴보면 어떤 나라는 그 원주민의 리더십이 취약하고 아쉬운 부분이 있다. 그 국가는 인구의 60%는 원주민 인데 29%의 중국 화교들이 그 나라 경제의 3/4을 장악하고 있다. 이에 정부는 특별한 부미 푸트라(땅의 자손)정책을 사용하여 원주민 보호정책을 시행하여 국립대학도 무조건 원주민을 일정 비율 입학시켜 놓고 나서 그 외 사람들에 대해 입학을 허락 한다. 그런데도 그 나라의 리더 지위는 주로 중국계 사람들이 차지하고 있고 그 원주민들은 우직하게 시키는 일 하기만 좋아하는 경향이 있어 화초에 물을 주라 하면 소낙비 오는 날인데도 물을 주고 있다며 과장인지 사실인지 그 우직함에 대해 말이 많다. 하지만 국가적으로는 최근 뉴스(2018년 8월 초순)에 의하면 4차 산업에서 우리나라(30위권)보다 훨씬 높은 세계 6위의 상위 랭킹에서 달리고 있다. 규제 없는 창의성 덕분이다. 반면에 세계적 IT 강국 대한민국은 너무 많은 규제 장벽 때문이다.

지능을 논할 때 우리나라 사람들의 지능적인 면은 대단히 우수하다. 13세 어린이들의 세계수학 과학 경시 대회에서 대체로 1등 혹은 2등은 한국 어린이들이다. 기업가적 정신에 대해서는 피터 드러커가 말하길 세계제일은 미국인이 아니라 한국인이라 했다. 선진국들이 200년 걸려 이룩한 것 한국인은 한 세대에 해 낸다는 것이다. 쇠 젓가락으로 콩자반을 먹을 수 있는 민족인 우리는 젓가락질 통한 섬세한 손놀림으로 손재주도 좋고 또한 이러한 일들은 두뇌 회전에 좋은 영향을 끼친다. 한국인의 손기술은 로마에서도 알아주는데 로마에는 도둑이 많아 이태리 산 자물쇠가 인기라 한다. 하지만 그 자물쇠를 풀어내어서 잠금장치를 무색케 하는 사람들도 한국인이다.[137]

5. 지능과 지도력

최근 연구들의 분석에 근거하여 살펴보면 리더들은 대체로 추종자들 보다 더 높은 지능을 가지는 경향이 있다고 한다. 하지만 앞서도 망한 바와 같이 지능의 복합성과 다양성 때문에 단순한 측정으로 단정하긴 어렵다.

아무튼 리더는 언어구사, 지각과 판단, 합리적이고 논리적인

---

137) 송병락, 『싸우고 지는 사람 싸우지 않고 이기는 사람』, 87.

사고 등에 능해야 좋은 리더가 될 수 있다. 한편 어떤 연구에 의하면 직무배치 혹은 운영 면에서는 리더의 지적능력이 부하들의 지적능력과 너무 차이가 나서는 안 된다고 주장 하는데 이는 그 괴리 현상으로 인한 마찰로 비생산적인 결과가 나타나기도 하기 때문이라는 것이다.[138] 물론 이러한 경우에도 리더의 인격이 그 모든 격차를 메울 수만 있다면 그는 다할 나위 없는 최고의 리더이다.

---

138) Petwe G. Northouse, 『리더십 이론과 실제』, 김남현 역(서울: 경문사, 2011년), 30-31.

제 5 장 리더가 갖추어야 할 기술(Skill)

Ⅰ. 리더의 용인술

리더는 자기의 능력만 의지하기보다 주변의 능력자를 적시 적소에 잘 들어 쓰는 자가 되어야 한다. 다시 말해 용인술에 뛰어난 자가 되어야 한다. 인사가 만사가 되기도 하고 망사가 되기도 하기 때문이다.139)

1. 삼국지에 나타난 인사 시스템

삼국지는 서기 2세기 말엽부터 근 100년간 벌어지는 장대한 드라마인데 그 속에 정치, 경제, 군사, 외교 행정, 과학기술까지 총망라하여 소개되고 있다. 특히 인재등용과 관련하여 살펴볼 내용들이 많다. 어떤 면에서 보면 삼국지는 당시의 리더들이 사람을 어떻게 알아보고 그들을 등용하여 그 결과 어떻게 그 리더들이 성공적인 일들을 수행하는지에 대한 이야기들로 가득 차 있다.

“삼고초려”, “도원결의”, “읍참마속”, “수어지교” 등은 다 인재등용과 관련된 고사 성어이다. 잘 아는 대로 “삼고초려”는 중국 촉한의 임금 유비가 제갈량의 초막을 세 번 찾아가 간청하여 드디어 제갈량을 군사(軍師: 군대의 우두머리)로 맞아들인 일을 말한다. 이 말은 이제 신분이나 지위가 높은 사람이 자기 신분과 지

139) 김성회, 『용인술』 (서울: 쌤앤 파커스, 2014), 59.

위를 잊고 인재를 들어 쓰기 위해 겸손한 태도와 간곡한 성의를 다하는 말로 쓰이고 있다.

"도원결의"는 유비, 관우, 장비가 복숭아 밭(도원, 桃園)에서 의형제를 맺은 데에서 비롯된 말로, 유비는 그 이후로도 인재들이 그에게로 몰려드는 리더로 추앙되어 천하의 영웅이 된다. 지금은 뜻이 맞는 사람들이 사욕을 버리고 목적을 이루기 위해 서로 합심할 것을 결의하는 일을 나타내는 말로 널리 쓰이게 되었다.

"읍참마속"은 울면서 마속을 벤다는 뜻으로, 삼국시대의 제갈량이 명령을 어긴 마속이라는 사람을 그가 아무리 아까운 인재라도 울면서 참수형에 처한 데서 유래한 말이다. 대의를 위한 권력의 공정성과 과단성을 일컫는다. 이 역시 사람을 어떻게 들어 쓰고 어떻게 징계할 것인가에 대한 인사의 중요성을 말해 준다.

"수어지교"라는 말은 원래 물과 고기의 사귐이란 뜻으로, 고기가 물을 떠나서는 잠시도 살 수 없는 것과 같은 관계에 비유한 말이다. 이 말은 유비와 제갈량의 사이를 비유한 데서 비롯된다. 유비와 제갈량의 사이가 갈수록 친밀하여지는 것을 관우와 장비가 불평하자, 유비가 그들을 불러 "나에게 공명(孔明: 제갈량)이 있다는 것은 고기가 물을 가진 것과 마찬가지다. 다시는 불평을 하지 말라"고 리더의 인사 정책의 분명함을 전달하는 이야기 가운데에서 유래되었다.[140)]

이 모든 고사 성어들은 한 때 천하를 호령한 영웅들(리더)이 인재등용을 어떻게 하여 크게 성공하고 실패했는지를 보여주는 것들이다. 리더는 결코 혼자 무엇을 하는 사람이 아니라 적시 적소에 적합한 사람을 잘 택하여 세우는 능력이 그의 사역의 대부분을 차지하고 그의 역량을 측정 할 수 있는 바로메타라고 해도 틀린 말이 아닐 것이다.

---

140) 최우석, 『삼국지 경영학』(서울: 을유문화사, 2007), 10.

2. 인물지에 나타난 인사 시스템

삼국지 외에 『인물지』도 2천년 전 중국 고전으로 본격적인 검증 시스템이 나타나 있는 책이다. 그 때에는 황제 1인 체제 하에서 황제 한 사람이 잘못되면 나라 전체가 어려움을 당하기 때문에 그러한 폐단을 막기 위해 황제에게 지혜를 간언할 인재들을 어떻게 잘 들어 쓰느냐 하는 것이 지대한 관심이었을 것이다.

당시에 왕이나 황제란 능력으로가 아닌 세습으로 그 자리를 차지하여 입법, 사법, 행정, 군사, 외교 모든 정책을 다 관장하던 시대이니 황제 한 사람이 잘못하면 나라 전체가 망하게 되는 것이었다. 이런 체제였으니 고대 중국에서 인재 이론이 발달한 것은 당연한 일이었다. 황제는 직접 일하는 사람이라기보다 일하는 사람들을 선택하여 일을 시키는 자이니 그 만큼 인사는 중요했을 것이다. 《인물지》에서는 사람의 타고난 성정과 재질은 밖으로 드러난다고 보았다. 당시의 인물 식별방법 중의 하나는 "말을 교묘히 하고 얼굴빛을 거짓으로 꾸미는 사람 중에는 어진 사람이 드물다"라고 말한 공자의 한 마디 말 속에 잘 드러나 있다.

3. 선거지(選擧志)에 나타난 인사 시스템

인재 평가의 기준으로 오늘날에도 자주 사용하는 '신언서판(身言書判)'이라는 기준이 있다. 신언서판은 당나라 시대에 관리를 임용할 때 사용한 심사기준으로 〈선거지(選擧志)〉에 그 기록이 나온다.

(1) 신(身) : 사람의 풍채와 용모

(2) 언(言) : 사람의 언변

(3) 서(書) : 글씨(필적)

(4) 판(判) : 사물의 이치를 깨달아 아는 판단력

아무튼 고대 중국 역사의 훌륭한 업적을 이룩한 위인들은 모두 그의 훌륭한 인재 발탁과 관련되어 있다. 공자가 대사구(大司寇)에 오르자 당장에 법이 바로 섰다는 말이나, 주(周)나라 문왕은 강태공을 등용하여 왕조를 세웠고, 유방(劉邦)은 장량을 얻어 한나라를, 주원장은 유기(劉基)를 얻어 명나라를 세웠다는 이 모든 이야기들은 모두 인재등용의 중요성과 그 지대함을 말해주는 것이다. 인재를 잘못 등용하여 낭패를 당하거나 나라가 망조에 접어든 수많은 이야기들도 마찬가지 맥락에서 살펴볼 수 있다. 좋은 인재를 등용한 리더는 성공했고 그렇지 못한 리더는 실패했다.[141] 인재를 잘 들어 쓰는 것도 리더의 인격, 역량, 그리고 그의 그릇 크기에 달렸다. 못난 리더는 인재를 알아보지 못한다.[142]

4. 제갈량의 인물 감별법

제갈량은 겉으로 드러난 모습과 안에 품은 마음이 다른 사람을 구별하는 방법으로 다음의 7가지 방법을 제시한다.[143]

1) 어느 것이 옳고 그른지를 판단하는 것을 보고 그 지향을 살핀다(問之以是非而觀其志).

2) 능한 말과 논리로 난처하게 만들어 그 임기응변의 능력을 관찰한다(窮之以辭辯而觀其變).

3) 어느 문제에 대한 관점과 책략을 자문함으로써 그 지식과 경험을 살핀다(諮之以計謀而觀其識).

4) 환난 앞에서 보이는 태도를 보고서 용기를 살핀다(告之以禍難而觀其勇).

141) 최우석, 『삼국지 경영학』(서울: 을유문화사, 2007), 10-13.

142) 최우석, 『삼국지 경영학』(서울: 을유문화사, 2007), 15.

143) 『인물지』(2009. 12. 23., 위즈덤하우스); 『제갈량문집』, 조희천 역(신원문화사)에서 재인용.

5) 술로 취하게 하여 그 품성을 살핀다(醉之以酒而觀其性).

6) 이익 앞에 임하게 하여 그 청렴함을 살핀다(臨之以利而觀其廉).

7) 기한을 두고 일을 맡겨 그의 신용을 살핀다(期之以事而觀其信).

Ⅱ. 리더와 목소리

1. 목소리와 전달 효과

사람들의 목소리는 그야말로 천차만별이다. 중후한 목소리, 천박한 목소리, 어른인데도 어린아이 같은 목소리, 듣기에 거슬리는 목소리 등 너무나 다양하다. 이러한 목소리가 단순히 개성이면 몰라도 의사전달이나 대인관계에 문제가 있는 목소리라면 교정이 필요하다.

미국 심리학자 메라비언은 "같은 말이라도 목소리에 따라 의사 전달 효과가 38%나 달라진다"고 말했다. 하버드 대학 연구결과 청중의 80% 이상은 말하는 사람의 목소리만으로 그의 신체적 성격적 특성을 규정짓는다고 한다. 목소리는 대단히 중요해서 청중은 그 목소리를 듣고 더 이상 집중해서 들을 것인지 아니면 듣기를 포기할 것인지 생각한다. 영국 전 수상 윌리엄 글래드스턴은 "스피치와 음성훈련에 들인 시간과 돈은 그 어느 것 보다 확실한 투자이다"라고 했다. 한 컨설팅 업체가 세계적으로 성공한 비즈니스맨 100인에게 성공의 비결에 대해 물었더니 우선 목소리를 다듬어라 하는 응답이 가장 많았다.

우리의 얼굴뿐만 아니라 목소리에도 화장이 필요하다. 그리고 연습도 필요하다. 예를 들어 어린아이 소리 같은 차일드 보이스는 파열음(가, 까, 카, 다, 따, 타, 바, 빠, 파)을 연습하면 좋아진다.[144)]

144) 조관일, 『청중을 사로잡는 명강의 기술』(경기도: 21세기 북스, 2014), 35.

2. 발음 훈련

발음 훈련을 하기 위한 여러 가지 방법이 있겠는데 일반적으로는 나무젓가락을 양 어금니로 문 후 입이 양 옆으로 크게 벌어지는 모양새가 되게 한 후에 책을 읽는 훈련을 하루에 15분 정도 3-4개월 지속 훈련[145]을 하면 많이 개선된다. 가능하면 발음하기 힘든 다음과 같은 글들을 교본 삼아 연습하면 좋다.

〈교본 1〉

간장 공장 공장장 된장 공장 공장장
들의 콩 깍지는 깐 콩깍지인가 안 깐 콩깍지인가?
내가 그린 기린 그림은 잘 그린 기린 그림이고
네가 그린 기린 그림은 잘 못 그린 기린 그림이다.
저기 계신 저 분이 박 법학박사이시고
여기 계신 이분이 백 법학 박사이시다.
경찰청 철창살은 외철창살이냐 쌍철창살이냐
쇠철창살이냐 철철창살이냐?

〈교본 2〉[146]

가 구 거 고 그 기 게 개 갸 교 겨 규
나 누 너 노 느 니 네 내 냐 뇨 녀 뉴
다 두 더 도 드 디 데 대 댜 됴 뎌 듀
라 루 러 로 르 리 레 래 랴 료 려 류
마 무 머 모 므 미 메 매 먀 묘 며 뮤
바 부 버 보 브 비 베 배 뱌 뵤 벼 뷰
사 수 서 소 스 시 세 새 샤 쇼 셔 슈

145) 조관일, 『청중을 사로잡는 명 강의 기술』(경기도: 21세기 북스, 2014), 37.
146) 조관일, 『청중을 사로잡는 명 강의 기술』, 40.

3. 어조(Tone)와 전달 효과

말을 함에 있어 어조와 말투도 중요하다. 어조란 말의 가락으로 억양을 말한다. 어조는 우리가 말을 할 때 함께 쓰는 억양으로서 이 또한 하나의 언어이다. 물론 반언어(半言語)라 하는 것이 정확하겠다.

어조는 말을 할 때 표현을 더욱 적극적으로 하면서 자연스럽게, 효과적으로 말할 수 있게 해 주며 어조의 변화로써 말하는 이의 감정과 기분을 함께 전달할 수 있다.147)

우리는 종종 "왜 같은 말을 해도 그가 하면 되고 내가 하면 안 되지?"라는 생각을 할 때가 많다. 그 이유는 어조 때문이다. 우리가 말을 할 때에는 그 속에 감정, 인성, 의도 등 복합적인 요소가 함께 묻어나는데 특히 어떤 어조로 말하는가 하는 것은 중요하다. 어조가 무엇인가에 대해 이해하기 위해 예를 들면, "그는 나에게 비웃는 어조로 말했다" 같은 표현에서 알 수 있을 것이다.

어조와 비슷한 표현으로 억양이 있는데 억양은 영어로 말하면 인토네이션(intonation)이다. 이는 음의 상대적인 높이의 변화, 즉 음조(音調)를 말한다. 예를 들면 다음과 같은 경우에 사용한다.

"그는 애써 표준말을 쓰는데도 그의 발음에는 경상도 억양이 섞여 있었다." "그는 사무적인 억양으로 나에게 말했다."

억양에 따라 우리말의 경우에 그 의미를 변별하기도 한다.148) 예를 들어 흔히 우리가 알듯이 "잘한다!"와 "잘~한다!"는 전혀 다른 뜻이 될 정도로 그 의미가 달라진다. 리더가 공동체를 향해 전하고 싶은 메시지를 어떤 어조와 억양으로 말하는가 하는 것

---

147) 신원문화사 사전, 2007. 8. 25. [네이버 지식백과] 어조.

148) 한국민족문화대백과, 한국학중앙연구원, [네이버 지식백과] 억양 [抑揚]

은 그 공동체가 듣고 수행할 것인가 말 건인가 판단하는데도 영향을 미치기에 리더의 목소리와 어조는 중요한 것이다. 콘텐츠가 아무리 좋아도 어조나 억양 등이 좋지 않으면 그 모든 좋은 내용의 전달은 실패하는 것이다.

4. 자기 스타일의 목소리

일반론을 떠나 자기만의 독특한 목소리 개성도 중요한 것이다. 어떤 한 여자 방송인의 목소리는 쉰 듯한 쉿소리로 정말 듣기가 거북하지만 그것이 도리어 그의 개성으로 인정받기도 했다. 가수들도 자기 창법이 다 있어서 프로 전문가수라도 남의 노래를 부르면 그 묘미를 잘 살리지 못하는 것을 알 수 있다. 전달에 큰 문제가 없다면 자기만의 독특한 어조나 억양 등의 개성을 너무 바꾸려고 하지 않아도 된다. 도리어 잘 못된 변화의 시도는 몸에 맞지 않은 남의 옷을 입은 듯 어색함만 있을 뿐이다.

Ⅲ. 리더와 회의진행

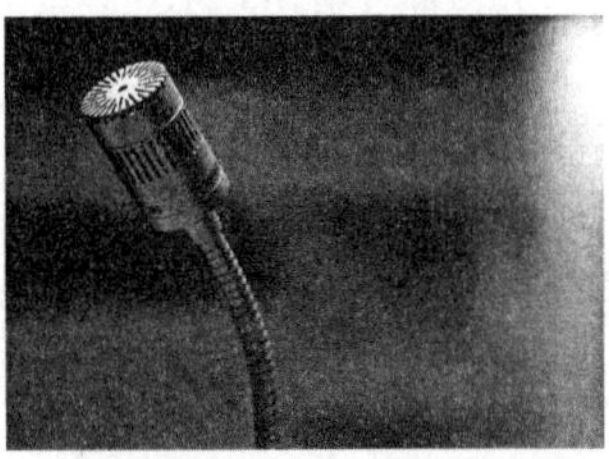

대학에서 학생들과 함께 생활하며 행사를 진행할 때 동아리 모임을 비롯하여 각종 학생 자치활동에 지도교수 자격으로 참관하여 회의 진행을 지켜보는 때가 많다. 이럴 때면 거의 대부분 회의가 규모 있게 제대로 운영되는 것을 보기가 힘들다. 거의 모든 회장들이 회의진행에 미숙한 것은 말할 것도 없고 참석한 회원 중 누구하나 제대로 회의진행을 이해하고 있는 것 같지도 않다. 이는 비단 학생들의 회의뿐 만 아니라 전문 지성인들의 모임에서도 정도의 차이는 있지만 대부분은 회의에 참석한 사람들이 회의에 대하여 잘 이해하고 있는 것 같지 않다.

아이러니한 것은 회의란 효율적이고 합리적으로 다수의 견해를 수렴하기 위함인데 이런 이유들로 인하여 도리어 회의는 전혀 부당하고 비합리적 결정이 나는 모임이 되기도 한다. 이와 같은 결과는 만약 진행자나 참석자의 고의가 없었다면 대체로 회의에 대한 모두의 무지에 기인하는 것이다. 리더에게 회의에 대한 이해는 정말 중요한 것이다.

1. 회의의 정의

회의란 무엇인가? 일단 회의란 어떤 문제를 놓고 공동체의 중지를 모아 최선의 해답을 얻기 위해 모인 회합이며 여러 사람이 상이한 의견과 입장을 가지고 특정한 의제 또는 문제를 해결하기 위해 뜻과 정보를 교환하는 과정이다.[149)]

인류는 오랜 세월동안 동서고금을 막론하고 공동체의 의견을 수렴하는 회의체가 있었다. 유목민생활에서도 집단의 방위와 협동 생활을 위해[150)] 더 넓은 초지 분할과 확보, 이민족 침입에 대한 대책을 위해, 고대 그리스의 아크로폴리스에서의 모임이 그러하며, 삼국시대에 신라의 화백제도가 그러하다. 영국의 의회는 고대 게르만족의 원시적 민회제도가 모태가 된 것이다.[151)] 20세기 이후 오늘날 대중 민주주의가 성숙해 감에 따라 회의를 통한 정책 결정의 정당성 획득 과정은 민주화 시대에 필수적인 것이다. 조직은 유효한 목적을 달성하기 위하여 합리적인 커뮤니케이션에 장치를 필요로 하는데 그것을 위해 인류 역사 이래 가장

149) 박성기 · 송길원, 『회의 진행법』(서울: 영문출판사, 1998), 12.

150) 허규, 『회의 진행 교본』(서울: 명사, 1997), 21.

151) 임택진, 『회의 진행의 이론과 실제』(서울: 한국 문서선교회, 1996), 18.

이상적 모델로 개발된 제도가 회의라 할 수 있다.[152)]

2. 회의의 성격

회의는 강연도 아니고 강습도 아니다. 그 형식이나 방법에서도 강연이나 강습과는 차이가 크다. 그런데 종종 회의시간에 길게 강연을 하듯이 말하거나, 남을 가르치려 들거나, 설교하듯이 하는 이가 종종 있다. 회의장은 강연장도, 교실도, 교회도, 교육받는 장소도 아니다. 회원 한 사람, 한 사람이 상하 관계가 없이 각 각 동등한 권리와 의무를 가지고 자기의 의견을 주장하고 개진하는 자리이다. 그러므로 회의에서 발언할 때는 민주 시민의식을 가지고 동등한 자세로 의사를 교환해야 한다. 함께 참여한 높은 지위의 사람들은 특히 이점을 유념해야 한다.

3. 회의의 효율성

1) 다양한 의견 수렴 기능

공동체의 리더는 다양한 생각과 견해를 가진 수많은 구성원들의 갈등과 화합을 이끌어 내어야 하는데 그것은 주로 회의를 통해 가능하게 되는 것이다. 그러므로 리더는 회의와 관련된 각종 상식에 정통해야 하며 회의 진행법을 잘 숙지하여 효율적인 의사소통을 할 수 있어야 한다.

리더는 많은 경우에 회의를 통하여 말해야 한다. 공동체는 항상 다양한 의견을 가진 자들로 구성되기 마련이고 리더는 그들 모두의 의견을 최대한 기술적으로 잘 수렴하여야 한다. 다양한 구성원의 갖가지 의견을 수렴하여 민감한 사안들을 다루려면 회

152) 박성기 · 송길원, 『회의 진행법』, 9.

의체를 잘 활용해야 한다. 각기 다른 구성원들의 다양한 생각들을 수렴하는 데에는 회의만큼 효율적인 것도 없다. 공동체 구성원 모두의 지혜를 모으는 회의는 리더에게 추진력과 원동력을 제공하는 수단이다. 성경에도 "한 사람 보다 두 사람, 두 사람보다 세 사람이 더 낫다"고 협력하는 관계에 대해 강조하고 있다(전 4:10-12). 불교의 가르침 중에도 "바보도 셋이 모이면 지혜로운 문수보살 하나"라는 말이 있다.[153]

회의란 한 사람의 똑똑한 리더 보다 여러 사람의 중지와 지혜를 모으는 방편이다. 리더는 회의를 통한 팀워크의 향상을 도모할 수도 있음으로 그 진행에 정통하여 회의를 잘 주도해야 한다.[154]

2) 운영의 묘

효율적인 회의 진행을 위해서는 운영의 묘가 필요하다. 회의가 합리성에 지나치게 의존하거나 법칙만을 고집하면 오히려 개인의 판단보다 못한 경우들이 생겨난다. 따라서 신축성 있는 대안을 가지고 회의가 만능이 아니라는 사고를 가지는 것이 중요하다.[155]

회의 만능의 오류를 벗어나기 위해 진행자는 합리적 사고뿐만 아니라 개방적 사고, 허용적인 태도, 공감능력 등이 종합적으로 잘 어우러진 회의가 되도록 해야 한다.[156] 그야말로 회의는 종합예술적 측면이 있다.

3) 효율적인 환경

효율적인 회의를 위해서는 회의 환경도 중요하다. 회의를 원활

---

153) 폴김 · 함돈균, 『교육의 미래 티칭이 아니라 코칭이다』(서울: 세종서적, 2017.), 215.

154) 존 K브릴하트, 글로리아 J 외, 『열려라 토의』, 강정민 역(서울: 한언), 311.

155) 박성기 · 송길원, 『회의 진행법』, 16.

156) 임택진, 『회의 진행의 이론과 실제』(서울: 한국 문서선교회, 1996), 43.

하게 진행하기 위해서는 각종 기자재, 마이크 엠프 시설, 발언대, 투표용지 준비 등 각종 준비사항과 다과제공 등 회의 분위기를 훨씬 부드럽게 할 수 있는 환경 조성도 중요하다. 이러한 준비는 자칫 긴장하고 충돌하기 쉬운 민감한 회의장 분위기를 완화시켜 주며 마음을 열고 대화하게 하는 데 좋은 수단이 될 수 있다.[157)]

4. 회의의 가치

회의는 소수의 독선과 다수의 횡포를 경계하면서 교류와 협력을 통해 전체의 의견을 효율적으로 잘 조정하는데 유익한 방편이다.[158)] 그리고 사람들은 회의를 통해 서로의 차이에 대하여 이해하게 되고, 설득과 양보를 배우게 되며, 과제를 배분하고 화합하는 교훈을 배우게 된다. 그래서 집단적 사고가 개별적 사고보다 생산적임을 경험하게 되는 것이다.[159)]

5. 회의의 목적

회의는 반드시 어떤 결론에 도달하기 위하여 목적을 가지고 진행되어야 한다. 그 목적이란 그 공동체의 회의의 성격에 따라 다양하겠지만 일반적으로는 문제 해결, 과제 배분, 활동평가 등이다.[160)]

6. 회칙

회의에서 무엇 보다 우선되어야 하는 것은 회칙이다. 회칙은

157) 박성기 · 송길원, 『회의 진행법』, 16.
158) 임택진, 『회의 진행의 이론과 실제』, 15.
159) 박성기 · 송길원, 『회의 진행법』, 13.
160) 박성기 · 송길원, 『회의 진행법』, 15.

정관, 또는 규약이라고 하기도 하는데 그 회의의 목적과 성격을 규정짓는 것임으로 중요하다.[161)]

7. 의장

모든 공식 회의의 회의 진행자 혹은 사회자는 회장이라는 칭호 보다 의장이라고 부르는 것이 좋다. 부회장이 의장이 되어 그 진행을 담당할 수도 있기 때문이다. 회의의 의장은 사전에 회의 진행법을 잘 숙지하고 회칙에 밝은 사람이 되어야 한다.

의장은 회의 전체 진행에 있어 대단히 중요한 역할을 해야 하는 사람이다. 의장은 마치 복잡한 사거리에서 교통을 통제, 정리하는 신호등이나 교통 경찰관과 같은 역할을 맡게 된다. 사회를 보는 의장이 회의를 잘 진행하면 회의만큼 효율적이고 바람직한 것도 없지만 의장이 회의 진행에 미숙하거나 편파적이면 도리어 회의 중에 더 큰 혼란을 초래할 때도 많이 있다.

1) 의장의 자질

회의 진행자는 공평하고 편견이 없으면 침착하고 자제력이 있어야 하고 인내심과 끈기를 갖추어야 하며 사교성과 적응성이 뛰어나고 임기응변에 능하며 협력정신이 있는 사람이어야 한다.

또한 명석한 두뇌로 분석과 종합에 능하여야 하고 신속 정확한 사고를 지녀야 하며 매사에 표현을 정확하게 하여 애매함이 없게 하고 각종 표결에 따른 산술적 계산에도 밝아야 한다. 의장이 위에서 언급한 자질이 부족하여 절차나 규약을 무시하고 군림하는 자가되거나 회중에게 끌려 다니며 구성원들의 항변, 강변에 휘둘리게 되면 회의 질서 유지가 어렵게 된다.

---

161) 임택진, 『회의 진행의 이론과 실제』, 25.

2) 의장의 유념사항

의장은 동의 찬반에 관계되는 토론에 참여하지 않는 것이 좋고[162] 중립적 자세를 취하는 것이 좋다.[163] 특별 규정이 없는 한 투표권 행사도 하지 않고 삼가는 것이 좋다. 다만 설명과 정보를 제공 또는 광고 할 수는 있다. 하지만 의장도 회의 구성원의 한 사람이기 때문에 토론에 참가하려면 할 수도 있다. 특히 약식 회의에서는 이의가 없으면 의장도 토론에 참여할 수 있다. 그러나 반대자가 있거나 의장 자신이 자기가 소속된 그룹의 견해를 적극적으로 피력해야 할 불가피한 사정이 발생할 경우에는 임시의장을 지명 하여 사회하게 하고 잠정적으로 의장석을 떠나서 토론에 참여하여야 한다.[164] 그리고 의장은 토론에 참가한 그 의안의 표결이 끝날 때까지는 의장석에 돌아갈 수 없다.[165]

3) 의장의 직권

의장은 토론 진행상에 있어 발언 허가권을 가진다. 그 허가의 순서는 다음과 같아야 한다. 먼저 반대 측에게 허가하고 그 다음으로 찬성 측 회원에게 기회를 주어야 한다. 이처럼 의장은 반대 측과 찬성 측에 교대로 발언권을 주는 것을 원칙으로 하되 한 번도 발언하지 않은 회원이 발언권을 요구할 때는 우선적으로 그에게 발언권을 주어야 한다.[166]

그리고 의장은 회의 질서유지와 목적달성을 위하여 다음과 같은 직무상 권한을 가지고 있다.[167] 토론 중이거나 발언 중이라도

---

162) 박성기 · 송길원, 『회의 진행법』, 27.

163) 허규, 『회의 진행 교본』(서울: 명사, 1997), 105.

164) 박성기 · 송길원, 『회의 진행법』, 27.

165) 허규, 『회의 진행 교본』, 105.

166) 허규, 『회의 진행 교본』, 96.

규칙 발언인 경우에 의장은 진행 중인 토론을 차단할 수 있다.[168] 회칙에 어긋난 불법한 제안을 거절하는 행위, 회의 진행을 방해하는 발언자에 대한 발언 중지명령, 발언권 없이 발언하거나 회의 진행에 지속적으로 방해가 될 때 퇴장명령, 대다수의 회원들이 충분히 의제에 대하여 토론하였다고 판단될 때에 토론 종료 선언, 가부 동수일 때에는 결정권, 회의가 혼란에 빠졌을 때에 폐회선언의 권리가 있다.[169]

8. 회의 진행 관련 요소들

1) 개회선언

의장은 정해진 시간에 서기로부터 넘겨받은 개회정족수를 확인하고 회칙에 근거한 모든 절차가 문제가 없음을 살핀 후 회중을 향해 개회를 선언해야 한다. 그런데 만약 개회 시간이 되었는데도 정작 의장 자신이 나타나지 않고 예고도 없이 의장이 늦으면 연락을 취하거나 잠시 기다린 후에 부회장이 의장이 되어 개회를 선언하고 회의를 진행하는 것이 상식이다.[170] 중요한 큰 회의가 아니면 회장 유고시에는 부회장, 총무, 서기 순으로 임시의장이 되어 개회를 선언하고 임시의장을 선출해서 진행해도 된다. 의장은 임시의장을 지명할 수 있다.

---

167) 임택진, 『회의 진행의 이론과 실제』, 57-58.

168) 박성기 · 송길원, 『회의 진행법』, 48.

169) 임택진, 『회의 진행의 이론과 실제』, 57-58.

170) 회장이 예고 없이 불참하거나 늦으면 일반적으로 15분 내지 20분 후에 부회장이 의장을 대행한다. 박성기 · 송길원, 『회의 진행법』, 40. 하지만 지금처럼 각자가 휴대폰을 소지한 시대에 여기에 제시한 시간은 시대적으로 적절하기 않다.

2) 정족수

정족수란 회의에 있어 의안을 심의하고 그것을 의결하는데 있어 일정한 수의 참석자를 필요로 하는 것을 말한다.[171] 회의를 할 수 있는 정족수를 의사 정족수라 하고 표결을 할 수 있는 정족수를 의결 정족수라 한다.[172] 정족수에는 재적 정족수와 규칙으로 정해 놓은 법정 정족수가 있다.[173] 의사 정족수가 부족할 때에는 회장은 산회를 선포해야 한다. 하지만 분위기상 문제 삼지 않으려는 때에는 회장은 신속히 회의를 진행하는 것이 좋다. 특별히 중요한 회의가 아닐 경우에 한해서 참석 의무를 가진 회원이 참석 하지 않은 일로 인하여 회의가 무산될 위기 앞에서 회장이 회원들의 의사를 물어 능률적으로 결정할 수도 있다.[174] 만약 이런 경우가 문제가 될 것으로 예상되면 아예 회원 출석수를 의사 정족수로 한다고 규칙에 정해 놓는 것이 좋다.

의결 정족수는 흔히 재적 2/3, 출석 2/3, 재적과반수, 출석과반수 등이 있다. 이 때 회장은 가(可)표를 판단하기 위한 숫자산출과 수효계산법에도 밝아야 한다. 예를 들면, 12의 2/3=8이며, 20의 2/3=14이다. 여기서 13이 되지 못하고 14인 이유는 13은 7의 두 배인 14를 초과하지 못하고 있기 때문이다(20-13=7).[175] 규정에 별도로 정함이 없으면 다수를 정족수로 할 수도 있고 회의 연기, 휴회, 차기회의 일시 결정 등은 정족수가 차지 않아도 처리할 수 있다.[176]

---

171) 허규, 『회의 진행 교본』, 43.

172) 임택진, 『회의 진행의 이론과 실제』, 35-36

173) 허규, 『회의 진행 교본』(서울: 명사, 1997), 43.

174) 임택진, 『회의 진행의 이론과 실제』, 35-36

175) 임택진, 『회의 진행의 이론과 실제』, 38; 허규, 『회의 진행 교본』, 47.

176) 박성기 · 송길원, 『회의 진행법』, 39.

3) 회원의 언권

발언의 자유는 헌법이 보장하는 기본 권리이다. 회의에 참석한 모든 회원에게 발언의 자유는 기본적으로 보장되어야 한다.[177] 이러한 언권의 자유는 민주주의의 기본 권리이다. 하지만 회의는 다수의 회원이 모여 언권을 행사하는 자리이기에 질서유지를 위하여 일부 언권이 제한될 수도 있다.

4) 동의(動議)와 재청(再請)

어떤 의견을 제안하는 것을 동의라고 한다. 동의가 제출되면 의장은 심의를 거쳐 결정하는 절차를 시작해야 하는데 물론 그 동의에 대해 누군가의 재청이 있을 때 그 동의는 재청에 의하여 비로소 유효하여 안건으로 상정되는 것이다.[178]

재청이란 회의 중 어떤 사람의 동의에 찬성하여 자기도 그와 같이 청함을 이르는 말이다. 하지만 규칙에 어긋난 동의는 토론할 수 없다. 그리고 의견과 동의는 다르다. 예를 들면 "이 규칙은 맞지 않습니다."라고 말하면 그것은 의견이지 동의가 아니다. 동의가 되려면 "이 규칙은 맞지 않으니 개정해야 합니다."라고 말해야 비로소 동의가 된다.

동의에 대하여 재청이 있으면 일단 안건으로 처리하고, 그 원안에 대해 다른 의견을 말하는 사람이 있으면 그것을 수정안이라 하는데 그 수정안 동의에도 역시 재청이 있어야 하니 의장은 재청 여부를 묻고 재청이 있으면 표결 시에는 원안과 수정안 중 수정안을 먼저 표결에 붙여야 한다. 물론 수정안에 대해 표결하기 전에 재수정안이 있는지 확인해보아야 한다. 있다면 표결순서

---

177) 허규, 『회의 진행 교본』(서울: 명사, 1997), 48.

178) 박성기· 송길원, 『회의 진행법』, 43.

는 재수정－수정안－원안 순으로 처리하는 것이 원칙이다.[179] 의장은 동의하거나 재청하지 않는 것이 좋고 다만 이를 촉구할 수는 있다.[180]

5) 동의의 철회

동의는 동의자가 마음대로 철회하지 못한다.[181] 재청을 받은 동의에 대해 제출한 자가 자기의 동의 안을 철회하고 싶을 때에는 반드시 동의의 철회라는 절차를 밟지 않으면 안 된다. 자칫 자기가 동의했다고 마음대로 철회하는 경우가 있는데 재청을 거쳐 성립된 동의 안은 이미 제출자 개인의 권리나 소유물이 아니라 재청한 사람과 더불어 공동의 소유물이 된 것이다. 그러므로 재청자의 권리와 인격을 무시하고 동의안 제출자가 마음대로 철회할 수 없다.[182]

하지만 누군가에 의해 재청이 있기 전까지는 언제나 동의자가 철회할 수 있고 이 경우에는 기록에 남기지 않는다. 만일 반대자가 없으면 재청이나 토론 없이 표결하기도 한다.

6) 긴급동의

긴급한 의견을 우선적으로 처리하기를 요구하는 동의이다.[183]

7) 특수언권

의장이나 회원이 회의 진행 규칙을 어길 때에는 아무 때나, 심지어 다른 회원의 발언 중에도 제기할 수 있는 발언이며 의장은

---

179) 허규, 『회의 진행 교본』, 97-98.
180) 박성기 · 송길원, 『회의 진행법』, 27.
181) 박성기 · 송길원, 『회의 진행법』, 45.
182) 허규, 『회의 진행 교본』, 141-142.
183) 박성기 · 송길원, 『회의 진행법』, 44.

반드시 언권을 허락해야 한다. 물론 특수언권을 요청하여 발언하는 자는 반드시 규정에 근거하여 무엇이 잘못되고 있는지를 말해야 한다.[184)]

8) 토론

회의는 어떤 공동문제를 놓고 최선의 해답을 얻기 위해 회원들이 토론을 거치게 된다. 토론은 어떤 문제에 대해 여러 사람이 서로 비판적으로 옳으니 그르니 하면서 의논하는 것이다. 토론의 기본 원칙은 다음과 같다. 토론의 순위는 제안자가 말한 다음에는 반대자가 찬성자 보다 우선순위이다. 그 다음으로 찬성자 반대자 엇바꾸어 가며 진행 되어야 한다. 한 제안에 대해서는 한 번만 말하는 것이 원칙이나 다른 말하는 사람이 없을 경우에는 반복하여 발언 할 수 있다.[185)]

토론은 다음 몇 가지 원칙을 서로 숙지하고 임하는 것이 좋다.

첫째, 토론은 하되 논쟁하지 말아야 한다.

둘째, 조화를 꾀하되 타협하지 말아야 한다.

셋째, 의견 대립을 인간관계로 결부시키지 말아야 한다.[186)]

9) 모욕 발언금지

토론 중에는 상대를 향하여 예의를 지켜야 한다. 영국의회에서는 금기어가 있는데 그것은 상대를 향하여 "거짓말쟁이"라고 말하는 것이다. 의장은 회원이 발언 중에 누구에게나 모욕하는 발언을 할 경우에 이를 제지할 수 있다.[187)]

---

184) 임택진, 『회의 진행의 이론과 실제』, 83.

185) 임택진, 『회의 진행의 이론과 실제』, 89.

186) 박성기 · 송길원, 『회의 진행법』, 46.

187) 허규, 『회의 진행 교본』, 102.

10) 표결

(1) 약식표결

토론이 종결 되면 표결에 들어가게 되는데 회원 전체가 찬성하는 분위기임을 파악하면 회장이 가결을 선포하는 방식이다. 회장이 "이의 없습니까?"라고 물으면 된다. 이 때 회중 가운데서 "이의 없습니다."라는 응답이 나오면 회장은 그냥 "가결 되었습니다."라고 말하면 된다. 만일 이 때 "가부요" 혹은 "이의 있습니다."라는 말이 나오면 가부를 물어야 한다.

(2) 구두표결

입으로만 표시하는 경우이다. 회장이 "가하면 예 하십시오. 아니면 아니라 하십시오."라고 말하여 소리가 큰 편을 따라 예를 들면 "찬성(반대) 다수로 가결 되었습니다."라고 선언해도 된다. 물론 이 때 회원은 의문이 있으면 표결을 요청할 수 있다.

(3) 침묵표결

회장이 "이의가 없으면 이렇게 결정 하겠습니다."라고 선언했는데도 회중에서 아무 말이 없이 침묵하면 회장은 가결된 것으로 선언하여도 된다.[188)]

(4) 과반수의 표결

여기서 과반수란 출석 회원 과반수 혹은 재적 회원 과반수가 일반적이고 헌법 또는 법률에 특별한 규정이 없는 한 그 재적 회원 과반수의 출석과 출석회원 과반수의 찬성으로 의결한다. 가부동수일 때는 부결이 일반적이다.

---

188) 임택진, 『회의 진행의 이론과 실제』, 109.

(5) 종다수결의 원칙

종다수결의 원칙은 의결 정족수와 관계없이 찬성표와 반대표를 비교하여 많은 쪽이 가결되는 방법이다. 예를 들어 100명이 참석하여 찬성 2표, 반대 1표이면 찬성으로 가결하는 것을 말한다. 하지만 이 방법은 소수에 의한 지배 위험이 있어 불합리하여 임시의장 선거나 의장, 부의장 선거에 있어서 결선투표의 경우에 사용하면 편리할 것이다. 국회와 같은 중요한 의사 결정 기관에서도 법으로 규정하여 사용하는 방법이다.[189)]

11) 일사부재의의 원칙

회의에서 일단 가결 혹은 부결된 의안은 같은 회의에서 다시 제출할 수 없다. 회의의 공전을 막기 위해서이다. 유의할 것은 같은 회기의 회의에서라는 것이다. 다음 회의에 다시 제출 가능하다.

12) 번안 동의

이미 가결된 의안이지만 한 번 더 회의에 상정하여 심의해 보자는 동의가 번안 동의이다. 예를 들면 야유회의 장소를 모처로 정하였는데 나중에 알아보니 불가항력적인 이유로 어렵게 되면 장소 변경을 위한 번안 동의가 가능하다.[190)]

13) 토론하지 않는 의안

비공개 회의, 의원 사퇴 허가 여부는 토론하지 아니하고 표결한다.

14) 토론종결

의장은 찬반양론이 모두 자기의 주장하는 바를 충분히 발표하

189) 허규, 『회의 진행 교본』, 54.

190) 허규, 『회의 진행 교본』, 59.

였는데도 불구하고 토론이 끝나지 않고 계속되고 있을 때 의장은 찬반양측의 토론이 충분히 진행되었다고 인정될 때는 토론을 종결시키고 표결에 들어가자고 토론종결을 선포할 수 있다.[191)]

15) 규칙 일시정지의 동의

회칙이나 정관과 같은 기본법규가 아닌 세칙, 부칙과 같이 회의체의 기본원칙에 큰 영향을 주지 않는 부분의 규칙을 일시적으로 정지시킴으로써 회의를 능률적으로 진행할 수 있다.[192)]

16) 정회 및 폐회

회원이 정회를 요청하여 가결 되었을 때나 회장이 회의진행상 소란, 혼잡 등 어려움으로 직권으로 정회를 선언할 수 있다.

17) 폐회

폐회는 회장이 반드시 사전에 물어야 한다. 회원이 폐회하기를 동의하고 재청이 있으면 토론하지 말고 곧장 가부를 묻거나 표결에 붙여야 한다.[193)]

9. 만국통상 회의법

모든 회의에는 의사진행상 지켜야 할 하나의 준칙이 있다. 이는 법률에 의해서가 아니라 영국에서 오랜 관행을 집대성하여 만든 로버트 회의법(ROBERTS RULES OF ORDER)이 바로 만국통상법이다. 회의를 하다보면 복잡 미묘한 사항들이 얽히기 마련인데 이것들을 예상하여 일일이 규칙을 둘 수는 없는 일이다. 따라서 규정 이외의 문제로 시비가 벌어지면 국제적으로 교통정리

191) 허규, 『회의 진행 교본』, 106.

192) 허규, 『회의 진행 교본』, 141.

193) 임택진, 『회의 진행의 이론과 실제』, 177.

를 해주는 이 법을 만국통상 회의법이라고 한다.[194]

10. 회의의 종류

1) 총회

일종의 본회의로서 규칙으로 정해져 있는 일시와 장소에서 상정된 사항들을 심의 결정하기 위한 모임이다.

2) 임시회의

정례화 된 총회가 아닌 특정 의사 진행을 위한 임시모임으로 일시적인 필요나 급박한 문제의 발생으로 모이게 되는 회의이다.[195] 그런데 임시총회는 특별히 규정에 의한 사전 소집 통지(예를 들면 7일 전)를 해야 하며 그 소집 통지서에 명시된 사항만 처리해야 하는 것이 원칙이다.

3) 회장단

회장단 회의는 각 단체를 대표하는 가장 축소된 기관으로서 회의의 구성은 주로 회장, 부회장, 총무, 회계, 감사로 하는 것이 일반적이며 정관에 미리 정한 대로 구성할 수도 있다.[196]

4) 임원회

본회의(총회)에서 위임하여 맡겨준 일들을 처리할 수 있으며 최소한 회장(의장), 서기, 회계는 반드시 참석해야 임원회가 가능하다.

---

194) 임택진, 『회의 진행의 이론과 실제』, 69-70.
195) 박성기 · 송길원, 『회의 진행법』, 19.
196) 허규, 『회의 진행 교본』, 182.

5) 위원회

위원회는 총회 산하 전문기구로서 특정 의안을 위해 의원 가운데서 적임자들을 선정하여[197] 상부에서 배정한 일을 처리하는 기구이다.[198] 본 회의에서 위촉받은 안건들을 연구하고 결정하여 본회의에 보고하고 본회의의 승인을 받아 실행하는 특별기구로서 위원은 반드시 회원이거나 전문가를 초청하여 구성할 수도 있으며 위원의 수는 최소한 3명 이상이어야 한다.

(1) 상임위원회

일정기간 회칙에 규정된 회무 처리한 기구로서 분과위원회 또는 부(部)라고 하기도 한다.

(2) 실행위원회

각 위원장으로 조직하며 위원장은 회장이 겸하게 된다. 본회의를 열기가 어려울 때 본회의 대행기구로서 집행하기에 집행 위원회라고 하기도 한다.

(3) 특별위원회

상임위원회가 할 수 없는 일을 맡는 위원회인데 대체로 임시적인 기구로서 특별한 목적과 임무가 마무리되면 그 조직은 없어지게 되는 것이 일반적이다.[199] 이 기구는 종종 프로젝트 팀이라 하기도 한다.[200]

---

197) 허규, 『회의 진행 교본』, 182.

198) 존 K브릴하트, 글로리아 J 외, 『열려라 토의』, 강정민 역(서울: 한언), 29.

199) 임택진, 『회의 진행의 이론과 실제』, 31-32.

200) 존 K브릴하트, 글로리아 J 외, 『열려라 토의』, 29.

Ⅳ. 리더와 발표력

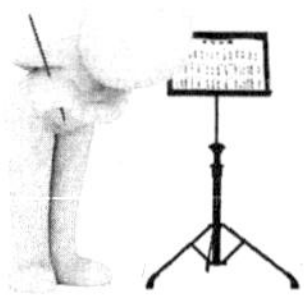

앞서 살펴본 바와 같이 리더와 공동체 구성원들과의 의사소통은 중요한 것이다. 의사소통은 주로 말하기, 듣기, 읽기, 쓰기를 통해 이루어지는데 여기에서는 주로 말하기에 해당되는 발표와 토의에 대하여 알아보고자 한다.

1. 발표(presentation)

발표하는 행위 혹은 발표 자료를 영어로는 presentation이라고 하는데, presentation의 목적은 청중에게 리더가 계획하고 목적하는바에 대한 동의와 협력을 얻어내기 위해 또는 위임받아 수행된 미션을 보고하기 위해 그와 관련된 각종 정보와 자료를 제출·보고하는 행위이다. 요즈음의 발표는 대부분 발달된 각종 기자재들을 활용하여 시각적 효과를 높이는 쪽으로 진화하고 있는데 PPT를 비롯하여 각종 자료 사진 제시, 동영상 상영 등 미디어의 기능을 활용하는 것이 좋다.

2. 발표의 저항 요인들

발표란 대부분의 사람들에게 물리적으로나 심리적으로 대단히 부담스러운 것이다. 아무리 오랜 경력을 가지고 있는 사람이라 할지라도 그렇다. 대체로 다음과 같은 요인들이 발표자에게는 저항 요인들이다.[201]

201) 이곳에서는 주로 저자가 재직 중인 대학에서 오랜 기간 동안 학생들과 더불어 발표 수업을 진행해 오면서 학생 발표자들에게 공통적으로 나타나

1) 청중에 대한 두려움

모든 발표자들에게는 청중들을 동기부여 요인이기도 하지만 한편 부담스럽기도 하다. 청중을 지나치게 의식한 소위 무대공포증 같은 것이 작용하게 되면 발표자는 심리적 저항을 느끼게 된다. 하지만 이러한 무대 공포증은 전문적인 엔터테이너 기질을 가진 사람들에게도 많이 나타나는 현상으로서 일반적인 것이며 전혀 이상한 것은 아니다. 남들 앞에 서는 일로 평생 종사한 전문 직업인들에게도 청중은 항상 부담스럽다. 발표와 강연을 자청하여 업으로 삼는 사람들이 이런 문제에 고민하며 고백하는 것을 자주 보게 된다.

청중들의 속마음 이란 알 수 없는 미지의 영역이며 때로 돌발적인 피드백을 의식하게 되는데 이는 지극히 정상적이며 극복할 수만 있다면 도리어 바람직한 현상이기도 하다. 놀랍게도 우리의 정신과 몸은 교육과 훈련을 통하여 새로운 환경 앞에 늘 적응하고 대처하는 능력을 자생적으로 가지고 있다. 발표자는 이에 대한 믿음을 가져야 한다. 심리적 긴장과 공포는 미지의 상황에 대해 알지 못하는 데에서 비롯되는 것[202]인데 이는 도전과 극복이 필요하다.

2) 자기신뢰 부족

많은 발표자들이 자신을 잘 신뢰하지 못하는 것을 보게 된다. 발표 수업 가운데 너무나 많은 학생들이 발표하기 전에 먼저 꺼내는 말은 "저는 말을 잘 할 줄 모른다."는 것이다. 발표에 앞서 많은 학생들은 이미 사전에 자기 비하, 자기 최면을 시도하고 있

는 현상을 요약하여 정리하고자 한다.

202) 장혜영, 『발표와 토의』(서울: 커뮤니케이션 북스, 2012), 11.

는 것을 보게 된다. 하지만 사실은 그렇게 말한 학생들 가운데 너무나 많은 발표자들이 훌륭하게 준비한 바를 잘 발표하는 것을 경험하게 된다. 그들은 먼저 자기 자신을 신뢰하고 자기비하와 자기 최면에서 벗어나야 한다.

3) 시선 처리

발표가 부담스럽고 청중들이 의식되긴 하겠지만 많은 발표자가 시선 처리를 잘하지 못하고 있다. 발표 중에 시종일관 고개를 숙이고 시선을 아래로 향한 채 한 곳만 줄곧 본다든지, 부자연스럽게 행동하는 이런 발표자세는 청중들의 집중도를 떨어뜨리는 일이다. 심리적으로 부담스러울 때 직접 청중이나 평가자 혹은 면접관의 눈을 바라보지 않더라도 그들의 얼굴 방향의 미간이나 귀 혹은 머리카락 일부를 바라보는 것으로도 충분히 상호교류의 효과를 높일 수 있다. 발표자는 항상 그 시선을 청중을 향해야 한다.

3. 발표자와 원고

발표자는 결코 원고에 얽매이지 말아야 한다. 원고 작성은 사전에 심혈을 기울여 정확히 기록하되 정작 발표 시에는 원고에서 자유로워야 한다. 발표의 흐름에 자신을 맡기고 즉흥적 애드리브 (an ad lib speech)와 임기응변으로 발표를 주도할 수 있어야 한다. 발표자가 원고에만 얽매여 청중을 놓치는 순간 청중들도 더 이상 발표자에게 주목 하지 않음으로 전달 효과는 반감되고 만다.

4. 발표자와 자료

발표할 자료에 대한 사전 조사 및 연구가 부족한 것은 발표에 치명적이다. 자료에 대한 정보를 확보하고도 사전에 충분히 숙지하지 못한 경우도 마찬가지이다. 이로 인해 발표자가 흔들려 허둥대고 당황하기까지 하면 발표자나 청중 모두에게 발표 시간은 대단히 당황스러운 상황이 연출된다. 자료 중에 외우기 힘들거나 전달하기에 난이한 것들, 예를 들면 결정적으로 임팩트가 있지도 않으면서 복잡한 통계 수치들을 나열하는 일들은 피하는 것이 좋다. 제시함으로 의미 있는 중요한 내용들은 사전에 별도로 메모하거나 잘 숙지하여 전달하고 아니면 직접적 언급을 회피하고 배포된 자료를 같이 참고하자든지 나중에 참고하라고 유도해야 한다.

5. 발표는 종합예술

발표하게 되는 내용은 많은 사람들의 유익이나 손실 혹은 희생과 위험 등 갖가지 상황이 내포되어 있을 수 있다. 그러한 청중들을 대상으로 발표자는 그들의 호응, 승인, 허락 등을 얻어 계획하는 바를 추진하기 위하여 발표하게 되는 것이다. 그러므로 발표 내용들은 당연히 합리적, 민주적, 논리적, 객관적이어야 하고 때로는 감정에 호소하며 설득력 있는 그야 말로 종합예술적인 전달이 되어야 한다. .

6. 발표자와 공신력

종종 발표자들의 내용 가운데 그 자료를 믿을 만 한 것인지 누가 그런 말을 했는지 출처를 알 수 없는 발표들을 보게 된다. 발표 자료의 생명은 공신력이다. 출처를 알 수 없는 미덥지 못한 발표 내용들에 대해 질문하면 발표자들 가운데 많은 이들이 자기의 언급한 내용들에 대해 스스로도 자신감과 신뢰가 떨어져 당황하는 모습을 많이 보게 된다.

그리고 어떤 자료들은 fact가 아니거나 상당히 시기가 지난(out of date) 정보들이라 지금은 아예 의미 없는 것이기도 하다. 발표 시에는 본인의 주장을 설득력 있게 뒷받침할 만한 전문가의 견해나 공신력 있는 기관을 자료를 언급하는 것이 설득력이 있다. 인터넷을 검색하면 흘러넘치는 아무 자료나 검증 없이 가져오면 이상하고 근거 없는 내용들을 잘못 가져 올 수도 있는 것이다. 이 모든 내용들은 항상 검증된 공신력을 지녀야 한다.

7. 발표자와 T.O.P 법칙

발표자는 언제나 발표와 관련 하여 시간(Time), 상황(Occasion), 장소(Place) T. O. P. 법칙에 유의해야 센스 있는 발표자가 될 수 있다.[203] "말 한마디로 천냥 빚을 갚는다."는 옛말이 있듯이 적시적소에 적절하게 말을 잘 한다는 것은 그만큼 중요한 것이다. "당신의 입 속에 있는 말은 당신의 노예이지만 입 밖에 나온 말은 당신의 주인이 된다."는 속담에 유념해야 할 것이다.

Ⅴ. 토의와 토론

토의는 토론과 다른 것이다. "토의 끝에 토론이 이루어진다."는 말에서도 알 수 있듯이 토의는 제기된 문제에 대한 다양한 의견을 개진하고 수렴하는 것이며 토론은 그러한 의견들 중 한 가지 사안에 대해 본격적으로 찬성과 반대 측으로 나뉘어 보다 깊이 있게 의견을 나누는 것이다. 따라서 토의와 토론은 그 성격이 다른 것이다.[204] 다음과 같이 그 차이를 정리해 보자.

---

203) 장혜영, 『발표와 토의』(서울: 커뮤니케이션 북스, 2012).

204) 장혜영, 『발표와 토의』, 76.

1. 토의와 토론의 차이[205]

구분	토 의	토 론
정의	특정 문제를 해결하기 위한 다양한 해결 방안을 모색하는 과정/ 토론에 의해서 도달한 결론에 대한 새로운 대안을 도출하기 위한 의사소통 방식	특정 주제에 대한 찬성과 반대의 의견 교환을 통해 결론을 도출하는 과정/ 토의에 의해서 최종적으로 선택된 해결 방안에 대하여 찬성 반대를 나누는 의사소통 방식
특성	상호 협동적 의사소통과 대안 모색을 통한 변화 시도/ 발언기회가 동일하게 주어지지 않을 수 있다/ 토의는 각자가 가지고 있는 의견의 개진 검토 교환으로 족하다.	상호 충돌 대립적 공격적 의사소통/ 궁극적으로는 협동적 과정으로 정반합의 과정을 통한 변화 시도/ 각 팀의 반론 기회가 동일하게 주어짐/ 토론은 찬성 반대의 논쟁을 통해 결론 도출을 목적으로 한다.
실례	한국 영화 활성화를 위해 무엇을 해야 하는가? 한국 영화 활성화 방안을 모색해야 한다.	한국 영화 활성화를 위해 스크린 쿼터제를 도입해야 하는가? 한국 영화 활성화를 위해 스크린 쿼터제를 도입해야 한다.

토의는 토론보다 비교적 덜 긴장되고 자유롭다. 토의는 어떤 문제에 대한 해결 방안을 찾는 것이므로 다수의 의견만 중요한 것은 아니고 소수의 의견도 존중되어야 한다. 토의는 궁극적으로 의견의 일치를 통해 문제를 해결해 나가려고 한다.

그러나 토론은 어떤 의미에서 이와는 반대이다. 토론은 누구의

205) 천대윤, 『토의, 토론 회의 방법론』(서울: 선학사, 2004), 45; 장혜영, 『발표와 토의』, 77.

주장이 옳고 어떤 주장이 잘못되었는가를 따지는 것을 목적으로 한다. 토의는 단지 자신의 견해를 단순하게 알리기만 하면 되지만 토론은 자기와 의견이 다른 상대방의 맹점을 비판하고 자기 견해의 정당성을 밝히기 위해 집중해야 한다. 토론은 토의와 달리 찬성과 반대로 대립하는 양측이 주어진 논제에 대해 논거를 들어 주장하고 이에 대한 검증 과정을 거치는 것이다. 여기에는 정해진 규칙이 있으며, 그 규칙을 따라 진행해야 한다.

토론(討論)이라는 한자의 분석에서도 보는 바와 같이 말(言)을 나누거나 쪼개어 분석한다(寸)는 의미가 들어 있고, 論에서 보는 바와 같이 말(言)을 돌아가는 바퀴수레 윤(輪)에서 온 획이 들어 있음은 그 의미가 사안을 굴려가며 이리 저리 관찰 가능하게 진행 하겠다는 뜻이다. 토론에 대한 좀 더 구체적인 사항들은 리더가 갖추어야 할 논리능력에서 언급되었음으로 여기에서는 토의를 중심으로 살펴본다.

2. 토의의 절차

일반적인 토의의 절차는 다음과 같아 진행한다.[206]

첫째, 논의할 문제의 성격과 범위를 확장한다.

둘째, 논의할 문제의 본질을 조사한다.

셋째, 참가자 각자가 가능한 해결 방안을 제시한다.

넷째, 제시된 의견에 대해 조율하여 해결안을 선택한다.

다섯째, 해결안의 실행으로 나가도록 유도한다.

3. 토의의 유형

7가지로 말하는 경우[207]도 있으나 형편에 따라 그 보다 더 많

206) 장혜영, 『발표와 토의』, 77-79.

고 다양한 여러 가지 변형이 가능하다. 여기서는 시중에 잘 알려진 다음 6가지로 요약하고자 한다.

1) 패널 토의(Pannel Discussion)

패널토의는 토의에 참가하는 약 3~4명의 배심원(패널)과 다수의 일반 청중으로 구성되며, 특정 주제에 대해 상반되는 견해를 대표하는 몇몇 사람들이 사회자의 진행에 따라 토의하는 형태이다. 청중은 주로 듣기만 하는데, 경우에 따라서는 질문이나 발언권을 받기도 한다. 배심원은 토의될 주제에 관해 관심을 갖고 전문적인 연구도 해야 한다.

그러나 배심원이 반드시 관련주제 분야의 전문가일 필요는 없다. 다만 토의주제에 대해 흥미를 느끼고 약간의 지식을 갖추어서 청중 앞에서 토의를 할 수 있는 능력을 지니고 있으면 된다. 패널토의 발표자들은 청중이 쉽게 보고 들을 수 있도록 한가운데에 자리한다.[208] 패널토의는 그 집단이 지니고 있는 문제에 대해 여러 가지 측면에서 원인을 규명하여 공동의 합의점을 찾아내기에 적당한 방식이다.

2) 포럼(Forum)

포럼을 '공론식 토의'라고도 하는데 고대 로마 시대의 공화당을 뜻하는 것이 전용되어 집단 토의를 의미하게 되었다. 이 방식은 전문 그룹으로부터 정보를 얻고자 할 경우에 필요하다.[209] 포럼은 청중의 참가라는 의미가 강한데 한 사람의 강사에게 강의를 하도록 한 다음 청중이 토의를 하는 강의 포럼, 대표자의 토

---

207) 이두원, 『논쟁 입장과 시각의 설득』(서울: 커뮤니케이션 북스, 2005년), 18; 장혜영, 『발표와 토의』, 79.

208) 이두원, 『논쟁 입장과 시각의 설득』, 18; 장혜영, 『발표와 토의』, 79.

209) 박성기 · 송길원, 『회의 진행법』(서울: 영문출판사, 1998), 81.

론이 끝난 다음에 청중이 의견을 나누는 논증포럼 등이 있다.[210)]

포럼은 준비는 모임 전에 개인적인 연구가 있도록 회원들을 격려해야 한다.[211)] 포럼의 단점은 자기주장에 빠질 염려가 있고 지식수준이 일정하지 않을 때 흥미를 잃기 쉽다.[212)]

3) 세미나(Seminar)

세미나는 본래 그 어원(語源)이 라틴어의 'Seminarium'이다. 이 말은 원래 묘상(苗床)이라는 뜻이었으나, 동물의 새끼 등을 사육하는 데 적합한 축사라는 의미로 사용되다가 독일·영국·미국 등의 대학에서 고도의 독창적인 연구를 위하여 한 명의 교수를 중심으로 한 연구학생 모임을 가리키게 되었다.

서양의 여러 나라에서는 묘상의 의미에서 나온 양성소, 특히 교원양성소·목사양성소·전문가양성소 등의 의미로도 쓰이고 있고 또, 독일에서는 본래의 의미와 대학에서의 연습의 의미를 종합한 것으로서 실습학교를 부설한 교육학연구소의 의미로도 널리 사용되고 있다.

세미나는 16세기 유럽 대학에서 채택한 수업방식이 되었으며[213)] 고등교육기관에서 교수의 지도하에 학생들이 공동으로 토론·연구하는 교육방법으로 학회 등에서 지명된 몇 회원의 연구발표를 토대로 전회원이 토론하는 연구 활동을 지칭하기도 하는데 사회자, 발표자, 토론자(1인 이상)와 청중으로 구성된다. 발표자가 토론 주제에 대해서 발표한 후 토론자들이 그에 대해서 토론하고 청중도 참여 기회를 가진다.

---

210) forum, 산업안전대사전(2004. 5. 10., 도서출판 골드).

211) 박성기·송길원, 『회의 진행법』, 81.

212) 박성기·송길원, 『회의 진행법』, 81.

213) 박성기·송길원, 『회의 진행법』, 73.

4) 심포지엄(Symposium)

집단의 구성원이 많아 전체 토의가 성립되기 어려울 때 채택하는 토의 방법이다. 몇 사람의 강연자가 논제에 대해 서로 다른 각도에서 강연을 하고 그 후에 청중이 참가해서 질문이나 의견을 제시한다. 복잡한 주제와 문제들을 부문별로 쉽게 나누어 다룰 수 있다. 집단의 의사결정 보다는 한 가지 주제를 놓고 깊이 있게 학술적으로 논의하는데 더 효과적이다.

이 심포지엄은 공중토론(公衆討論)의 한 형식으로 원래 그리스어의 심포시아(symposia: 함께 술을 마시는 것), 심포시온(symposion)에서 라틴어의 심포지엄(symposium)으로 옮겨진 말이다. 오늘날에는 향연이라는 의미 외에도 화기애애한 분위기에서 진행되는 학술적인 토론회나 그 밖에 신문·잡지 등에서 특정한 테마를 놓고 2명 또는 그 이상의 사람들이 각자의 견해를 발표하는 지상토론회의 뜻으로 널리 통용된다. 특히 이 용어가 학술적 용도로 쓰이게 된 것은 플라톤의 『대화록』의 이름이 심포지움이기 때문이다.[214)]

5) 워크샵(Workshop)

몇 개의 소집단으로 분류하여 작업과 토론을 병행하는 방식으로 계획서, 보고서 공동 작업에서 활용할 수 있다. 영어로 공업제품의 제조 또는 수리에 필요한 공간과 도구를 모두 제공하는 방이나 건물(작업장, 공방)을 의미한다.

6) 브레인스토밍(Brainstorming)

창의적인 아이디어를 생산하기 위한 학습 도구이자 회의 기법이다. 1930년대 후반 BBDO라는 회사의 창업주 중 한 명인 알렉

214) 박성기 · 송길원, 『회의 진행법』, 77.

스 오스본이 『상상력의 응용』(Applied Imagination)이라는 책에서 처음으로 제안하면서 유명해졌다.[215] 기획 회의에서 아이디어 개발 방식의 하나로 사용한다. 방법은 몇 사람이 모여서 하나의 주제에 대해서 자유롭게 논의를 전개하는 것이다. 중요한 점은 여과장치 없이 의견을 제시할 수 있어야 한다. 아이디어를 내기 위해서는 유사 연상법칙, 반대 연상법칙, 접근 연상법칙 등을 사용할 수 있다.[216]

브레인스토밍에서는 어떠한 내용의 발언이라도 그에 대한 비판을 해서는 안 되며, 오히려 자유분방하고 엉뚱하기까지 한 의견을 출발점으로 해서 일종의 자유연상법으로 아이디어를 전개시켜나가야 한다. 리더를 두고, 구성원수는 10명 내외가 효과적이다. 다른 사람들의 아이디어를 개선하거나 새로운 아이디어를 창출하도록 독려 한다. 보통 30분에서 40분이 적당하다.[217]

---

215) 그의 저서 《독창력을 신장하라》(1953) 등에도 소개되었다.

216) 이두원, 『논쟁 입장과 시각의 설득』(서울: 커뮤니케이션 북스, 2005년), 18; 장혜영, 『발표와 토의』(서울: 커뮤니케이션 북스, 2012), 79.

217) 탁진국 · 손주영 공저, 『리더십이론과 실제』(서울: 학지사, 2017년), 359.

제 6 장 리더십의 유형

조직에서 공식적으로 임명된 리더를 임명적 리더라고 한다. 그런가하면 임명된 공식적 직책과 상관없이 구성원들로부터 가장 영향력 있는 사람이 리더십을 발휘하는 경우가 있는데 이를 자생적 리더라고 부른다.[218)]

우리는 종종 이처럼 공동체 안에서 누가 임명하지도 않았는데 어느새 그 조직 안에는 자생적으로 한 사람의 리더가 생겨나게 됨을 경험한다. 자생적 리더의 부상에는 뛰어난 의사소통이나 성격이 그 요인이 되기도 한다.[219)]

중국 고전에 노자가 한 말 중에 유명한 말이 있다. "백성들이 지도자가 있는지 조차 의식하지 못할 때 그는 가장 훌륭한 지도자이며, 백성들이 복종하고 환호할 때 그는 그다지 훌륭한 지도자가 되지 못하고, 모든 백성들이 경멸하면 그는 나쁜 지도자이다. 훌륭한 지도자는 모든 일이 잘 이루어지면 그것은 자기의 힘이 아닌 우리들의 힘으로 이루었다고 말한다.[220)]

---

218) 탁진국 · 손주영 공저, 『리더십이론과 실제』, 63.

219) Petwe G. Northouse, 『리더십 이론과 실제』, 9.

220) 탁진국 · 손주영 공저, 『리더십이론과 실제』, 65.

Ⅰ. 유형별로 본 리더십

1. 지시적 리더십

지시적 리더의 행동특성은 과업 수행을 위한 방법론, 기한 제시 등 분명한 기준을 설정하고 따라야 할 규칙이나 규정을 명확하게 알려준다.[221] 리더의 행동이 지시적이지 못하면 구성원들에게 누가 무엇을 어떻게 처리해야 하는지 분명히 말하는 것을 망설이게 된다. 지시적 행동이 전달되었다고 생각하는 리더는 때로 부하가 업무처리에 관해 물어볼 경우에만 수동적으로 답해주며, 주어진 지시에 따라 스스로 최선의 방법이라고 생각하는 대로 일하도록 놓아두는 행동을 보이기도 하는데 이런 방법이 부하의 동기 수준이 매우 높았을 경우에는 효과적일 수 있지만 그렇지 않을 경우는 효과적이지 못하다.

한편 지시적 리더에 대해 많은 사람들이 잘못 이해하고 있는 점은 지시행동을 보이는 이들은 권위적이거나 독재적이라는 생각이다. 이것은 리더 위치 행동을 잘못 이해하고 있기 때문이다. 지시적 행동은 얼마든지 양방향으로 소통하면서 지시하여 효과를 신속하게 극대화 할 수도 있는 것이다.[222] 조직 구성원의 처한 상황을 잘 파악하면 지시적 리더십은 대단히 효과적이다. 도리어 방임형, 참여형 리더십이 어떤 곳에서는 실패할 수도 있다. 이런 상황에서는 지시적 리더십이 더 낫다.[223] 그런데 지시적 리

---

221) Petwe G. Northouse, 『리더십 이론과 실제』, 김남현 역(서울: 경문사, 2011년), 177.

222) 탁진국 · 손주영 공저, 『리더십이론과 실제』, 131-132.

223) 탁진국 · 손주영 공저, 『리더십이론과 실제』, 134.

더가 주의할 것은 강요를 자제해야 한다는 것이다.

2. 지원적 리더십

지원적 리더십은 친절하고 접근하기 싶도록 한다. 공동체 구성원의 복지와 욕구에 유의하기도 하고 의도적, 의지적으로 그들의 과업이 즐거운 것이 되도록 하고 구성원들을 평등하게 대하면 인격적으로 존중한다.[224] 참여형 리더의 특성을 보인다.[225]

사람들은 누구나 상대방이 내 이야기를 잘 들어주고 있다는 느낌을 받으면 더욱 이야기를 잘하게 된다. [226] 동종업체 가운데 이직률이 가장 낮은 사우스 웨스터 CEO 허버트 켈러는 대표적으로 지원 행동을 많이 나타내는 리더이다. 그는 직원들의 이름을 기억하고 최대한 관심을 표명하며 부드럽게 재미있게 유머 감각을 가지고 자주 접촉한다. 그의 직원들에 대한 지원적 행동은 심지어 고객 보다 직원을 우선시 하는 리더십 형태인데 그것은 결국 직원들이 행복해야 고객들에게까지 최선의 서비스가 제공된다는 철학을 가지고 있기 때문이다.

3. 관계지향 리더십

관계지향 리더는 과제의 진행보다 구성원들 간의 관계를 상대적으로 더 중요시하는 리더를 말한다. 보통 상황에서는 관계지향 리더가 더 효과적이지만, 상황이 아주 좋거나 아주 나쁠 때는 과제지향 리더가 더 효과적이다.

---

224) Petwe G. Northouse, 『리더십 이론과 실제』, 177.
225) Petwe G. Northouse, 『리더십 이론과 실제』, 178.
226) 탁진국 · 손주영 공저, 『리더십이론과 실제』, 127.

4. 과제지향 리더십

과제지향 리더는 구성원들 중 일부가 불만족하더라도 과제의 수행을 우선적으로 성공시키려 밀고 나가는 리더를 말한다. 상황통제력이 매우 유리하거나 매우 불리한 상황일 때는 과제지향 리더가 효과적이다.

5. 거래적 리더십

James MacGregor Burns는 리더십에서 특히 두 가지 형태를 명확히 구분하였는데 거래적 리더십과 변혁적 리더십이다. 먼저 거래적 리더십은 리더와 부하 사이에 일어나는 교환 관계에 초점을 두고 있어 리더와 추종자 사이가 거래관계에 있다.

예를 들어 어떤 정치가가 선거 유세 과정에서 내거는 정책이나 제도에 따라 그를 추종하는 유권자 관계는 거래적 리더십의 속성을 단적으로 보이고 있는 것이다. 목표를 초과 달성한 종업원에게 그 대가로 승진을 약속하는 관리자도 거래적 리더십을 보여주고 있는 것이다. 또한 교사가 교육적 관심 없이 성적을 매기는 일을 한다면 이 역시 거래적 리더십을 보이고 있는 것이다. 거래적 리더십에서 교환이란 것은 매우 일반적인 현상이며 거의 모든 유형의 조직과 계층에서 관찰될 수 있는 현상이다.[227)]

6. 변혁적 리더십

변혁적 리더십은 1980년대 이후 연구의 주류를 이루고 있는데 이 용어는 미국의 정치학자 제임스 MacGregor Burns가 1978년 처

227) Petwe G. Northouse, 『리더십 이론과 실제』, 238.

음 사용했다[228]고 말하지만 사실 이 변혁적 리더십이라는 용어는 1973년 Downton이라는 학자에 의해 처음으로 만들어졌고 나중에 정치 사회학자인 James MacGregor Burns를 통해 널리 알려졌을 뿐이다.[229]

변혁적 리더십은 조직의 장기적 목표를 달성하는 것을 핵심으로 하는 것으로 이것은 단기성과를 강조하고 보상으로 부하의 동기를 유발하려는 거래적 리더십과는 크게 다른 점이다.

거래적 리더십이 현재상태에서 부하와의 협상과 교환을 통해 부하의 동기를 부여시키는 것이 중점이라면, 변혁적 리더십은 부하의 미래의 변화를 통한 동기가 핵심이다. 또한 거래적 리더십이 합리적인 사고와 이성에 호소한다면, 변혁적 리더십은 감정과 정서에 호소하는 측면이 더 크다는 것이 다른 점이라 할 수 있다.

변혁적 리더십의 특징을 정리해 보면 다음과 같다.

첫째, 구성원을 리더로 개발한다.

둘째, 구성원들의 관심을 정신적인 필요로 끌어올린다.

셋째, 구성원들의 기대 보다 더 넘어설 수 있도록 고무시킨다.

넷째, 비전을 위해 의사소통한다.

이러한 변혁적 리더십은 조직합병을 주도하고, 신규부서를 만들어 내며, 조직문화를 새로 창출해 내는 등 조직에서 변화를 주도하고 관리하는 등 오늘날의 급변하는 환경에 적합한 리더십 유형으로 주장되고 있다.[230]

마하트마 간디는 이러한 변혁적 리더십의 고전적 사례로 지적되고 있으며 최근 캐나다의 어린 영웅 Terry Fax도 변혁적 리더의 본보기가 되고 있는데 그는 다른 암 환자들의 고통을 덜어줄

228) 변혁적 리더십(시사상식사전, 박문각).

229) Petwe G. Northouse, 『리더십 이론과 실제』, 237.

230) 시사상식사전, 박문각.

목적으로 암 연구의 기금 모금을 위해 절단된 다리로 캐나다 전역을 달리기로 결심하였고 그는 타계하였지만 3억 달러 이상의 기금이 Terry Fax의 이름으로 조성되었다.[231)]

7. 카리스마적 리더십

카리스마라는 말에는 "신이 주신 재능"이란 의미가 포함되어 있다. 이러한 개념을 리더십과 연관하여 카리스마라 리더십이란 표현이 나타나게 되는데, House는 1976년 리더십 특성론을 기반으로 학술적 이론을 제기하였다.[232)] House는 카리스마적 리더는 부하들에게 특유의 영향을 미치는 독특한 방법으로 행동한다고 주장하면서 이런 유형의 리더는 다른 사람에게 영향을 미치는 강한 욕구 욕망을 가지고 있으며 지배적인 자신감에 차 있고 도덕적 가치에 대한 강한 신념을 가지고 있다고 하였다.[233)]

일반적으로 카리스마적 리더의 특성은 타인에 대한 강한 우월감, 자신의 능력에 대한 강한 자신감, 자신의 신념이 도덕적으로 정당하다는 강한 확신 타인에게 영향을 미치고 싶은 강한 권력욕구 등이 나타난다.[234)] 카리스마적 리더십은 때로 변혁적 리더십과 매우 유사한 개념으로 설명되고 있기도 하다.[235)]

8. 부드러운 리더십

전통적으로 리더는 용감하고 씩씩하고 앞에 잘 나서고 남자다운 마초기질이 있거나 영웅적인 사람이어야 한다고 생각했다. 현

---

231) Petwe G. Northouse, 『리더십 이론과 실제』, 238.
232) 탁진국 · 손주영 공저, 『리더십이론과 실제』, 225.
233) Petwe G. Northouse, 『리더십 이론과 실제』, 239-240.
234) 탁진국 · 손주영 공저, 『리더십이론과 실제』, 228.
235) Petwe G. Northouse, 『리더십 이론과 실제』, 239-240.

대에 들어서도 리더의 성향을 외향성, 조화성, 성실성, 안정성, 지능을 갖춘 사람이 리더가 된다고 생각해 왔다.[236] 예전에는 이처럼 리더의 성향이 따로 있다고 생각했으나, 요즘은 상황에 따라, 시대의 특성에 따라 선호하는 리더가 달라지고 있다.

강제적으로 몰아붙이고 다그치기는 리더십보다 유순하게 침착하게 온순하게 부드럽게 과업에 대해 지시하는 것이 결국 효과적이고 성공적인 리더십이다. 당장은 머리 회전이 빠르고 카리스마적으로 지휘하고 자신의 우월성을 드러내어 아랫사람들의 허점과 잘못을 지적하는 것이 일의 성과를 올린다고 생각할지 모르나 그것은 고래로부터 그러하지 못하다는 것을 역사적 교훈을 통해 잘 알고 있다.

삼국지에 등장하는 인물 중 조조와 유비를 비교하면 이해가 빠를 것이다. 유비는 변방 출신으로 배경도 없는 대단히 비천한 형색의 사람이지만 그의 훌륭한 인품 하나로 그의 주변에는 늘 인재들이 몰려들었으며 본인도 늘 항상 인자함과 의로움을 입버릇처럼 되뇌었고 지금도 사람들은 유비를 인의군자(仁義君子)라고 부른다. 흔히 조조는 천시(天時)를 얻었는지 모르나 유비는 인화(人和)를 얻었다고 말한다. 조조에게서는 총명함과 냉혹함이 느껴지나 유비에게서는 항상 따뜻함이 느껴진 것이 그를 더 바람직한 리더상으로 평가받게 하는 것이다. 조조가 엄격하게 능력주의를 택했다면 유비와 그의 집단은 인정과 의리로 뭉쳐진 집단이었다. 유비는 그가 보잘 것 없었을 때나 황제가 되었을 때나 한번 인연을 맺은 사람들과 끝까지 함께 했다.

조조도, 유비가 항상 배우고 본 받고자 했던 한고조 유방도 대업을 이룬 후에는 대대적인 숙청을 자행했지만 유비에게 그러한 모습은 전혀 찾아 볼 수 없다. 조조는 다그치지만 유비는 너그러

236) Forsyth, 2001.

우며 조조는 사납지만 유비는 어질며 조조는 속임수를 쓰지만 유비는 정직했다.[237]

9. 계몽주의적 리더십

리더십 가운데에는 상대에 대한 우월감을 가지고 그들을 미개한 데서 깨우치고 자신들이 생각하는 보다 나은 상황으로 이끌고자 하는 계몽주의적 리더십이 있다. 하지만 먼저 이와 같은 리더십은 리더가 상대보다 우월하다는 전제 혹은 의식에서부터 출발하는 것이라 바람직한 리더십의 유형이 될 수 없고 역사상에 실패의 흔적들이 많다.

예전에 벨기에 사람들이 아프리카 콩고를 계몽시킨다고 가서 금광을 개발하여 다이아몬드를 다 가져가기 위해 철도를 놓아주는 그런 식민 지배적 리더십은 분명히 잘못된 것이다. 계몽 자체가 문제가 되는 것이 아니라 계몽의 근거가 되는 신념이나 의도의 불순성 등이 문제가 되는 것이다.[238]

10. 수평적 리더십

대체로 리더는 지위가 높다고 생각하여 피라미드형 조직구조의 정점이라고 생각하기 쉽다. 과제를 단계적으로 수행해야 할 때, 명확한 결정을 내려야 할 때는 중앙집권적인 리더 스타일이 효율적일 수 있다. 특히 과제가 단순하고 처리해야 할 일이 복잡하지 않았던 과거에는 이처럼 수직적이고 중앙집권적인 리더가 효과적이었다. 하지만 최근에 등장한 '힐링 리더(healing leader)'의

237) 최우석, 『삼국지 경영학』 (서울: 을유문화사, 2007), 111-114.

238) 폴김 · 함돈균, 『교육의 미래 티칭이 아니라 코칭이다』(서울: 세종서적, 2017.), 31-32.

특성은 구성원의 고통스러운 상황에 관한 이야기를 들어줌으로써 위안과 치유를 제공하는 리더라 할 수 있다.[239)]

그리고 사회가 복잡해지면서 혼자 결정할 수 있는 단순한 일보다는 많은 사람들의 지혜가 모일 때 최선의 선택이 가능한 경우가 많아져, 더 이상 독불장군 리더는 효과를 발휘할 수 없게 되어 가고 있다. 소통의 방향과 마음의 움직임을 생각하면서 다양한 대안을 열린 마음으로 수용하는 자세를 가진 다원적 리더가 구성원의 만족을 이끌어낼 수 있으면서도 결과적으로 가장 합리적인 최선의 결정을 할 수 있는 시대가 되었다.

지금과 같은 광범위한 네트워크 시대가 되기 훨씬 전에, 소집단 네트워크의 효율성과 만족도 실험이 있었다(Leavitt, 1951). 4~5명의 구성원이 각각 색깔, 이름 몇 개와 소통 대상이 적힌 쪽지를 받은 다음, 그 소통 대상만 찾아 이야기함으로써 모든 구성원들이 공통적으로 가지고 있는 색깔을 찾아내는 과제였다. 예를 들어, A는 B, C, D 모두와 소통할 수 있는데 B, C, D는 A하고만 소통할 수 있다면, 이것은 A가 중심에 있는 네트워크로, A는 전형적인 중앙집권형 리더가 된다. 반대로, 네 사람 모두가 다른 세 사람과 의사소통할 수 있다면, 이것은 전방위형 네트워크로 전형적인 수평형 구조다. 이런 방식으로 여러 유형의 네트워크 구조를 실험해볼 수 있다.

결과를 살펴보면, 쉬운 과제였을 때는 A 중심의 중앙 집권형이 가장 효율적이었지만 구성원 만족도가 떨어졌고, 반대로 전방위형은 가장 비효율적이었지만 구성원 만족도가 높았다. 그러나 어려운 과제일 때는 효율성과 만족도가 모두 전방위형이 가장 높아, 창의적으로 머리를 짜내야 하는 상황에서는 모든 구성원 사이의 소통 연결고리가 열려 있어야 서로 만족하면서도 가장

239) 서울신문, 2012.

좋은 성과를 이끌어낼 수 있음을 시사한다.[240]

11. 코칭 리더십

가장 최근에 등장한 리더십이론으로 코칭이란 개념은 2000년대 초반에 유행하기 시작했다. 물론 학자에 따라 1990년대로 보는 사람도 있다.[241] 아마도 우리나라에 알려지기 시작한 것은 2000년대 쯤 일 것이다. 이제는 시중의 여러 학습지 교사들조차도 조직 내에서는 선생님 혹은 교사라는 용어보다도 코치라는 호칭을 사용하고 있다. 대학에서도 가르치는 교사의 개념 보다 코치로서 학생들에게 다가가도록 권장하고 있다. 이러한 개념은 스탠퍼드 교육공학자 폴 김을 통해서도 국내에 잘 소개되고 있는데 교사는 마치 스타를 길러내는 매니저나 코치처럼 코칭 리더십을 발휘해야 더 효과적 지도가 이루어진다는 것이다.[242]

먼저 코칭의 본질은 성과를 극대화하기 위하여 묶여 있는 개인의 잠재력을 풀어주는 것이다. 그래서 사람들이 가르침에 의존하기 보다는 스스로 배우도록 도와주는 것이다.[243] 옥스퍼드 사전에는 코치(coach)라는 단어의 의미를 "교육하다", "훈련하다", "힌트를 주다" 등으로 정의 되고 있는데 "교육", "훈련" 등의 의미는 사실 이 코칭 리더십에서 아무 의미가 없는 것들이다. 왜냐하면 교육과 훈련은 반드시 코칭이 아니더라도 얼마든지 가능한 개념이기 때문이다. 코칭은 주로 코치와 코치를 받는 사람 상호간에 커뮤니케이션에 의해 그 결과를 만들어 내는 것이다.[244] 그

---

240) 《서울신문》(2012. 8. 18.) 킬링 사회, 힐링을 갈구하다. 1~2면. 재인용.

241) 존 휘트모아, 『코칭리더십』, 김영순 역(서울: 김영사, 2013), 5.

242) 폴김 · 함돈균, 『교육의 미래 티칭이 아니라 코칭이다』, 62

243) 존 휘트모아, 『코칭리더십』, 17.

244) 존 휘트모아, 『코칭리더십』, 15.

리고 직접적인 교육 훈련보다도 상대와의 교류 속에서 이루어 내어야 한다고 할 때 코치의 개념은 옥스포드 사전의 뜻 중에 "힌트를 주다"라는 개념이 가장 잘 어울릴 것 같다. 그래서 코칭의 목표를 만약 묻는다면 그 목표 설정은 코치가 하는 것이 아니라 코칭을 받는 사람이다.[245] 코칭 리더십에서 유념할 점은 "해야 하기 때문에 하는 것"이 아니라 "원하기 때문에 하는 것"이라야 한다. 원하기 때문에 그 동기 부여로 인하여 더 잘 할 수 있을 것이기 때문이다.

한 컨설팅 회사에서 관리자의 코칭 역량을 충당하기 위해 도구를 개발한 바 있는데 닫힌 질문 보다는 열린 질문을 해야 한다는 것이다. 열린 질문이란 다양한 관점에서 이런저런 가능성을 생각해보게 하는 질문이며 마음껏 그의 의견을 이야기할 수 있도록 유도하는 질문이다. 교육적으로도 가르치려들기 보다 질문을 던지거나 감동을 주는 상황을 만들어 상대가 동기부여로 인해 스스로 움직이도록 하는 것이 더 효과적이라고 본다.[246]

예를 들어 "어떻게 하면 좋겠니?"하는 것은 열린 질문이고 "효과가 있을 것 같니 없을 것 같니"라고 물어보면 닫힌 질문이 되는 것이다.[247] 질문유도 외에 상대의 반응이나 제출된 의견에 대해 피드백을 잘 해주는 것은 또한 유익한 코칭 기술에 속한다.

코칭 리더십은 상사의 입장에서 수직적으로 지시하기 보다는 부하 스스로가 자신의 문제를 해결할 수 있다는 믿음으로 수평적 입장에서 파트너 인식을 가지고 함께 문제를 해결하고자 하는 자세이다. "이렇게 하라" 보다는 "이렇게 하는 것이 어떻겠는가?"라고 상대에게 묻는 리더십이다.[248]

---

245) 존 휘트모아, 『코칭리더십』, 87.

246) 폴김 · 함돈균, 『교육의 미래 티칭이 아니라 코칭이다』, 60.

247) 탁진국 · 손주영 공저, 『리더십이론과 실제』, 246.

12. 서번트 리더십

Greenleaf는 『The servant as leader』라는 책에서 서번트 리더십이라는 개념을 소개했는데 특히 그는 Hermann Hesse의 『동방 순례』에 나오는 레오라는 인물을 섬기는 리더의 모델로 제시했는데 레오는 순례단에 속한 하인으로서 궂은 일을 도맡아 하는 사람이었는데 나중에 알고 보니 레오는 하인이 아니라 교단에서 가장 높은 지위에 있는 사람이 있음을 알게 된다는 내용이다. 이 이야기에 등장하는 레오와 같은 인물은 서번트 리더십을 설명하기에 가장 적절하다.

사우스웨스트 항공사의 창업자인 허브 켈러허 회장 같은 경우 서번트 리더십에 대한 좋은 예가 될 수 있다. 그는 평소에 관리 시스템에 의해 움직이는 조직보다 구성원들의 자유의지와 열정에 의해 움직이는 조직을 이끌고 싶다는 말을 자주 하곤 했다. 사우스웨스트 항공의 심벌은 LUV인데 본거지 공항 이름 love field를 의미하기도 하지만 기업의 문화를 반영한 것이기도 하다. 한때 정비사들이 새벽까지 일하느라 임직원 야유회에 빠지게 된다는 말을 듣자 허브 켈러허는 본인은 물론 파일럿들이 조리사를 자청해 새벽 2시에 바비큐 파티를 열기도 했다. 임원들의 전년 대비 연봉 인상율을 일반 직원들과 같게 하거나 도리어 낮게 정한다. 아무리 회사가 어려워도 인원 감축을 하지 않는 원칙을 가지고 있다.[249] 이런 분위기 속에서 노사문제가 일어날 리가 없다. 구성원들을 즐겁게 하기 위해 fun 경영을 강조하며 점잖은 오찬장에 엘비스 프레슬리 복장을 하고 나타나거나 토끼 분장을

---

248) 탁진국 · 손주영 공저, 『리더십이론과 실제』, 241.

249) 무굴판다 · 로비 셀, 『리더들의 힘』, 50-51.

하여 출근하는 직원과 어울리고 자신이 직접 일반 직원처럼 작업현장에서 일하기도 한다.[250] 이러한 리더십은 군림하기보다 직원들을 수평적으로 대하며 파트너 혹은 그들을 섬기는 서번트 리더십의 좋은 예가 된다 하겠다.

이러한 서번트 리더십의 특징은 리더 자신보다는 부하 구성원들의 역량개발에 더 집중하는 리더십으로 리더 한 사람이 특출하게 드러나기보다는 모두가 함께하는 철학으로 일의 성과와 공적도 리더 자신보다는 구성원 모두에게 돌리는 자세이다. 리더가 자신을 속이지 않고 타인에게도 공개적으로 진실을 노출하는 진정성 있는 자세와 공동체와 함께 하는 공감능력 그리고 공동체가 나아가야 할 방향제시 등에서 탁월하여 리더의 지시보다는 부하의 능력이나 필요를 파악하여 적절한 업무와 책임 부여하는 강점이 있다.[251]

13. 감성적 리더십

리더는 팔로워들을 감동시킬 수 있어야 한다. 이를 감성적 리더십이라 하겠다. 먼저, 수많은 영웅들이 할거하던 삼국지 속에서 돋보이는 감성적 리더십은 유비를 통해 잘 이해할 수 있다. 그는 바보스러울 정도로 그와 함께 하는 사람들의 유익을 먼저 챙기는 리더였다. 그 때문에 손해도 많이 보았으나 결과적으로는 유익을 얻는 리더십이었다. 유비의 리더십은 천성인지 전략인지 알 수 없으나 잃음으로써 도리어 얻는 리더십을 발휘하고 있다. 특히 팔로워들을 우선시 하는 그의 리더십은 대단히 돋보인다. 느리고 지친 피난 중인 백성들을 포기하면 그와 그를 따르는 일

250) 탁진국 · 손주영 공저, 『리더십이론과 실제』, 271.

251) Petwe G. Northouse, 『리더십 이론과 실제』, 177.

부 높은 지위의 신하들의 목숨을 구할 수 있으나 신하들의 제안을 거절하고 위험을 무릅쓰고 백성들과 함께 할 것을 고집하는 그의 선택과 결정에서도 알 수 있다.[252)]

"인자는 자기가 일어서기 원하면 남을 먼저 일으켜 세우고 자기가 성공하고자 하면 먼저 남이 성공하도록 도와야 한다."이 한마디로 2500년 전 인물이었던 공자의 서번트 리더십을 압축할 수 있다. 공자는 팔로워들의 자율적 규범의 힘, 유도의 힘, 응집의 힘, 격려에서 나오는 힘을 믿었던 것이다. 공자의 이러한 리더십은 동서고금을 막론하고 많은 리더들에게 영향을 끼쳤다. 중국 북송의 명재상 조보는 공자의 논어에 나오는 교훈을 절반만 알아도 천하를 다스릴 수 있다고 그 속에 나타나는 리더십의 위력을 극찬 했다. 공자의 리더십은 서양뿐만 아니라 서양에도 크게 영향을 미쳤는데 계몽주의의 아버지 볼테르는 인류의 지혜가 공자 보다 위대할 수 없다"라고 했다. 미국의 3대 대통령 제프슨은 프랑스 공사 시절 공자 학회 회원이었다. 고 이병철 삼성 그룹 창업주는 평생 감명 깊은 책으로 공자의 논어를 언급했다. 일본 경제의 아버지라 불리는 시부사와 에이치 역시 경영의 인성과 관련하여 공자의 교훈을 극찬했다. 공자는 용인술의 영원한 멘토이다.[253)]

일본 도요타 자동차는 1937년 설립된 일본을 대표하는 세계적인 자동차 제조회사이다. 일본의 발명왕 도요타 사키치(豊田佐吉)가 자동방직기 특허권을 판돈으로 그의 아들 키이치로(喜一郎)가 1933년 비교적 그리 크지 않은 공장 안에 자동차부(部)를 설치하면서 출발하였다.[254)] 창업자 도요타 기이치로는 감동의 경영으로

---

252) 최우석, 『삼국지 경영학』, 132.

253) 김성회, 『용인술』(서울: 쌤앤 파커스, 2014), 8-10.

254) 도요타자동차 [Toyota Motor Corporation, トヨタ自動車(-자동차)] (두산백

미국의 포드 자동차를 추월하여 제너럴 모터스GM에도 뒤지지 않는 경쟁력을 가지게 된 일본 자동차의 신화적 존재이다. 순수 일본 기술이라는 철학으로 인재들을 감동시켜 좋은 직장에서 월급을 더 많이 받던 사람들이 이곳으로 몰려들었으며 이 중에는 전문 핵심기술자가 1/5 정도의 월급에도 GM에서 직장을 도요타로 옮기는 일도 있었다.[255] 이것은 리더가 팔로워들을 감동시켰기 때문이다.

14. 혁신적 리더십

때로 리더는 과감히 혁신적으로 과업을 수행해야 한다. 당장 실행을 통해 개선 가능한 일을 리더가 알고서도 유예하거나 점진적으로라는 명목으로 지연하는 것은 사실상 무책임한 범죄행위이다. 속히 시정하여 고통을 멈추게 하는 혁신적 행동이 필요하다.[256]

멕시코 농촌 노동자들은 40세 때쯤에 죽는다. 그것은 매우 오염된 물을 먹기 때문이다. 이런 경우에는 그 노동자들이 주사 맞기를 싫다고 해도 설득하여 억지로라도 백신을 맞게 하여 생명을 구해야 하는 것이 리더가 지체 없이 혁신적으로 취해야 할 행동이다.

칼 맑스가 자본론을 집필하던 당시에 극단적인 산업화 과정에서 영국 노동자계급의 평균 수명이 평균 20살 밖에 되지 않았던 현실에 대해 사회구성원들에게 인식의 각성을 촉구하고 정치적

과); 네이버 검색 외 또 다른 자료에서는 오쿠다 히로시에 의해 1925년 창업했다고 한다. 로버트 로젠 외, 『글로벌 리더십의 조건』(서울: 세종서적, 2001), 147; 창업자는 창업자 도요타 기이치로이다. 최우석, 『삼국지 경영학』, 133.

255) 최우석, 『삼국지 경영학』, 133.

256) 폴김 · 함돈균, 『교육의 미래 티칭이 아니라 코칭이다』, 28.

으로 개입하고자 했던 때가 있다. 물론 칼 맑스의 이론과 방법에 심각한 문제가 많았던 것은 모두가 다 아는 주지의 사실이다. 그러나 우리가 위험한 그 이론에서도 한 가지 교훈은 얻어야 한다. 그것은 혁신이다.[257]

Ⅱ. 여성과 리더십

최근 비교적 많은 여성들이 사회 곳곳에서 리더의 역할을 수행 하면서 남성 리더들과 비교하여 여러 가지 연구할 과제들이 생겨나기 시작했다. 과연 여성은 남성에 비해 열등한 존재인가? 현대사회에서는 여자의 리더십이 더 효과적이라고 주장하는 학자도 있다.

1. 남성 리더와의 비교연구

남녀 간의 리더십 유형의 차이를 검증하였던 초기 연구들은 여성의 리더십 유형이 관계 지향적인가 아니면 과업 지향적인가를 비교하였고 또 민주적 스타일인가 아니면 독재적 스타일인가를 비교하였다. Eagly Johnson의 연구에서는 예상과는 달리 여성 리더가 남성 리더들보다 더 관계 지향적이거나 덜 과업 지향적이지도 않다는 것이 알려졌다. 1987년부터 2000년 사이의 연구들(van Engen & Klonsky, 2004)에서도 비슷한 결과를 볼 수 있었다. 그런가하면 다양한 상황에서 발견된 여성의 리더십 스타일은 남성보다 더 민주적이고 더 참가자 리더십 스타일이라는 것이다.[258]

---

257) 폴김 · 함돈균, 『교육의 미래 티칭이 아니라 코칭이다』, 30.

258) Petwe G. Northouse, 『리더십 이론과 실제』, 김남현 역(서울: 경문사, 2011년), 414.

2. 여성리더들의 등장

지금까지의 연구 결과들을 살펴보면, 여성들만 있는 집단에서 남성이 리더가 되는 경우는 많았는데, 남성들만 있는 집단에서 여성이 리더가 되는 경우는 매우 드물었다.[259] 그러나 예전에 남성적인 힘과 강한 추진력으로 조직을 이끌어오던 분위기와 달리 세상이 점차 소프트웨어 중심으로 변해 가면서, 근래에는 부드러운 리더십, 수평적 리더십, 따뜻한 리더십, 힐링(healing) 리더십 등이 각광을 받으며 '바람직한 리더'의 이미지가 호감을 주는 여성상에 조금씩 근접해 가고 있다.

세상은 미디어의 발달로 중앙집권적인 소통형태가 약해지고 다원적 소통형태로 변화해 가면서, 여성적인 소통 방식이 구성원을 배려하는 관계지향 리더십에 반드시 필요한 요소로 등장하고 있다.[260] 이러한 현상은 우리 주변에서 흔하게 볼 수 있는데 대학에서 많은 경우에 학생회, 동아리 연합회, 대의원회 등 중요한 학생자치 단체의 회장이나 임원들이 여성인 경우가 많고 정치권에서도 당의 대표가 여성인 경우가 많다. 세계적으로도 여성 리더들이 많이 대두되고 있는 추세이다. 하지만 아직도 사회 일반에 비해 몇 몇 종교들에서는 여전히 여성 리더는 고사하고 여성들의 인권이 대단히 열악한 가운데 있다.

3. 여성과 인권

현재는 우리나라도 국가 사회 전반에 걸쳐 여성의 인권이 증대되고 사회참여가 활발하게 진행되고 있지만 상당히 오랜 세월

259) Crocker & McGraw, 1984.

260) 《서울신문》(2012. 8. 18.) 킬링 사회, 힐링을 갈구하다, 1~2면.

동안 여성의 존재가치는 우리 사회에서 결코 높지 않았다. 전통적으로 가부장적 문화에 깊이 물들어 있던 한국사회에서 여성의 사회적 역할 혹은 진출이란 기껏 산업화 초기에 값싼 노동력으로 투입된 정도였다. 그것도 상당수는 중학교 혹은 고등학교도 제대로 진학하지 못한 가운데 불우한 10대 여성들이 단순 노무직에 투입되는 정도였다. 게다가 기혼 여성의 사회생활은 또한 어떠했는가? 지도자적 위치가 아니라 일반 직무에 있어서 조차도 기혼이라는 이유로, 여성이라는 이유로 고용은 쉽지 않았다.

세계적으로 보면 여성 인력과 관련해서 세계적 추세를 보면 제1차 세계대전, 제2차 세계대전 중 많은 여성들이 생계 위해 노동 시장에 진출했다가 전쟁이 끝나도 여성들이 가정에 복귀하지 않음으로 그 진출이 본격적으로 나타났다고 본다. 우리나라도 기혼 여성들의 가정주부 제일주의가 1950년대를 고비로 이미 끝난 것으로 보인다. 스웨덴의 경우에는 1980년에 15~65세까지의 스웨덴 여성 인구 중 74%가 취업(세계 최고기록)한 상태였다. 다른 북유럽 국가도 60% 이상의 높은 여성 취업률을 보인다.261)

우리나라는 1977년에 조사된 바에 의하면 일반 노동현장에 기혼 여성만 보면 결혼한 여성 노동자는 겨우 9.7%였다. 그러던 것이 1992년 47%로 급등하였다.262) 그 이후로 계속하여 기혼 여성들의 사회진출로 크게 격차는 나지 않고 있다.

이들 중에 우리 사회의 리더에 해당되는 여성에 대한 통계는 실제로 그 기준을 어디에 두고 내려야 할지 모호하나 일단 우리 국가와 사회의 입법, 사법, 행정, 정치, 사회, 경제 부문의 수장에 여성의 분포 정도를 살펴보면 어느 정도 바로메타가 될 수도 있겠다. 이 중에서도 국민의 민의가 반영된 국회의원과 나라의 일

---

261) 네이버 지식백과, 여성의 노동시장 진출.

262) 장종현 편저, 직업@비전(서울: 백석대학교출판사, 2004), 80.

을 관장하는 장관 등을 중심으로 살펴보면 국회위원은 50명/300명, 당대표는 교섭 단체 위주로 2명/4명,[263] 장관은 5명/18명[264] 등으로 상당히 진척된 상황을 보여주고 있다.

유엔개발계획(UNDP)은 1990년부터 매년 인간개발지수를 발표해 오던 중 1995년 유엔 제4차 세계여성회의를 계기로 남녀평등 정도를 측정하기 위해 남녀평등지수(GDI)를 개발하는 한편, 여성이 정치·경제 활동과 정책 결정 과정에 '참여'하는 정도를 점수로 환산한 여성권한척도(GEM; gender empowerment measure)를 개발하고 있다. 여성권한척도(GEM)는 여성이 정치·경제 활동에서 얼마나 고위직을 차지하고 있는가를 보고 남녀평등 정도를 평가하는 것을 말한다.

우리나라의 여성권한척도(GEM; gender empowerment measure)는 10년 전인 2009년도 이전 통계를 볼 때 조사국 중 최하위 혹은 하위그룹 수준을 보이고 있다. 63위/70개국(2000년), 61위/63개국(2001년), 61위/66개국(2002년), 61위/109개국(2009년), 그 이후의 자료에 대하여 저자가 2018년 7월에 여성 가족부에 문의하였으나 더 이상 국제적으로 여성권한척도는 조사 된 것이 없다고 한다. 한편 우리나라의 여성개발지수는 29/146개국(2001년), 인간 개발지수는 27/162개국(2001년)[265], 2015년엔 17위로 선진국 수준을 보이고 있다.[266] 성개발지수(GDI)는 104/188개국, 성불평등지수(GII)는 2015년도에 10위/188개국이다.[267]

---

263) 본 자료는 2018년 7월 31일에 저자가 국회사무처로 전화하여 관계자로부터 넘겨받은 자료이다.

264) 본 자료는 2018년 7월 31일에 저자가 행안부로 전화하여 관계자로부터 넘겨받은 자료이다.

265) 장종현, 직업@비전(서울: 백석대학교출판사, 2004), 81.

266) http://donamsado.blog.me/220570807780.

267) 본 자료는 2018년 7월 31일에 저자가 여성가족부로 전화하여 관계자로부터 넘겨받은 자료이다.

4. 여성과 종교

일반 사회보다 인권이 더 보장되고 장려되어야 하는 종교계에서 여성의 지위는 어떠한지 살펴보자. 우리 주변에 많은 종교들이 있지만 지면 관계상 이곳에서는 그래도 우리나라 근대화에 있어 비교적 선구적이었던 기독교계를 중심으로 살펴보고자 한다.

사실 초기 한국교회의 여성의 위치는 유교적 남자 중심의 가부장적 관점과는 비교도 안되는 것이었다. 신문물이 들어오면서 지난날 서당은 주로 남성들만 다니던 곳이었으나 기독교적 배경을 가진 많은 훌륭한 여학교들이 세워지기 시작했고 많은 여성 지도자들을 배출하기도 했다.

하지만 역사가 도리어 퇴보하는 듯 오늘날은 어떠한가? 단적인 예로 교계는 같은 학문을 하여도 남성과 달리 여성 목사 안수 문제는 불가하다고 하는 주요 교단들이 여럿 있으며 이와 관련하여 주요 교단 지도자의 사회적으로 지탄을 받는 발언 등 여전히 기독교계에서의 여성 리더의 문제는 요원하다.

계속되는 여성 비하 사건들이 나타나고 있다. 성 정체성과 역할에 대해서 사회 전반에 걸쳐 대단히 빠르고 강한 속도로 의식의 전환이 일어나고 있음에도 불구하고 교회 안에서는 그것에 훨씬 미치지 못하거나 오히려 역행하는 현상이 발생하고 있으며 기독교계 내에 여성들의 지도력 결여 부분은 크게 문제가 있어 보인다. 이 문제에 대한 신학적 진단이 필요하다.

5. 여성의 지위에 대한 신학적 소견

1) 기독교의 '사람'에 대한 이해

과연 여성은 남성 보다 열등한 존재인가? 성경에서 '사람'이라고 번역된 히브리어는 'ādām'이다. 이 단어는 아담의 이름으로 사용되기도 했고, 여자와 구별된 남성으로 사용되기도 했던 단어이다(창세기 2:22, 25; 3:12; 전도서 7:28). 이와 관련하여 일반적으로 인류를 가리키는 단어로 영어에서는 'man'을 사용하는데 대해 이의를 제기하는 사람들도 있다. 이 단어는 여성의 입장을 별로 신중하게 생각지 않고 사용된 것으로 'humankind'나 'human-beings' 등 중성명사를 사용해야 한다는 것이다. 이와 관련한 신학적인 문제는 무엇인가?

2) 삼위일체와 남여지위

성경이 말하는 창조주 하나님은 사람을 만드실 때 아담(남자) 한 사람만 만드시지 않고 하와(여자)를 만들었다. 이는 사람이 하나님의 형상으로 지음 받았다는 기독교의 주장과, 그 하나님이 삼위일체로 존재하신다는 사실과 연관 지어 생각하면 대단히 중요한 의미가 있다. 이렇게 말하는 이유는 사람을 남자와 여자로 창조했다는 구절 바로 앞에 하나님이 삼위의 형태로 존재한다는 첫 번째 기록을 보게 되기 때문이다. "우리의 형상을 따라 우리의 모양대로 우리가 사람을 만들고 그로 바다의 고기와 공중의 새와 육축과 온 땅과 땅에 기는 모든 것을 다스리게 하자."(창 1:26). 여기에는 어떤 유사성이 있다. 곧 세상이 창조되기 전에 성부, 성자, 성령 삼위 간에 교제와 교통과 영광을 서로 동등하게 나눔이 있었듯이(요한복음 17:5, 24), 창조주의 남녀 창조가 같은 맥락에서 이해되어야 한다. 창조주의 아담(남자)과 하와(여자) 창조는 동등한 권위의 신적 삼위일체의 반영이다.[268)]

---

268) 주만성, 『개혁주의 조직신학 개론』(서울: 에스라, 2003), 121; 웨인 그루뎀, 『조직신학』(서울: 은성, 1997), 686-689.

3) 남녀의 차이 논란

남녀 간에 권위의 차이가 소개된 것은 세상에 죄가 있고 난 다음이라고 스펜서(Adia Spencer)와 빌레지키아(Gilbert Bilezikian) 같은 학자들이 주장했다.[269] 하지만 하와(여자)를 아담(남자)을 돕는 '조력자'(히브리어, 'ezer')로 지었다고 할 때 단지 보조하는 의미의 역할과 권위의 차이를 의미하는 것은 아니다. 도리어 성경에서 '조력자'를 나타내는 이 'ezer'라는 단어는 도리어 도움을 받는 사람보다 더 힘이 있거나 위대한 경우를 가리킬 때 사용되었고,[270] 심지어 이 'ezer'라는 용어는 하나님이 사람을 돕는 때에도 여러 차례 사용되었다(시편 30:10, 54:4, 118:7). 성경에 나타나는 그 유명한 "에벤에셀(Ebenezer, 삼무엘상 7:12)"[271]이란 표현에도 이 'ezer'가 나타난다.

또 다른 이는 창세기 2장 18절의 '위하여'로 번역된 히브리어는 하와가 아담보다 우월했음을 암시한다는 것이다. 왜냐하면 이 단어는 '앞서는'이라는 의미도 있기 때문이다.[272] 하지만 오틀런드(Raymond C. Ortlund)는 이 히브리 단어가 "우월함"을 의미한다면 시편 119편 168절은 시편 기자가 하나님께 "모든 나의 길은 주보다 우월하며"라고 말해야 하느냐고 반박하며 이는 옳지 않으며 단순히 "일치하는"을 의미할 뿐이라고 했다.[273]

---

269) *Beyond Sex Roles*(Grand Rapids: Baker, 1985), 21-58.

270) Aida B. Spencer, *Beyond the Curse*, 23-29.

271) 에벤에셀은 히브리어 원문으로는 '에벤 하아제르'(도움의 돌이란 뜻으로 "하나님이 여기까지 우리를 도우셨다" 하고 세운 일종의 기념비. "사무엘이 돌을 취하여 미스바와 센 사이에 세워 이르되 여호와께서 여기까지 우리를 도우셨다 하고 그 이름을 에벤에셀이라 하니라"(삼상 7:12)

272) Aida B. Spencer, *Beyond the Curse*, 23-26.

273) Ortlund, "Male-Female Equality," 103-4.; 주만성, 『개혁주의 조직신학 개론』(서울: 에스라, 2003), 122.

4) 남녀동등

남녀는 동등하다. 성경 에베소서에는 아내(여자)의 남편(남자)에 대한 복종에 대해 말하고 있다(엡 5:22-24). 여기서 "복종하라"(hypotassō)는 단어의 의미에 대해 많은 논란이 있다. 권위에 대해 복종하는 관계의 의미를 함축하고 있는 'hypotassō'라는 용어가 성경에서 사용된 용례를 보면, 예수께서 그의 부모의 권위에 복종했을 때(눅 2:51), 시민들이 정부에 복종할 때(롬 13:1, 5; 딛 3:1; 벧전 2:13), 그리스도께서 성부 하나님께 복종할 때(고전 15:28), 아내가 남편에게 복종할 때(딛 2:5; 벧전 3:5; cf. 엡 5:22, 24), 그리스도인들이 하나님께 복종할 때(히 12:9; 약 4:7) 등에서 사용되었다.

하지만 에베소 5장 21절에서의 "복종"(hypotassō)의 사용을 주목하면 거기서 바울은 그리스도인들에게 "피차 복종하라"고 했다. 이는 피차 상호 간에 복종해야 할 것을 의미하며, 특히 남편(남자)과 아내(여자) 사이에 서로 복종할 것을 의미한다. 아내(여자)가 남편(남자)에게 특별히 해야 할 복종이란 없다.

주안에는 남자 없이 여자만 있지 않고 여자 없이 남자만 있지도 않다. 여자가 남자에게서 난 것 같이 남자도 여자로 말미암아 났다고 도리어 성경은 말한다(고린도전서 11:11, 12). 창조주께서 만드신 인류 가운데 이류 시민은 없다. 남자든 여자든, 흑인이든 백인이든, 똑똑하든 우둔하든 모두 다 평등하다. 인류에 대한 평등함은 다른 종교나 문화, 사회와 달리 기독교의 태고로부터의 놀라운 가치였건만 이 존귀한 가치가 오늘날 퇴색되고 있다.[274)]

기독교계 일각에서는 교회 안에서 여성의 지위와 역할을 어떻게 규정해야 할지를 놓고 논란이 많다. 성경 전반에 걸쳐 여성들이 언약공동체 안에서 탁월한 리더십을 선보인 사례들이 있는지,

274) 주만성, 『개혁주의 조직신학 개론』(서울: 에스라, 2003), 690-693.

초기교회 공동체 안에서 여성들이 사도 및 목사와 같은 리더십을 행사한 실례가 있는지 등을 놓고 치열한 논쟁을 벌이고 있다.

대개 전통주의자들은 남성이 리드하도록 하나님이 의도하셨음을 뒷받침하는 결정적인 성경 본문으로 바울이 디모데전서 2:13에서 "아담이 먼저 지음을 받고 하와가 그 후며"라고 한 말을 보라고 한다. 그러나 바울이 사용한 "먼저"라는 언어에 전혀 계층구조 개념은 나타나지 않는다고 학자들은 말한다. 디모데전서 3장 10절 전후에 나오는 '먼저'와 '나중'이라는 단어도 "지도자-추종자"(leader-follower)"의 의미로 보는 것은 본문이 의미하는 바가 아니다.[275]

창세기에는 특히 인간 창조시에 남성의 헤드십(head-ship)에 대한 암시가 있는 듯하나 해석을 놓고 의견이 분분하다. 그리고 여성의 영적 리더십에 대해서는 구약에서 여러 사례들이 있다. 예를 들면, 미리암(출애굽기 15:20), 드보라(사사기 4:4), 훌다(열왕기하 22:14; 역대하 34:22), 그리고 이사야의 아내(이사야 8:3) 등이 있으며, 신약에서는 안나(누가복음 2:36)와 빌립의 딸들인 네 처녀(사도행전 21:9)가 있다. 특히 사도 바울은 신약성경 사도행전 2장 16절 이하에서 구약성경 요엘서에 있는 내용 인용을 통해 남녀의 차별이 없음을 말해 준다.[276] 그런데도 역사 속에서 기독교는 오랫동안 성차별을 위해 왜곡된 성경해석을 통해 을 이념적 도구로 작용했다.

---

275) 스탠리 N. 건드리 Stanley N. Gundry, 제임스 R. 벡, 크레이그 L. 블롬버그, 린다 L. 벨빌 Linda L. Belleville, 크레이그 S. 키너 Craig S. Keener, 토마스 R. 슈라이너 지음, 『여성 리더십 논쟁: 교회에서 여성의 사역과 안수에 관한 토론』(*Two Views On Women In Ministry*: Revised Edition)(서울: 새물결플러스, 2017년), 1장 "평등주의적 관점" 중에서

276) 스탠리 N. 건드리 Stanley N. Gundry, 제임스 R. 벡, 크레이그 L. 블롬버그, 린다 L. 벨빌 Linda L. Belleville, 크레이그 S. 키너 Craig S. Keener, 토마스 R. 슈라이너 지음, 『여성 리더십 논쟁: 교회에서 여성의 사역과 안수에 관한 토론』(*Two Views On Women In Ministry*: Revised Edition)(서울: 새물결플러스, 2017년), 3장 "또 다른 평등주의적 관점" 중에서

제 7 장　팔로워십

Ⅰ. 팔로워십에 대한 관심

오늘날과 같은 무한경쟁 시대에 조직이 살아남고 발전을 도모하기 위해서는 훌륭한 리더가 있어야 할 것은 말할 나위 없다. 하지만 팔로워십 이론(followership theory)적 측면에서 볼 때 변화무상하고 예측 불능한 환경에 조직이 적응하고 성장하기 위해서는 리더십도 중요하지만 적극적인 팔로워들의 유능하고 효과적인 팔로워십이 절실히 요구된다.

리더십 측면에서만 생각하면 인간은 주로 이끄는 쪽 사람들이 어떻게 하면 잘 이끌까에 관심을 가져온 것이 사실이다. 하지만 사실 인류역사는 어떻게 따르냐의 문제가 항상 더욱 중요했었다. 다만 우리가 그 사실을 잘 인식하지 못했던 것뿐이다. 사람과 사람의 관계 속에서 이끌기와 따르기를 마치 우열 혹은 상하의 관계로 인식하면서 이끄는 것이 좋은 것이고 이끄는 자가 더 우수한 것이라는 생각을 우리 모두가 무의식적으로 가지고 있다. 하지만 지도자가 아무리 훌륭해도 절대 다수인 추종자들이 어떻게 거기에 반응하는가하는 문제는 그 못지않게 중요한 것이 명확하다. 최근 변화하고 있는 팔로워십 이론(followership theory)들을 살펴보자.

1. 팔로워십의 개념

팔로워는 단순히 리더를 추종만 하는 것이 아니라 그 리더를 도와 조직의 과업을 수행함에 있어 팔로워로서 갖추어야 할 갖가지 역량과 바람직한 자세 내지 정신이 요청 된다. 이것을 우리는 팔로워십(followership)이라 할 수 있다.

2. 팔로워의 재조명

오랜 세월동안 팔로워십은 단순하게 리더쉽의 하위 개념에 불과한 것으로 인식돼 왔으며 리더십 연구의 중요 주제가 되지 못하였다.[277] 1998년 하버드 비즈니스 리뷰(Harvard Business Review)에 기고한 켈리(Robert Kelly)의 팔로워 예찬 글에서는 얼마나 우리가 리더십 논의 중에 팔로워십에 대해 등한히 해오고 있는지에 대해 날카롭게 지적하고 있다.[278] 이외에도 1992년에 발간된 『팔로워십의 힘』[279]이나 1995년에 발간된 『용기 있는 팔로워』 등은 팔로워십에 대해 새롭게 조명하기 시작하며 출발한 연구들이다.

---

277) 탁진국 · 손주영 공저, 『리더십이론과 실제』, 195.

278) Ronald E. Riggio, Ira Chaleff, Jean Lipman-Blumen 저, 『팔로워십론』, 강정애 · 이상호외 역(서울: 시그마프레스, 2014), 서론; Ronald E. Riggio, Ira Chaleff, Jean Lipman-Blumen 저, 『팔로워십론』, 1.

279) Kelly R.E. The Power of Follow-ship(New york: Doubleday, 1992) Chaleff, The Courageous Follow(Sanfrancisco:Berrett-Koehler, 1995).

건전한 조직은 추종세력이 그 지도자에 대해 건전한 비판을 할 수 있어야 하고 효율적으로 그 조직에 기여하기 위해 팔로워들의 '열정', '지성', '포부', '자율' 등이 방해받지 않아야 한다. 갈수록 우리 사회가 유연하고 분화된 모양으로 바뀌어 가고 있는 이런 시점에서는 역설적으로 리더십보다 팔로워십이 더 중요하다고까지 말할 수 있다. 팔로워와 리더의 관계가 이제는 재정립되어야 하며 성공적인 리더십이라는 성배(Holy Grail)을 향한 보물지도를 따라갈 때 팔로워라는 표지판을 잘 따라가야 한다.[280)]

3. 팔로워의 기여도

리더십이 지도자가 추종자에게 영향력을 행사하는 과정이라면, 팔로워십은 추종자가 지도자에 대해 가지는 바람직한 특성과 행동을 의미한다. 그런데 오늘날의 조직은 팔로워십에 대한 새로운 관점을 가지고 조명하고 있다. 일사불란한 조직체계에서 팀 체계로 유연하고 분권화된 조직으로 바뀌어 가는 것을 보면 알 수 있다. 전통적 리더 중심의 계층구조 보다 리더가 고정되어 있지 않고 유연성이 높아진 조직에서는 조직의 성공에 있어서 리더가 기여하는 것은 많아야 20퍼센트 정도이고 그 나머지 80퍼센트는 팔로워들의 기여라고 볼 수 있다.[281)]

4. 팔로워십과 리더십의 연동

리더십은 팔로워들을 상대로 발휘되는 것이기에 팔로워십과

---

280) Ronald E. Riggio, Ira Chaleff, Jean Lipman-Blumen 저, 『팔로워십론』, 강정애·이상호외 역(서울: 시그마프레스, 2014), 1.

281) 팔로워십에 대해 오랫동안 연구해온 미국의 경영학자 켈리(Robert E. Kelley) 교수는 그의 저서 「팔로워십의 힘」(The Power of Followership)에서 "조직의 성공에 있어 리더가 기여하는 바는 20% 정도에 불과하고 나머지 80%는 팔로워들의 기여에 의한 것이다"고 주장하고 있다.

리더십은 마치 동전의 양면과 같다. 리더십은 팔로워십과 연동적으로 작동되는 것이다. 심지어 모든 리더 역시 또 다른 어떤 리더의 팔로워이다. 그럼에도 불구하고 모든 조직에서는 리더십에 대해서만 지나치게 강조되는 경향이 있다. 리더에게 초점을 맞추어 팔로워에 대해서는 언급해도 팔로워십 자체를 독립적으로 다루는 연구는 리더십만큼 잘 다루어지지 않는 것 같다. 이제는 팔로워들을 리더의 하위개념으로가 아니라 동반자 입장에서 그들을 바라보는 시각이 필요하다. 이러한 팔로워십 이론을 경영에 적극 적용시킨 사례로 월마트를 들 수 있겠는데 월마트는 팔로워라는 말 대신에 "동반자"(associate)라는 용어를 사용하고 있다.[282]

5. 팔로워에 대한 착각

일부 오만하고 지각없는 리더들은 팔로워들을 바라볼 때 마치 말이나 소, 혹은 썰매를 끄는 개들을 대하듯 팔로워를 주인이 채찍질하거나 고삐를 잡아당기는 대로 의지 없이 이끌리는 운명의 존재들로 생각하는 경향이 있다.

리더가 팔로워를 오해하고 착각하고 있는지를 풍자하는 듯 한 어떤 심리학 만화에 나오는 개들의 대화가 생각난다. 어떤 한 마리의 개가 다른 개에게 말한다. "인간은 훈련시키기가 힘들어 하지만 어느 정도 예측 가능해. 내가 하기에 따라서 나에게 행동하도록 내 주인을 가르쳤어. 만일 내가 계속하여 짖으면 밥을 달라는 뜻이고, 바닥을 긁으면 주인이 내가 운동을 하고 싶어 하도록 느끼게 했어. 그리고 내가 그의 손길로 마사지가 필요하면 단지 그 옆에 다소곳이 앉아 있으면 그는 나를 쓰다듬기 시작해"[283]

282) Ronald E. Riggio, Ira Chaleff, Jean Lipman-Blumen 저, 『팔로워십론』, 강정애 · 이상호외 역(서울: 시그마프레스, 2014), 서론; Ronald E. Riggio, Ira Chaleff, Jean Lipman-Blumen 저, 『팔로워십론』, 15.

이 이야기가 주는 교훈은 역발상을 통해 리더십과 팔로워십을 재조명해야 한다는 메시지를 암시한다.

6. 팔로워의 역동성

리더는 팔로워의 역동적 환경에 주목해야한다. 지난 역사 속에서 케네디(John F. Kennedy)가 닉슨(Richard Nixon)과 대통령 선거에서 맞붙었을 때 케네디의 가장 큰 도전은 새로운 매체인 텔레비전을 사용하는 것이었다.[284] 이것은 아마도 오늘날의 SNS, 일인미디어, 혹은 무시되어 왔던 10대, 20대의 인터넷 참여 등과 견주어 팔로워의 영향력을 가히 짐작할 수 있을 것이다. 이제 우리는 리더십과 아울러 거대한 팔로워십의 물결과 흐름을 주목하고 그 역동적 환경을 예의 주시해야 한다.[285]

Ⅱ. 팔로워의 유형 분석

미국의 경영학자 켈리(Robert E . Kelley) 교수는 팔로워를 크게 4유형으로 분류하고 있다. 모범형(star), 소외형(alienated), 순종형(yes-man), 수동형(sheep) 등이 그것이다.[286] 팔로워의 유형이 4가지에만 한정되지 않고 또 그에 대한 명칭은 약간씩 다를 수 있지만 대개 다음과 같이 분류 가능하다.

1. 수동형

수동형은 매사에 리더의 지시만 따르는 수동적 자세를 보이며

283) Ronald E. Riggio, Ira Chaleff, Jean Lipman-Blumen, 『팔로워십론』, 12.

284) Ronald E. Riggio, Ira Chaleff, Jean Lipman-Blumen, 『팔로워십론』, xvii.

285) Ronald E. Riggio, Ira Chaleff, Jean Lipman-Blumen, 『팔로워십론』, 1.

286) 탁진국 · 손주영 공저, 『리더십이론과 실제』(서울: 학지사, 2017년), 194-202.

리더를 그들에게 동기를 부여하는 사람으로 생각한다.[287] 조직에 대해 비판적이지는 않지만 문제 해결을 위해서 적극적으로 참여도 하지 않는 유형이다. 조직 목표 달성에 대한 성취욕이 없기 때문에 아무런 고민도 없고 추진능력도 떨어지며 책임감도 없고 매사에 소극적으로 임하는 유형이다. 맡겨진 일 이상은 하지 않는 유형이다. 목표 달성을 위한 강한 동기부여가 필요하고 자신의 이익보다는 조직의 이익을 위한 자기희생 참여 자세가 필요하다. 일반적으로 5-10%를 차지한다.

2. 소외형

소외형은 현재 활동에 냉소적이고 다음 해결책을 제시하지도 않는다. 사실 그들은 영리하지만 긍정적인 방향으로 움직이지 않는다. 능력은 있는데 언제나 불평, 불만이 많은 유형으로 불리운다. 때로는 조직 내에서 상사에게 맞서는 배짱을 가진 사람이지만 이단아로서 취급되거나 스스로도 자신을 그렇게 바라보기도 한다.[288]

소외형 팔로워는 개성을 가지고 있으면서 독립적·비판적 사고방식을 갖고는 있지만 소극적·수동적 참여행동을 보인다. 이들 대부분은 자신들의 유능함에 대해 조직 내에서 부당한 대우나 약속불이행 등 리더와의 갈등을 경험하고 난 뒤 조직과 리더, 동료 등에 대해 냉소적인 시각을 갖게 되는 경우가 많다. 이들은 리더의 잘못과 조직에 대하여 강한 불만을 가지고 있지만 문제점 개선을 위해 노력하기보다는 침묵으로 일관하는 유형이다. 조직에 따라 차이는 분명히 있지만 일반적으로 보아도 전체 공동체에서 약 15-20%를 차지한다.

287) Ronald E. Riggio, Ira Chaleff, Jean Lipman-Blumen, 『팔로워십론』, 7.

288) Ronald E. Riggio, Ira Chaleff, Jean Lipman-Blumen, 『팔로워십론』, 8.

3. 순종형

순종형은 적극적 헌신은 하는데 능력이 부족한 유형이다. 이들은 항상 리더의 편에 서서 생각하는 긍정적인 사람이긴 하지만 항상 자기 일을 상사 중심으로 사고하는 수동형이고 리더가 지시한 직무를 끝냈을 때는 다시 묻는다. "다음에는 무엇을 해야 하나요?" 창조적으로 기획하고 생각하기보다 켈리(Robert E. Kelley)가 지적[289]한 대로 yes-man으로서 단순히 행하는 사람(doer)에 불과한 경우가 많다.

이들은 독립적 비판적인 사고는 부족한 반면 조직의 문제해결을 위해서는 최대한 성실하게 자신의 역할을 수행한다. 상명하복의 권위적 조직이나 전통적인 사회, 혹은 전제적 리더 밑에서 흔히 볼 수 있는 유형으로 리더의 감독과 지시에 지나치게 의존하는 유형이다. 의사결정에 있어서 리더에게 지나치게 의존하기 때문에 리더의 잘못된 의사결정도 무조건적으로 복종하려는 경향이 있다. 일반적으로 20-30%를 차지한다.

4. 실무형

실무형은 상황이 어디로 향하고 있는지 보고 움직이는 사람들이다. 현재 현상유지 특징을 가지고 있으며 리더는 계속하여 새로운 사람으로 바뀔 수도 있다는 사고를 가지고 자신의 생존만을 위해서 일하는 형이다.[290]

조직이 불안정하거나 절박한 시기에 많이 나타나는 유형으로서 위험을 회피하고 현상유지를 지향하는 특징을 가진다. 리더의

---

289) 탁진국 · 손주영 공저, 『리더십이론과 실제』, 194-202.

290) Ronald E. Riggio, Ira Chaleff, Jean Lipman-Blumen, 『팔로워십론』, 8.

가치와 판단에 의문을 가진다 하더라도 적극적으로 자신의 의견을 제시하지 않은 채 주어진 일만 책임감 있게 수행하고자 하는 노력하는 형이다. 일반적으로 25-30%를 차지한다.

5. 모범형

모범형은 조직의 발전에 가장 바람직하게 요구되는 팔로워의 유형이다. 이들은 리더의 의사결정(판단)에 동의하거나 수긍할 경우 최선을 다해 적극 참여하고, 동의하지 않는 경우 나름대로 대안을 제시하고 건설적인 도전 모습을 보인다.[291] 모범형은 스스로 생각하고 매우 활동적이며 매우 긍정적인 에너지를 가지고 있다. 그들 자신의 독립적인 평가 없이는 리더의 의사결정을 받아들이지 않는다. 이들은 종종 리더의 오른팔이나 해결사로 불리기도 한다.[292]

이들은 대체로 독립적이고 비판적인 사고가들이며, 활동적인 행동가들이다. 이들은 리더의 잘못된 지시에 대해 비판하기보다는 적극적으로 조언하거나 리더의 부족한 아이디어를 보강하기 위해 자발적으로 지원하는 동반자적인 역할을 수행한다. 리더의 결정을 무조건적으로 수용하지 않지만 일단 결정이 내려지면 적극적으로 지원하는 유형이다. 조직의 목표를 달성하기 위해서라면 어떤 위험도 피하지 않고 다른 사람들과의 갈등도 두려워하지 않는다. 조직의 성장을 위한 변화를 주도하고 실패를 두려워하지 않고 도전하고 신중하고 효과적으로 자기를 관리한다. 일반적으로 5-10%를 차지한다.

중국 속담에 "유능한 사람 뒤에는 항상 다른 유능한 사람이

---

291) 탁진국 · 손주영 공저, 『리더십이론과 실제』, 197.

292) Ronald E. Riggio, Ira Chaleff, Jean Lipman-Blumen, 『팔로워십론』, 9.

있다”라는 말이 있다. 마오쩌둥과 주은래와의 관계를 리더와 팔로워의 모범적인 사례로 들 수 있다.

미국 닉슨 대통령은 중국 혁명의 대단히 중요한 상호관계로서 마오쩌둥과 주은래를 들고 있다. 화려한 언변과 날카로운 필력, 강한 카리스마를 가진 마오쩌둥과는 달리 주은래는 조용하고 유연하며 포용력 있는 성품의 소유자로써 무색무취하다는 평도 있었지만 마오쩌뚱의 실정에도 강하게 비판하지 않은 스탠스를 유지하면서 정치가로서 장수했다.[293] 물론 이에 대해서는 긍정적인 면과 부정적인 면을 다 생각해 볼 수도 있다.

6. 문제형

참된 팔로워들은 나쁜 리더에 대하여 견제하는 순기능을 가지고 있지만 또 다른 측면에서 나쁜 팔로워들은 셰익스피어의 작품 오델로에 등장하는 인물, ‘이아고’처럼 문제 많은 나쁜 팔로워(toxic follower)가 되어 훌륭한 리더들을 처참한 길로 밀어 넣을 수 있다.[294] 이아고는 모여서 작당을 하고 실행하는 대단히 직설적인 인물로 안티 리더, 안티 히어로라 평할 수 있는 존재인데 오델로 이상으로 극에서 주인공으로 활약을 하는 인물이다.

7. 비민주형

다수의 팔로워라고 하여 그들이 항상 민주적이거나 옳은 것만은 아니다. 팔로워가 잘못되면 될 때 어떤 현상이 일어날 수 있는가? 이단 사이비 집단의 문제는 사이비 리더의 문제이기 하지만 그것은 동시에 사리 분별력이 떨어지는 팔로워의 문제이기도하

293) 탁진국 · 손주영 공저, 『리더십이론과 실제』, 201.

294) Ronald E. Riggio, Ira Chaleff, Jean Lipman-Blumen, 『팔로워십론』, xvii.

다. 나치 독일의 히틀러를 비롯하여 독재자 리더도 문제이기는 하지만 그들을 개인적으로 집단적으로(심지어 당시 기독교 단체) 팔로워들이 저지른 역사상의 만행과 대단한 오류도 너무나 많다. 세계적인 자살 테러 용의자들은 잘못된 팔로워 유형이다.[295]

8. 훌륭한 팔로워 / 훌륭한 리더

훌륭한 리더를 원한다면 훌륭한 팔로워들이 있어야 한다. 마키아벨리에 나타나는 군주론에서 배울 교훈은 무엇인가? 아돌프 히틀러는 책략을 꾸밀 때 자신의 권력을 강화하기 위하여 그의 말을 따르지 않는 자들을 무자비하게 처벌하였다. 만일 히틀러의 잘못된 리더십에 제동을 건 팔로워십이 새로운 리더십이 되어 다른 여러 동료들의 지원을 받았더라면[296] 역사는 달라졌을지 모른다. 히틀러를 추종하고 지원한 당대의 잘못된 기독교 세력을 비롯한 지식인들의 행태는 또한 어떠한가? 이러한 사실은 한 사람의 리더 보다 수많은 팔로워가 얼마나 더 중요한지를 잘 보여준다. 우리나라 역사상에 나타난 군부 구데타와 그에 맞선 각종 민주화 운동에서도 그 교훈을 충분히 엿볼 수 있다.

Ⅲ. 팔로워들에게 영향을 끼치는 요인들

팔로워들은 집단이다. 집단은 개인과 달리 집단적으로 움직이는 특성이 있다. 때로는 그 유명한 사회학적 이론, "윤리적 개인 비윤리적 사회"라는 표현이 말해주듯 개인은 윤리적이고자 하나 그가 속한 사회가 비윤리적이라 팔로워는 때로 자신의 의지와

---

295) Ronald E. Riggio, Ira Chaleff, Jean Lipman-Blumen, 『팔로워십론』, 10.

296) Ronald E. Riggio, Ira Chaleff, Jean Lipman-Blumen, 『팔로워십론』, 71-72.

관계없이 집단적인 비윤리적 결정과 분위기에 따라 함께 행동하기도 한다. 팔로워 이론은 그 개인으로만 수동적, 소극적, 소외적으로 다룰 것이 아니라 그가 속한 사회문화학적 차원에서 접근하여 살펴보아야 한다.

1. 팔로워와 문화

문화는 사람들의 신념 체계와 행동에 영향을 미친다. 팔로워십의 진정한 이해를 위해 그들의 문화적 측면을 고려할 필요가 있다. 예를 들면 종교적으로 그가 복음주의자인가, 근본원리주의자인가? 이슬람 문화권에서 성장했는가? 경찰이나 군 조직 혹은 관료 조직에서 얼마나 오래 종사하는 사람인가? 경제적 위치는 사회적으로 어떠한가? 국적은 어디이며 어떤 교육적 배경을 가지고 있는가 등등 모든 문화적 요인들이 팔로워의 성향에 영향을 미치기도 한다.

존레논과 관련된 영화 'Power to the people', 'Give peace a chance'와 같은 노래는 공산주의를 포함하는 전략으로서 닉슨 대통령과 FBI, CIA, 전쟁에 대한 정책 등에 중요한 영향을 미쳤다.[297] 문화가 리더십이나 팔로워십에 미치는 영향은 지대하다. 특히 오늘날은 개인 미디어와 SNS 사회관계망 등으로 인한 팔로워들의 물결이 시대정신을 이끌어가기도 한다.

2. 팔로워와 아이콘(그리스어: εἰκών, 영어: icon)

아이콘은 주로 동방교회에서 발달한 예배용 화상, 명칭은 '상(像)'을 의미하는 그리스어 이콘에서 유래한다.[298] 기독교에서 성

---

297) Ronald E. Riggio, Ira Chaleff, Jean Lipman-Blumen, 『팔로워십론』, 61.

298) 이콘 [icon, eikon, ikona] (미술대사전(용어편), 1998., 한국사전연구사).

모 마리아나 그리스도 또는 성인들을 그린 그림이나 조각을 말하는데[299] 이콘의 특질은 그리스도나 성모 등의 상이 '그려진 것'이라는 점에 그치지 않고 문자 그대로 성스러운 원상(原像)의 '현시'로 파악된다는 것이다.[300] 그리스도와 성모 마리아의 성화는 기원후 1세기에 처음 제작되었을 것으로 추측되고 8세기 동방교회의 기독교인들은 성화 문제에 대하여 우상숭배냐, 아니냐라는 신학논쟁을 벌였다.[301]

라차드 탈러 · 캐스 선스타인은 그들의 저서 『넛지』에서 인민사원 짐 존스 이야기를 하면서 그 추종자들을 이콘이라 부르며 이콘들은 사교성이 다소 떨어지는 존재들이라 했다. 그들은 언제나 자신의 평판을 신경 쓰며 실질적인 정보를 얻을 수 있을 때에는 타인들로부터 정보를 구한다. 그러나 이콘들은 유행을 좇지는 않는다. 이콘들로만 이루어진 세상이 있다면 결코 넥타이가 좁아지거나 넓어지거나 하지 않을 것이다.[302]

3. 팔로워와 레밍쥐

레밍쥐를 팔로워십 이해와 관련하여 다루는 것은 이 동물의 속성과 관련하여 대단히 흥미로운 일이다. 한 때 "우매한 대중은 마치 레밍쥐와 같다."고 표현한 어떤 정치인의 말로 인해 더욱 사회적 이슈가 되기도 했다.

레밍쥐는 주로 북아메리카와 유라시아 북쪽에 서식하는 소형 설치류로 3-4년 만에 한 번씩 개체군 폭발현상이 일어나면 스스

299) [위키백과 icon, eikon, ikona]

300) 이콘 [icon, eikon, ikona] (미술대사전(용어편), 1998., 한국사전연구사).

301) [위키백과 icon, eikon, ikona]

302) 라차드 탈러 · 캐스 선스타인 저, 『넛지』, 89-90. cf. 넥타이는 원래 냅킨으로 사용되던 것이었다.

로 절벽에서 뛰어내려 자살함으로 개체 수를 줄이는 것으로 알려져 있다.[303)]

레밍쥐는 소형 설치류에 속한 동물로 북아메리카와 유라시아의 북쪽 온대 지역과 북극 지역에 주로 서식한다. 캐나다의 목걸이 레밍쥐는 극지방에 살고 있으면 등과 얼굴에 검은 줄무늬가 있는데 겨울에는 털이 전부 흰색으로 변한다. 이 동물은 규칙적인 변화와 주기적인 이동현상을 보이는데 3-4년 만에 한 번씩 개체군 폭발 현상이 일어나는데 그 이유는 아직 완전히 밝혀지지 않았다. 밀집된 집단 중심으로부터 이주를 시작하게 되는데 처음에는 산만하게 밤에만 이동하나 이동하는 쥐들의 숫자가 늘어남에 따라 나중에는 낮에도 대담하게 무리를 지어 이동한다.

노르웨이 레밍쥐의 이동은 가장 극적이어서 많은 쥐들이 바다에 빠져서 죽게 된다. 이 동물은 이미 만들어진 길을 따라 이동하는 것으로 잘 알려져 있는데 이들은 사람이나 그 밖의 동물들에 의해 만들어진 좁은 길이나 찻길을 따라서 움직인다.

이상한 것은 레밍쥐들은 물에 들어가기를 주저하며 가능한 한 육상 통로를 이용하기 때문에 강이나 그 밖의 물이 있는 곳을 헤엄쳐서 건너는 일은 별로 없음에도 앞서 언급 한 바와 같이 한꺼번에 바다에 빠져 죽는 일이 발생하는 것은 특이하다.[304)]

그런데 네이버에 검색결과를 보면 "레밍은 몇 년마다 크게 증식하여 이동하므로 나그네쥐라고도 하며 집단을 이루고 직선적으로 이동하여 호수나 바다에 빠져 죽는 일도 있다"[305)]고 되어 있지만 사실 이 정보는 꼭 사실이라고 할 수 없다. 이에 대해 브리태니커 백과사전이나 그 외 다른 저서들에서 여러 학자들의

---

303) 라차드 탈러 · 캐스 선스타인 저, 『넛지』, 90.

304) 브리태니카사전, 6권(서울: 한국브리태니커, 1993), 110-111.

305) [네이버 지식백과] 레밍 [lemming] (두산백과)

다른 견해가 있다. 레밍쥐에 대한 집단 자살은 전설적인 이야기이며 실제로 레밍쥐는 차례차례로 바다에 뛰어들어 자살하지 않는다는 것이다.[306] 사람들이 이 말을 믿는 이유는 다소 비방이 담긴 말에 대한 전설 때문에 이에 대한 믿음 때문이며 이러한 말을 들으면 또 쉽게 믿고 추종하기 때문에 전파되고 인구에 회자되기도 한다. 하지만 레밍쥐 이야기는 차치하고라도 지난날 미국 인민사원의 신도들은 마치 전해져 오는 이야기의 레밍쥐처럼 짐 존스를 추종하여 자살한 사건이다.[307]

4. 팔로워와 집단 최면(mass hypnotism)

먼저 최면이란 수면상태와 비슷하고 의식이 있는 통상적 상태와는 다른 의식 수준에서 나타나는 특별한 심리상태이다. 이 상태의 특징은 감수성과 민감성이 증가되어 일반적으로 내부의 경험적인 지각이 외부의 현실만큼 중요하게 되는 것이다. 피술자는 오직 시술자의 지시에만 주의를 나타낸다. 시술자가 그에게 지적한 것 외에는 환경의 모든 일상을 무시하며 판단력이 없이 자동적으로 반응한다. 시술자의 암시에 따라 보고 듣고 느끼며 냄새맡고 비록 그 암시가 그에게 가해진 자극에 명백하게 모순된다고 해도 그 암시에 따른다. 암시의 효과가 피술자가 깨어난 후까지 연장되기도 한다.

최면의 역사는 마술과 요술, 과학만큼이나 그 역사가 오래되었다. 최면의 과학적 역사는 치료에 최면을 사용한 독일 의사 프란츠 메스머에 의해 시작되었다. 최면은 세계전역에서 의학, 정신과학, 심리학 등의 협회에서 정식치료법으로 공식인정 받고 있다.

---

306) 라차드 탈러 · 캐스 선스타인 저, 『넛지』, 90.
307) 라차드 탈러 · 캐스 선스타인 저, 『넛지』, 90.

하지만 의학 협회에서는 제한적으로 사용될 것을 권장하고 있으며 흥밋거리로 사용하는 것을 금하고 몇 개 국가에서는 상업적 과시나 대중적으로 보여주는 행위들을 금하고 있기도 하다.[308]

집단 최면은 앞서 상술한 내용 중에 피술자의 자기 주체적 의식 상실이나 착각, 착시 등이 집단적으로 일어나는 현상으로서 이는 시술자의 암시나 주변 다른 사람들의 집단 행동성향에 영향을 받아 나타나는 상식과 다른 행동 양상이라 할 수 있겠다. 그렇게 심각하지 않은 상황도 종종 경험할 수 있는데 한 사람이 미소 지으면 같이 미소 짓게 되거나 마주 앉은 사람이 인상을 찌푸리면 같이 기분이 나빠지기도 경우도 이에 속하지 않을까 생각된다.[309] 두 사람이 함께 같이 오래 생활하면 서로 닮아간다는 말이 있는데 이도 같은 경우일 것이다. 집단 최면의 이와 같은 면모들을 살펴 볼 때 리더에 의한 팔로워의 집단 최면 상황은 언제라도 일어날 수 있기 때문에 특히 유념하여야 한다.

5. 팔로워와 사회적 영향

'사회적 영향(social influence)'이란 어떤 사람이 '다른 사람(들)의 영향'을 받는 것을 말한다. 동조, 복종, 침묵 등이 그것이다. 모든 팔로워들은 각자가 다 뚜렷한 자기주장이 있어야 함에도 종종 생각 없이 다른 사람의 의견을 따라가기 쉽고 이러한 현상은 바람직한 공동체를 구성하지 못한다.

1) 동조

한 실험연구에 의하면 암실에서 정지해 있는 광점을 보여주면

---

308) 브리태니커 사전 vol. 20. 596.

309) 라차드 탈러 · 캐스 선스타인 저, 『넛지』, 안진환 역(서울: 웅진 씽크 빅, 2009), 90.

움직이는 것으로 보이는데, 이를 '자동운동효과'라 한다. 이 때 여러 사람들에게 그것을 보게 하고 광점이 어느 정도 움직였다고 생각하는지 물으면 점차 사람들의 응답이 수렴하는 지점이 생긴다. 처음에는 사람들이 각양각색으로 응답하다가, 점차 그 집단의 '규범(norm)'이 형성되어 가는 것이다. 사람들은 이렇게 다른 사람들과 함께 있으면 의식적 혹은 무의식적으로 그들의 행동을 따라하게 되며, 이러한 동조과정이 규범형성의 바탕이 된다.[310]

지록위마는 좀 다른 경우이긴 하지만 자기가 생각하고 판단하는 바와 달리 권위나 다른 여러 사람이 말한 바를 거스려 말하기가 어려운 형편을 보여 주는 사자성어이다. 자동운동효과 실험에서처럼 명백한 상황에서도 다른 사람의 의견을 따라가는 동조현상을 군중심리 차원에서 다시 살펴볼 필요도 있겠다.

2) 응종

'응종(compliance)'이란 동조와 달리 '명시적' 요청이나 부탁이 있을 때 이를 들어주는 것을 말한다. 의사의 지시를 따른다든지, 친구의 부탁을 들어준다든지, 외판원의 구매 요청에 응한다든지 하는 것들이 모두 응종에 속하며, '설득'이 효과적으로 되는 경우가 대부분 여기에 해당한다.

3) 복종

'복종(obedience)'은 권위를 부여받은 사람의 명시적 명령에 따르는 것을 말한다. '합법적인' 권위를 부여받은 사람의 명령을 거부하는 것은 어렵다. 하지만 팔로워십에서 잘못된 복종의 문제를 우리는 살펴보아야 한다.

---

310) M. Sherif, *The psychology of social norms*(New York: Harper & & Row,1936). 동조와 침묵(행복 소통의 심리, 2013. 2. 25., 커뮤니케이션북스).

이에 대해서는 Milgram 실험에서 잘 볼 수 있다. Milgram 실험이란 1961년 예일대학교 심리학자 Stanley Milgram이 실시한 권위에 대한 복종 실험이다.[311] Milgram은 "징벌에 의한 학습 효과"를 측정하는 실험에서 참여할 사람들을 모집하고 피실험자를 교사와 학생으로 나누었다. 학생 역할의 피실험자를 의자에 묶어 전기충격장치를 설치했다. 교사가 문제를 내고 학생이 틀리면 전기충격을 가하기로 했다. 사실 학생은 배우였으며 전기충격기는 가짜였다.

사실 이 실험의 목적은 "징벌에 의한 학습 효과"를 측정하는 실험이 아니라 권위에 대한 복종이었다. 교사들(피실험자)에게는 학생들(피실험자)을 테스트 후 학생이 문제를 틀릴 때마다 15볼트에서 시작하여 45볼트까지 한 번에 15볼트씩 전기충격을 가라고 지시했다. Milgram은 실험 전에 0.1%만 450볼트까지 전압을 올릴 것이라고 예상했다. 하지만 놀랍게도 65%의 피실험자 교사들이 450볼트까지 전압을 올렸다. 이 실험은 1971년 필립 짐바르도의 스탠퍼드 감옥 실험까지 확대되었고[312] 나중에 윤리 문제를 유발시켰지만, 우리에게 많은 교훈을 남겨 주었다. 이것은 실험 지시자(리더)의 말에 맹종하는 팔로워들의 잘못된 사례를 보여준다. 리더십 못지않게 팔로워십이 얼마나 우리 사회에 중요한 것인지를 일깨워 주는 실험이다.

4) 침묵

많은 의견을 말하는 것도 사람들에게 영향을 주지만, 공동체 속에서 같이 함께 참석하여 있으면서도 아무 말도 하지 않고 침묵하는 것도 다른 사람들에게 영향을 준다. 전자는 해당 의견을

---

311) 탁진국 · 손주영 공저, 『리더십이론과 실제』, 205.

312) 탁진국 · 손주영 공저, 『리더십이론과 실제』, 205.

과대평가하게 만들 가능성이 크거나 반감을 살수도 있고, 후자 역시 극심한 반대의사 표시일수도 아니면 동조하여 반대가 없는 것으로 느끼게 할 수도 있다.

만장일치가 아닐 때, 즉 한 사람만이라도 다수와 다른 의견이 있다는 것을 알 때 사람들은 용기를 내어 자기 의견을 개진 한다. 만장일치의 의사결정은 때로 비합리적인 경우도 많기 때문에 이런 경우에 침묵하지 말아야 한다.[313)]

6. 팔로워와 집단사고

대표적인 비합리적 의사결정 과정이라 할 수 있는 '집단사고(groupthink)'도 그 이면의 동조 과정 때문에 나타나는 현상이다(Janis, 1972). 응집력 높은 집단에서 외부의 이견(異見)에 귀를 기울이지 않으면 집단사고 과정에 빠져 비합리적 의사결정을 내리기 쉽다. 사람들은 본질적으로 내부의 동질적 의견만을 따르면 인지적 일관성을 유지할 수 있어 마음 편하게 느끼지만, 자기도 모르는 사이에 집단사고에 빠질 수 있다. 소위 정치권이나 국회에서 진영 논리로 인하여 국정이 헛바퀴를 돌며 한 걸음도 앞으로 나아가지 못하는 현상은 이런 이유 때문이 아닌가 한다.

7. 팔로워와 소셜 미디어

SNS(social networking service)는 이 시대의 강력한 팔로워의 화신이다. 최근 세계는 미국의 트럼프 한 사람의 트윗에 올린 글들과 그에 대한 긍정적, 부정적 팔로워들과 여론 형성으로 인해 요동치고 있다. 세계의 역사전체가 출렁이는 듯하다. 그 중심에 우리 한반도 문제가 있기도 하다. 그리고 우리나라 최근 국내 정세는

313) 행복 소통의 심리, 2013. 2. 25., 커뮤니케이션북스.

이와는 또 별개로 소위 드루킹 사건이니 뭐니 하면서 실제 팔로워 숫자에 대한 여론 조작 사건의 진실 공방시비 사건으로 정국이 요동치고 있다. 1인 미디어 시대와 그 팔로워들의 움직임은 그 영향력이 웬만한 매스 미디어 못지않다. 바야흐로 이 시대는 SNS를 통한 팔로워의 시대이다. 세계 역사에 지금처럼 팔로워들의 존재와 그 영향력이 지금처럼 분명하고 강력한 때가 없었다.

하지만 SNS 속의 팔로워들로 인한 민주적 사고의 표출 외에 프로파간다, 마타도어, 개인 정보유출 등 온갖 여론이 혼잡스럽게 난무하는 무대이기도 하다. 그러지 않아도 미디어 속의 세상과 현실세계가 헷갈리는데 가상증강 현실(VR)시대까지 도래하고 있다. 실제와 가상 속에서 리더나 팔로워 공히 인간 속에 항상 내재해 있는 편파적 지각의 오류를 조심해야 한다.

제 8 장 고전적 리더십

인구에 회자되고 있는 고전적 지도자들과 오늘날 세계를 이끌고 있는 유명 인사들에게서 나타나는 리더십 유형을 살펴보는 것은 지도력의 폭을 넓히고 다양한 상황에 대처하는 지도력 향상에 여러모로 유익할 것 같다.

Ⅰ. 삼국지 속 리더 3선

흔히 지도자의 유형을 말할 때 용장, 덕장, 지장이라는 말을 종종 하게 되는데, 이 말은 삼국지에서 유래한 것으로 보인다. 용맹한 용장은 관우, 장비 등을 말하고, 지장은 전략으로 승부하는 제갈량과 조조가 이에 속한다. 하지만 삼국지의 최고의 장수는 덕장이다. 유비가 이에 속한다. 덕장은 비교적 용맹도, 지략도 제대로 갖추지 못했지만 그의 인품을 보고 인재들이 모여들게 되는 것이다. 《삼국지》는 이미 문학을 넘어 정치가나 경영자 등에게 영감을 불어넣는 장대한 서사이다. 삼국지를 통해 나타나는 여러 리더십 스타일은 대단히 흥미로운 연구 대상이다. 수많은 영웅호걸들의 등장과 나라의 흥망성쇠가 드러나는 내용이지만 이곳에서는 간단히 3명의 인물만, 그것도 리더로서의 특징 중심으로만 간단히 살펴보고자 한다.

1. 조조(曹操, 155~220)

조조는 중국 후한 말기의 인물로 위(魏) 나라의 기초를 닦은 인물이다. 그는 어려서부터 책을 즐겨 읽었으며, 병법 등 여러 분야에서 재능을 드러냈다.

189년 영제(靈帝)가 죽은 뒤 헌제(獻帝)를 세워 정권을 장악한 동탁(董卓)이 조조를 관직에 임명했으나 그는 이를 받아들이지 않고 고향으로 돌아가 병사를 모았다. 그리고 190년에 원술, 손견 등과 연합하여 동탁 토벌을 외치며 거병했다.

동탁 사후 승승장구한 조조는 제도를 정비하고 수많은 인재를 등용하여 위(魏) 나라 건국의 기반을 마련했다. 216년에는 스스로 황제와 마찬가지의 권력과 위세를 행사하였다. 그의 리더십 특징은 책략을 짜내 계획을 수립하여 재능이 있는 자에게는 과거의 악행을 마음에 두지 않고 관직을 주어 그의 재능을 자신을 위해 잘 이용하였다. 그는 자기가 이루고자 하는 일을 위해서는 사사로운 감정을 눌러 냉정한 계산을 하는데 능한 사람이라 할 수 있다.

2. 유비(劉備, 161~223)

유비는 삼국시대 촉한(蜀漢)의 제1대 황제(재위 221~223)이다.

그는 일찍 아버지를 여의고 신발·돗자리를 팔아 생계를 잇는 어려운 환경에서 자랐다. 15세 때 학업을 시작했으나 학문을 즐겨하지 않고 뜻을 같이 하는 사람들과 교제하는 것을 즐겨했다. 도원결의, 삼고초려, 수어지교 등은 다 그의 이러한 면모를 보여주는 것이다.

유비의 사람됨은 한마디로 도량이 넓고 의지가 강하고 관대한 마음을 지니고 인물을 잘 분간하고 영웅의 기량을 가지고 있었다. 사실 총명함과 담력으로 말하면 조조 보다 못하다는 평가가 많다. 하지만 유비는 총명과 담력의 상당 부분을 자신이 아닌 추종자들에게 그 기반을 든든히 두고 성공한 대표적 리더이다.

3. 제갈량(181~234)

제갈량은 중국 삼국시대의 정치가 겸 전략가이다. 자가 공명이라 흔히 제갈 공명이라 한다. 유비(劉備)를 도와 조조의 대군을 적벽(赤壁)의 싸움에서 대파하고 221년 유비가 제위에 오르자 승상이 되었다. 그는 호족출신이었으며 어릴 때 아버지를 여의고 숙부의 손에서 자랐다. 유비로부터 '삼고초려(三顧草廬)'의 예로써 초빙되었는데 지략이 뛰어나 유비는 제갈량을 얻은 것을 물고기가 물을 만난 수어지교(水魚之交)에 비유하였다. 유비가 자신의 아들 유선(劉禪)이 무능하면 몰아내고 그에게 황제의 자리를 취하여도 좋다고 유언할 정도로 그를 신뢰하였고 제갈량은 끝까지 유비의 아들을 보필하였다. 오늘날의 영웅은 웅재의 자질보다는 영재의 자질이 더 필요한 데 제갈량이 이에 속한다.

Ⅱ. 우리나라 역사 속 인물 2선

우리는 지도자통을 앓고 있다.[314] 속된 말로 “그 놈이 그 놈이다”라는 자조 섞인 말로 지도자 니힐리즘에 빠져 있을 정도이다. 지난 우리 역사에 감동을 안겨 준 세종대왕이나 이순신 같은 지도자는 정말 다시 만나기 힘든 것인가? 이 곳에서는 세계적으로 자랑스러운 우리의 두 지도자를 만나보고자 한다.

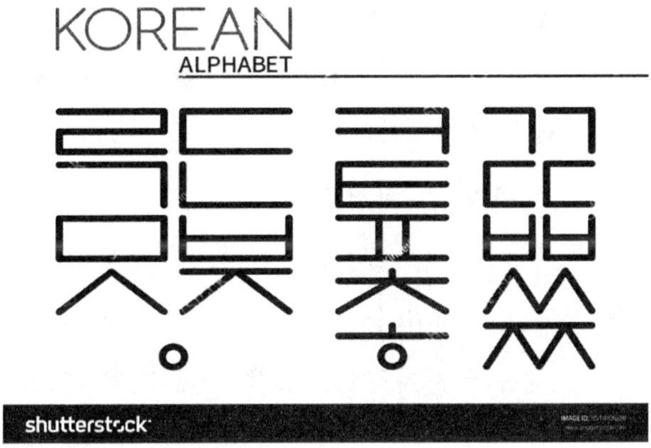

1. 세종대왕(世宗大王, 1397년~1450년)

만일 그가 없었다면 지금 우리가 사용하는 이 한글도 없다.

우리의 글, 한글이 없었다면 지금 우리는 어떤 문자를 사용하고 있을까? 아마 중국의 한자(漢字)를 사용하고 있거나 혹은 상당 기간 우리를 강점하여 이데올로기적으로 교육한 일본어를 사용하고 있을지도 모르겠다. 우리에게 민족의 얼이 담긴 한글을 선사해 준 세종 대왕에 대해 살펴보자.

314) 이한우, 『세종, 그가 바로 조선이다』(서울: 동방 미디어, 2003), 9.

한글은 1443년(세종 25년)에 완성되었다. 하지만 이 한글이 우리에게 주어지기까지 세종이 주변의 신하들의 반대와 싸워가며 일평생의 갖가지 병마와 사투를 벌여가며 시력을 상실하기까지 백성들과의 소통이 되는 한글 작업에 몰두하였음을 아는 사람은 얼마나 될까?

잘못하면 우리는 한글을 구경도 못할 뻔하였다. 을사년(세종 7년)에 한 때 병이 중하여 살 가망이 없어 외간에서는 죽음 준비로 관(관곽: 棺槨)을 짜기까지 했다는 옛 기록[315]을 보면 섬뜩하다. 세종은 한글뿐만 아니라 국방, 외교, 과학, 행정, 사회복지, 육아 그 어떤 분야에서도 탁월한 리더십을 발휘 했으며 그는 좋은 의미의 인본주의자이며 박애주의자였다. 역대 그 어느 왕보다 그 업적이 두드러진 위대한 대왕이다.

1) 세종의 출생과 즉위 과정

세종은 1397년 1월 1일 태종과 원경왕후 사이의 셋째 아들로 출생했는데 위로는 14년간 세자의 자리에 있다가 폐위된 양녕대군(讓寧大君)과 세종의 세자 책봉 후 불가에 귀의 한 효녕대군(孝寧大君)이 있으며 어린 나이에 죽은 성녕대군이 있다.[316] 그러니까 세종은 할아버지가 태조 이성계이며 아버지는 조선의 제3대 임금 태종[317]이다. 그가 태어난 곳은 한양의 장의동 잠저(지금의 서울 효자동 근처)이며 이름은 '이도'이다.

사실 세종이 어릴 때 아버지인 이방원은 피비린내 나는 왕자의 난을 통해 권력투쟁을 하고 있었다. 이성계가 둘째 부인의 소

---

315) 세종 31년 11월 15일 임금이 우부승지 이 계전에게 (지나간) "을사년 세종(7년) 내 병이 심하다하여 외간에서는 관곽을 짜기까지 하였다." 이석제, 『세종의 번뇌』(서울: 세종대왕기념 사업회, 2002), 15.

316) 이성무, 『조선 국왕전』(서울: 청아 출판사, 2012), 69.

317) 정몽주를 선죽교에서 죽인 이방원.

생 중 막내이자 11세인 '방석'을 세자로 책봉한 데서 문제가 일어났다. 그런데 이성계는 왜 굳이 막내아들에게 왕위를 남기려고 했을까? 그것은 태조 이성계가 익숙한 북방민족의 풍습에서 나온 것으로 짐작된다. 실제로 태조의 조상 4대 조는 모두 여진족의 말자(막내) 상속제를 지켜왔다. 그래서 태조가 맏아들 적장자 상속의 원칙을 지키지 않고 몽고족 풍습을 고집하였다.

그러나 이방원은 아버지 이성계와 다른 중국의 유교적 세계관을 가지고 있었다. 그는 당시에 상당수준의 유교적 교양을 갖추고 있었고 중국 및 유교문화의 핵심은 이런 경우에 당연히 적장자 상속이었다. 이런 가운데 타고난 무인 기질의 방원이 이성계의 말자 상속을 용인하지 않았던 것이다. 이도가 4살 되던 1400년에는 제2차 왕자의 난이 발생했는데 이때 그의 아버지 이방원이 이성계의 넷째 아들 이방간 세력들에게 패했다면 세종은 그 어린 나이에 목숨을 잃어야 했을지도 모른다.[318)]

이런 피비린내 나는 왕위 쟁탈전 가운데 장자의 명분을 내세우며 왕좌에 오른 태종은 당연히 자신의 장자를 세자로 책봉했다. 그런데 장자 양녕과 삼남 충녕을 지켜보는 가운데 고민이 많았던 것 같다.

왕위 계승 문제는 태종 자신도 겪었지만 살벌하고 피비린내는 권력에 대한 암투가 벌어지는 일이다. 장자 계승 문제를 쉬 바꿀 수 있는 명분은 더구나 그에게는 없다. 그래서 그런지 이미 장자 양녕을 세자로 책봉한 태종이 나중에 충녕에게 대군을 넘겨야 되겠다고 생각을 바꾼 시기에 대해 살펴보면 여러 해를 걸쳐 마음을 바꾸지 못하고 고민하고 있었다. 그래서 장자가 아니라 왕이 되지 못할 충녕에게는 "가야금, 거문고, 유희와 애완의 각종 물건들 다 갖추었으니 괜히 임금이 될 생각 말고 잘 즐기기나

---

318) 이한우, 『세종, 그가 바로 조선이다』, 51.

하라." 하였다. 암투와 정쟁을 막기 위함이었다.

그러나 태종 15년, 1415년이 되면서 생각에 변화가 오기 시작했다. 양녕에 대한 낙심과 충녕에 대한 기대의 변화이다. 태종이 하루는(태종 16년 2월9일) "집에 있는 사람은 반드시 길 떠난 사람의 노고를 생각한다고 말하자." 이를 받아 충녕이 대단히 놀라운 학식으로 말하기를 "시경에 이르기를 황새가 언덕에서 우니 집에서는 부인이 탄식하나다."라고 응답하자 태종이 크게 놀라 기뻐하며 "학문적으로는 세자가 충녕을 따를 바가 못 된다."라고 말했다. 그러자 세자 양녕이 자신에 대한 아버지의 태도가 달라지자 아우에 대한 질투심으로 "그러나 충녕은 용맹하지 못하다." 라고 대꾸하며 시기하기 시작했다. 이 때 예전 같으면 흘러들었을 태종은 그 말에 대해 "충녕이 용맹하지 못한 듯 하나 큰일을 당하면 충녕 만큼 결단하는 자도 없다."고 다시 말함으로 오히려 형이자 세자인 양녕에게 면박을 주었다.[319]

태종 16년에 양녕과 충녕은 서먹서먹한 관계가 되고 서서히 서로가 멀어지고 있었다. 그러나 아직은 여전히 국정을 다루는 회의 등에 태종은 세자인 양녕을 찾았다. 하지만 세자이면서도 마음이 불편한 양녕은 세자가 나타나야 할 자리에 잘 나타나지 않거나 생활 속에서 방종을 일삼으며 비뚤어지기 시작했다. 심지어 왕의 행차에도 보이지 않았다. 당시로는 큰 결례가 되는 일이었다. 급기야 태종 17년에는 결정적인 큰 사건이 터지게 된다고 태종실록에 전하고 있다.

그 사건이란 다른 사람의 첩 '어리'라는 여성이 자색과 재예가 뛰어나다 소문나니 세자가 궁궐 담을 넘어 어리를 찾아가서 함께 자고 그녀를 궁으로 데리고 들어 온 사건이었다. 이 일로 조정이 발칵 뒤집어지고 태종은 신하들 볼 낯이 없을 정도로 수치

319) 이한우, 『세종, 그가 바로 조선이다』(서울: 동방 미디어, 2003), 36.

를 느꼈다.[320] 세자는 반성문을 제출했지만 그 후에도 외도와 공부를 게을리 하고 그러는 와중에 그 가정에 총명하고 머리 좋은 넷째 아들 성녕이 14세로 세상을 떠나는 등 태종의 마음이 편치 않았다.

그런데도 양녕은 계속하여 태조의 눈 밖에 나는 언행을 저질렀다. 하루는 직접 자신이 글을 올려 태종에게 "전하의 시녀는 다 중하게 여겨 받아들이고 … 신의 여러 첩들은 쫓아내 보내어 곡성이 사방에 나게 하여 나에게 원성이 일어나게 하는가 …"하는 글이었다.[321]

이런 가운데 태종은 자신이 애써 이룩한 정치적 안정과 왕권을 이어받아 훌륭한 정치를 펴기에 양녕대군이 적합하지 못하다고 판단하였다. 새로이 세자를 세우는 일이 매우 어렵고 의견이 분분하였으나 태종은 마음의 결정을 내렸다. 양녕보다는 "충녕대군은 천성이 총민하고, 또 학문에 독실하며 정치하는 방법 등도 잘 안다."는 명분으로 결국 태종은 충녕, 즉 세종을 조선 제4대 왕으로 택하였다. 이로써 세종은 22세의 나이로 1418년(태종 18년)에 양녕대군을 대신해서 세자로 책봉했다.[322] 그리고 두 달 뒤 태종의 선위[323]로 즉시 왕위에 올랐다.

태종은 세종이 세자의 자리에 오르자마자 빠르게 왕위를 물려주고 물심양면으로 지원하고 가르쳤다. 세종은 군주의 자질을 타고 낫기도 하지만 태종의 의도에 의한 것이었다.[324] 세종의 리더십 훈련에 관한 제왕학에 대하여 어떤 학자는 예전 조선 시대에는 오늘날과 달리 누가 차기 왕이 될 것인지 예측 가능했기 때

320) 이한우, 『세종, 그가 바로 조선이다』, 39.

321) 이한우, 『세종, 그가 바로 조선이다』, 46.

322) 이성무, 『조선 국왕전』 (서울: 청아 출판사, 2012), 69.

323) 선위란 왕이 살아서 다른 사람에게 왕위를 물려주는 일이다.

324) 이성무, 『조선 국왕전』, 69.

문에 세종에 대해 체계적인 제왕학 교육이 있었다고 하는데 꼭 맞는 말 같지는 않다. 왜냐하면 충녕은 세자가 아니어서 어릴 때 제왕 교육을 받지 못했다.

조선시대에는 원자가 태어나면 곧 바로 보양청이라는 기관을 설치했다. 말 그대로 원자를 보호하고 양육하는 일을 맡기는 곳이었다. 유아기가 끝나면 교육을 담당하는 강학청으로 바뀌어 천자문부터 시작해 소학 등으로 이어지는 본격적인 공부가 시작된다. 소학은 이도가 왕이 되고 나서 자신의 세자에게 교육을 시킬 때에도 별도로 지시할 만큼 조선의 왕가에서는 전통적으로 중시하던 유아교육서이다.[325]

세종은 22세가 되어서야 비로소 세자로 책봉되었다. 그래서 왕세자 교육을 따로 받지 못하였고 아마도 태종은 선위 즉시 속성 군주 수업을 가르쳤을 것이다.[326] 국어학자 이숭녕 박사가 쓴 논문 가운데에도 소개된 것을 보면 당시에는 왕위에 오르지 못하는 대군들은 중국의 사례에 따라 새, 동물, 화초 등에 흥미를 갖도록 교육받기 마련이다. 그런데 세종은 천성적으로 바둑 같은 잡기를 싫어하고 매 사냥에 사용되는 개도 좋아하지 않았다. 그것은 세종이 대단히 실용주의적 인물이기도 했기 때문이다.

"사슴을 키우고 화초를 기르는 것은 진실로 기묘한 일이 아니다. 나는 꽃이나 새들과 즐기는 것을 좋아하지 않는다. 해당 관청은 뽕나무 닥나무과실나무를 세우기에 힘써야 할 것이니 이것들은 모두 일용에 필요한 것들이기 때문이다." (세종 7년 12월)

세종은 대단히 실용주의적 인물 이었다. 그의 말과 글에 그대로 나타난다.[327]

---

325) 이한우, 『세종, 그가 바로 조선이다』, 57.

326) 이성무, 『조선 국왕전』, 70.

2) 세종의 가정사

세종대왕의 가정사는 대단히 파란 만장하다. 모든 부모가 그렇듯이 그도 자식 사랑이 유난했는데 아들 문종이 후사가 없자 직접 며느리 선발대회를 열 정도였다. 야사에 따르면 세종은 며느리 감을 잘 고르기 위해 신하들을 설득하여 조선식 왕비 선발제도를 시행했다. 야사로 전해져 내려오는 이야기이긴 하지만 당시 심사위원들의 심사기준표는 오늘날과 많이 달랐다. 여성이 목의 굵기는 가늘어야 하고, 입술은 너무 붉으면 자식을 낳지 못한다고 생각했고, 턱은 주걱턱이 착한 심성을 보여줘서 좋다고 생각했다. 이런 이야기는 민간에 퍼져 있던 내용이라 신빙성이 그렇게 높지는 않다.

아무튼 세종이 이렇게까지 했던 것은 정사적인 측면에서 보면 며느리들 즉 세자빈 문제로 많이 힘들었기 때문인데, 첫째 세자빈에 대해서는 "이런 사특하고 부덕한 자는 왕궁에 둘 수 없다." 하여 휘빈 김씨를 사저로 내쫓았고(세종 11년), 두 번째 세자빈 봉씨(奉氏)를 간택하였으나 세자와 금슬이 좋지 않았고 해괴한 소문도 들렸다. 봉씨가 여종 '소쌍'을 사랑하여 그녀와 잠자리를 같이 한다고 하며 궁인들이 수군거리기 시작한 것이다. 나중에 세자가 '소쌍'을 친히 추궁하니 '소쌍'은 말하기를 "빈(嬪)께서 '나는 너를 사랑하는데 너는 나를 사랑하지 않는 것 같구나'라고 하며 잠자리를 요구하고 성희롱하였다."고 실토하였다. 아마도 요즈음 말로하면 레즈비언(여성 동성애자)에 해당한다 하겠다(세종 18년). 셋째 세자빈은 아름답고 덕이 있었으나 병으로 사망하였다(세종 23년).[328]

327) 이한우, 『세종, 그가 바로 조선이다』, 70.

328) 이석제, 『세종의 번뇌』, 218-221.

3) 세종의 역사 인식

세종은 우리의 역사 바로 세우기에 지대한 관심이 있었다. 한 번은 신라에는 일식이 있었는데 백제에는 기록이 없고, 백제는 일식이 있었는데 신라에는 없다하며 역사적 기록 문제를 지적, 삼국의 역사를 압축한 『삼국사략』을 비판하고 마치 학회에서 학자들이 논문을 주고받듯이 신하들과 세종 간의 한국 역사에 대하여 주고받는 수준 높은 글들이 오가는 것을 보게 된다.

세종의 나이 23세 때에는 역사 책 중에 가장 방대하고 어렵다는 자치통감에 대해 논했다. 세종 16년에는 『자치통감 훈의』라는 대대적인 해설서 발간 사업에 착수하게 된다. 이런 모습은 세종 1년, 5년, 8년 등 간간이 계속된다. 학자들과의 역사 바로 세우기 학문적 토론이 계속 나타나고 있다.[329)]

4) 세종의 국방과 외치

세종 3년에 중국 명나라는 그들의 수도를 우리 조선 가까운 북경으로 옮겨왔다.[330)] 이에 발 빠르게 움직인 세종은 압록강과 두만강 넘어 우리의 옛 영토를 회복하라는 지시를 내리게 된다. 하지만 현실적인 벽에 막히게 되고 당시 명나라와 국력 우위 비교상 굴욕적으로 포기하지 않을 수 없었다. 그래서 강들을 경계로 우리 쪽만이라도 지키고자 노력하였으며 실효적 지배를 위해 이주명령을 내려 백성들 일부를 북쪽 끝 변방으로 가서 강제로 살도록 했다(세종 15년).[331)]

세종의 북방 정책은 선견지명이 있었다. 국토의 개척과 확장을 위해 두만강 방면에는 김종서를 보내서 육진을 개척하게 하였고

329) 이한우, 『세종, 그가 바로 조선이다』, 288-311.

330) 이석제, 『세종의 번뇌』, 123.

331) 이석제, 『세종의 번뇌』, 124-128.

압록강 방면에는 사군을 설치해 두만강과 압록강 이남을 영토로 편입하는 대업을 이루었다. 세종이 문치(文治)만을 힘쓰지 않고 군사훈련, 화기의 제조 · 개발 등 국방정책에도 많은 힘을 기울였다.

동쪽의 일본에 대해서는 강경책과 회유책을 함께 썼다. 세종 1년에는 이종무 등에게 왜구의 소굴인 대마도를 정벌하게 하는 강경책을 쓰기도 하고 한편으로, 세종 8년에 삼포(三浦)를 개항하고, 세종 25년에는 계해약조를 맺어 이들을 회유하기도 하였다.

세종은 또한 천리장성(세종 22년)을 쌓았다. 북쪽 국경 압록강에서 두만강 따라 이쪽 끝에서 저쪽 끝까지 천리길 성을 쌓기로 하자 백성들의 고초를 우려한 여러 신하들의 반대가 극심했다. 급기야 함길도 관찰사는 쌓을 수 없다하고 도제찰사는 쌓을 수 있다고 대립했다(세종 25년 7월 13일).[332] 이런 가운데 세종은 우선 여진족 침입이 잦은 지역인 여연, 벽동 구자로부터 천리장성 추진을 결정했다.[333]

나라를 지키는 국방과 군사 훈련에 대한 그의 애정과 전향적인 지원, 거침없는 행보는 궁궐 안에 화살터를 지어 활쏘기 군사훈련을 시키는 데서도 볼 수 있다. 왕이 궁궐 안에서 항상 갑옷 입고 다녀야 하는 것도 아니고 신하들이 왕의 신변을 걱정해 만류했으나 그는 강행했다. 하루는 잘못 쏜 유시(流矢)가 임금의 막사 안으로 날아 들어왔다. 이에 한 신하가 궁궐 쪽으로는 못 쏘게 금지된 법이 있으니 그 자를 찾아 엄히 다스리겠다 했으나 세종은 훈련 중 열심히 하느라 그런 것이니 추문을 말라고 엄명을 내렸다.[334]

세종은 재래식 활에만 의존하지 않았다. 앞서 가는 선구자적

---

332) 이석제, 『세종의 번뇌』, 160.

333) 이석제, 『세종의 번뇌』, 150.

334) 이석제, 『세종의 번뇌』, 56.

정신을 가진 그는 화포개발에 힘썼다.[335] 그런데 안타까운 것은 그 당시에는 화포를 개발해 놓고도 구리가 모자라 밥그릇, 숟가락 등을 다 끌어 모아야 화포가 생산 가능하던 시기였다.[336]

5) 세종과 과학

조선시대는 유교적 자연관은 나라를 다스리는 사람이 잘못을 저지르면 천재지변이 발생한다는 생각을 가지고 있었고 따라서 정치적인 이유에서도 기상과 관련된 천문학의 발달은 대단히 중요한 것이었다. 역사적 기록을 보면 역대 왕들이 기상 이변이 발생할 때마다 기우제 등의 의식을 치르거나 고기를 먹지 않는 등의 행동을 하는 것을 흔히 볼 수 있는데 이는 민심을 달래기 위한 정치적 체면치레라고 할 수 있다.

그러나 세종은 기도만 하고 체면치레만 하지 않았다. 과학적 연구에 나섰으며 세종의 지원을 받아 눈부신 과학적 업적을 남긴 인물로는 천한 신분 출신인 장영실이 그 대표적인 인물이라고 할 수 있다. 세종은 장영실을 통해 천체 측정기인 혼천의(1433년, 세종 15년), 물시계의 일종인 자격루(1434년, 세종 16년), 주야 겸용시계 일성정시의(1437년, 세종 19년), 측우기(1441년, 세종 23년)를 발명했다.[337]

6) 세종과 사회복지

세종은 어린 유아로부터 나이 많은 노인에 이르기까지 그들에 대한 복지에 관심이 많았다. 이 세종의 복지는 요즘 말이 많은 선별적 복지니 보편적 복지니 하는데 간단히 말해서 신분 계층

---

335) 이석제, 『세종의 번뇌』, 113.
336) 이석제, 『세종의 번뇌』, 124.
337) 이성무, 『조선 국왕전』, 86.

파별하지 않고 인간미 있게 베푸는 것이었다. 요즈음 우리에겐 심각한 저출산 육아정책 같은 것이 있는데 한번은 세종이 비서관에게 명을 내리기를 "옛적에 관가의 노비가 아이를 낳을 때 출산 7일 이후 복무하게 하는 일이 있었다. 그런데 산기 임박하여 휴가를 줄 경우에 아이 낳으러 집으로 가는 중에 아이를 낳기도 한다 하니 산기에 임하면 1개월간 복무를 면제하라."하고 파격적인 명을 내렸다(세종 12년 10월 19일 교지). 이 뿐만 아니라 "남편이 산모를 구호 못하면 이 때문에 혹 목숨을 잃는 일도 있다하니 아내가 아이를 낳으면 그 남편도 그 아내를 위해 30일을 휴가를 주도록 하라." 놀라워라 우리의 세종 대왕께서는 이미 이 때 남편 육아 휴직을 명하였다(세종 16년 4월 26일 교지).[338]

세종은 대단히 노인을 공경하는 왕이었다. 요즘 어떤 정치인들처럼 단회적으로 시장이나 양로원 가서 쇼맨십으로 손 한번 잡아주는 아니라 아예 정례적으로 친히 그들을 궁궐로 불러서 같이 어울려 춤을 추며 흥을 돋구며 함께 하는 것을 좋아했다. 이와 관련된 당시의 기록들을 보면 다음과 같다.

평소에도 그는 신하들이나 지방 수령들에게도 노인 공경을 명했는데 "노인 공경은 국가의 아름다움이라 반찬 수를 매우 소박하게 하는 수령은 중죄로 다스리라 하자 황희 정승이 부녀 모두 연로하여 거동이 힘든 자가 있으면 술과 고기를 그 집에 내리면 어떠한가 하니 그러지 말고 교자를 타고 바로 궁궐로 들어오게 하고 여종으로 곁에서 부축하게 하고 중궁이 친히 나가 연회를 베푸는 것이 의리에 맞다." 하였고(14년 8월 14일), 승정원에서 말하기를 "노인으로서 천한 자는 궁궐 양로연회에 나오지 말게 하

338) 이석제, 『세종의 번뇌』, 57.

소서"하니 세종 왈 "양로하는 까닭은 단지 늙은 이유로만 하는 것이니 높고 낮은 것을 헤아려서는 아니 된다, 지극히 천한 사람도 들이도록 하라." 하였다(14년 8월 17일).

그리고 임금이 친히 나가 노인 연회를 베푸니 노인들이 절을 올리자 명을 내려 배례를 금하고 그 속한 노인 중 4품 이상의 노인이 올라와 배례하려 하면 도리어 임금이 일어나서 맞이했다.[339]

그리고 노인들에 대한 인간적인 따뜻한 한마디도 잊지 않았다. "지난해 연회에서 보니 얼굴이 수척하더니 올해는 얼굴이 윤택하고 좋다."고 기억해주고, 참석한 노인이 "마치 중국의 요순시대 같다."하니 "나 같은 경우에는 왕 자신이 잘해서가 아니라 다들 따르는 자들(follower)이 잘해서 그렇다."고 공을 타인에게 돌렸다(세종 14년 윤 8월 3일).

이 뿐 아니라 "연회 중 몸이 불편한 자는 마음대로 중도에 자유롭게 임의로 나가게 허락하라."고 하니 그 자유로운 분위기 속에 많은 남녀 할아버지, 할머니가 춤을 추며 자유분방하게 임금과 백성들이 함께 했다(14년 9월 12일).[340]

7) 세종과 음악

세종은 술을 즐기거나 다른 잡기들에는 관심이 적어도 사람들과 어울려 춤추고 노래하는 것을 좋아하였고 음악에 대한 기여도 있다. 글자 뿐 아니라 음악에 있어서도 우리 것을 창조하기 위해 1427년(세종 9년)에 박연 책임 하에 우리 정서에 맞는 음악을 개발하게 했으며 이를 국가 의식에도 활용했다. 그래서 제작되어 나온 것이 율관(음률의 기본을 정하기 위에 분은 대나무 관)과 편경(돌을 매달아 두드리는 아악기)이다.[341]

---

339) 이석제, 『세종의 번뇌』, 60.

340) 이석제, 『세종의 번뇌』, 61.

8) 세종과 훈민정음

좀 아이러니하게 말하면, 세종이 훈민정음을 창제한 이유는 중국말 한자를 더욱 잘 알게 하기 위함이다. 물론 이것은 두말 할 것 없이 중국의 어려운 한자를 배우지 못하고 무식하여 잘 알지 못하는 백성들에게 그 한자에 나타난 뜻을 알게 하고자 하는, 왕이나 국가공동체의 철학이나 이념이 배우지 못한 일반 백성들과 의사소통을 더욱 잘하게 하기 위해서였다.

이 사실은 당대의 역사적 배경 가운데에서 이해해야 한다. 당시에 조선의 통치 이념은 중국의 유교 교리에 있었고 한자를 모르면 돌아가지 않는 사회 체제였다. 그런데 한자를 모르면 서로 깊이 있는 의사소통이 불가능했다. 훈민정음 초두에 "우리말이 중국문자와 서로 맞지 않고 어리석은 백성이 말하고 싶은 것이 있어도 마음대로 뜻을 펴지 못했기 때문"이라고 밝히고 있는데 이것이 바로 리더와 팔로워의 의사소통을 위한 세종의 훈민정음 창제 이유이다.

이런 애민정신으로 세종의 본격적인 훈민정음 연구가 시작된다. 학문 연구에 누구보다 열성적이었던 세종은 중국에서 편찬된 관련 서적들을 들여와 집현전 학자들과 연구하기를 즐겼다. 그런데 당시 학자들은 글은 반드시 소리 내어 읽어야 그 의미를 정확하게 알 수 있다고 생각했다. 그런데 우리의 말이 중국 문자와 서로 맞지 않다 보니 서적에 표기된 글을 제대로 발음하여 읽기가 힘들었다. 그래서 세종은 집현전 학자들과 더불어 한글 연구에 돌입하였다.[342]

훈민정음 창제는 세종의 업적 중에서 가장 위대한 업적이다. 훈

341) 이성무, 『조선 국왕전』, 75
342) 이성무, 『조선 국왕전』, 82.

민정음은 세종의 주도 아래 집현전에 여러 학자들이 참여했지만 세종이 직접 창작한 것이나 다름없었다. 세종은 뛰어난 음운 학자였다.[343] 전 세계에서 가장 독창적이고 과학적인 문자로 평가받는다. 하지만 세종의 훈민정음 연구는 가로 막는 장애가 많았다.

훈민정음은 환영 가운데 태어난 한글이 아니었다. 우리글 연구에 누구 보다 반대한 것은 다른 그 누구가 아니라 조선의 학식 높은 학자들이었다. 그들은 생각하기를 우리가 예로부터 대국을 섬기고 중화의 제도를 따라 왔고 중국의 글자를 빌려서 쓰는 것이 이미 보편화되었는데 굳이 새로운 문자를 만들 필요가 없다는 것이었다. 이런 사대적 사고는 훈민정음 창제를 반대하는 신하들과 당시 유생들의 보편적인 생각이었다. 특히 최만리는 최고 학자들이 모인 집현전의 실질적인 수장격인 부제학으로 훈민정음 창제 반대 상소를 올려 그 창제의 부당성을 강하게 주장했다.[344]

세종은 남의 것을 학습은 했지만 그것에 만족하지 않고 순전한 우리 것을 원했다. 일각에서는 괜한 짓을 하여 훈민정음을 만들지 말고 본래 있는 우리의 이두나 향찰과 같은 표기법이 있으니 이것을 사용하면 되지 않느냐 주장했으나 사실 이두나 향찰은 모두 한자의 음과 훈을 빌려 쓰는 것이기 때문에 한자를 모르면 아무 소용이 없는 순전한 우리글이 아니었다.[345]

이처럼 조정 안팎에서도 훈민정음 창제에 대해 이런 저런 반대가 매우 극심했음에도 세종은 강한 의지로 자신의 뜻한 바를 추진해 나갔고 학자가 도와주지 않으면 환관과 서리들을 시켜 훈민정음 창제 작업을 계속 했다.

아마도 훈민정음은 비밀리에 만들어진 한글이 아닌가 한다. 왜

---

343) 이성무, 『조선 국왕전』, 81.

344) 이성무, 『조선 국왕전』, 84.

345) 이성무, 『조선 국왕전』, 83.

냐하면 드디어 완성되는 세종 25년 12월 30일 이전에는 한글 언급에 대한 그 어떤 기록도 잘 안 나타나기 때문이다. 온갖 것을 다 기록하던 그 시대에 왕이 친히 추진하는 일에 대한 기록이 잘 없다는 것은 아마도 조정의 여러 대소 신료들의 반대 속에 비밀리에 진행되느라 그런 것이었는가 추측해 본다. 세종은 오랜 기간 일평생 여러 질병을 안고 살았다. 어떤 한 기록에 "내가 몸이 아프다고 나랏일을 게을리 할 수 있나"는 글들이 세종 24년에 자주 많이 나타나는 기록들[346]을 볼 때에 신하들의 극심한 반대와 아무런 지지도 없는 가운데 아픈 중에 비밀리에 한글 연구 작업이 계속 추진된 것 같다.

세종은 외로웠다. 학자들과 신하들이 도와주지 않으면 환관들의 도움을 받았다. 그러다가 모르는 것은 그나마 성삼문, 신숙주 같은 동조적인 학자들을 요동에 보내 음운을 물어보게 했다. 세종은 우리 것을 창조하기 위해 남의 것을 배우는 사람이었다.

한편 훈민정음은 원나라의 파스파 문자와 유사한 점이 있다. 하지만 훈민정음 각 글자의 모양, 초성, 중성, 종성으로 모든 발음을 표기할 수 있도록 한 과학적 구성은 전 세계에서 유례를 찾아볼 수 없을 만큼 독창적이다. 정인지가 훈민정음 해례본에서 서문에서 밝힌 바와 같이 어떤 계통을 이어받아 만든 것이 아니었다.[347]

드디어 세종은 1443년(세종 25년) 훈민정음을 완성하고 1446년(세종 28년)에 훈민정음을 세상에 반포하였다. 세종 25년 12월 30일자로 사관이 기록한 글을 보면 "이 달에 임금이 친히 언문 28자를 지었는데 그 글자가 옛 전자를 모방하고 초성, 중성, 종성으로 나누어 합한 연후에야 글자를 이룬다. 비록 간단하고 요약

---

346) 이석제, 『세종의 번뇌』, 334.

347) 이성무, 『조선 국왕전』, 82-83.

하지만 전환하는 것이 무궁하니 이것을 훈민정음이라 한다는 기록이 있다. 정인지의 글에 세종 28년에 정음 28자 처음 만들었다는 기록도 나타난다.[348] 완성과 반포에 관한 글이다.

9) 세종의 건강

오늘날 전문 의사의 시각으로 본 세종은 갈수록 시력이 대단히 약하여지고[349] 비만이 있어 즉위년 태종 따라 사냥, 몸 단련 시도하였다.[350] 세종은 술은 좋아하지 않았다.[351] 말하자면 소주 반잔 정도의 주량이다.[352] 그런데 세종은 하루에 네 차례 식사를 할 만큼 식성이 좋았다. 특히 육류를 좋아해 고기가 없으면 식사를 하지 않을 정도였다. 그래서 20세 전후까지는 그렇지 않은 것 같았는데 점차 비대해졌을 가능성이 있다고 이승녕 박사는 추정한다.[353]

세종은 온갖 병을 달고 살았다. 허리 요통, 사지통도 있었고 하루에 물 한 동이 이상 마시는 소갈병(당뇨병 가정) 지병도 앓았다. 이에 대해서는 세종 7년 비가 오지 않아 왕으로서 책임감에 의한 심리적 병이라고도 추측하는데[354] 가뭄에 소갈병은 참으로 아이러니하다. 힘들고 피곤하여 수포성 질환으로 대상 포진도 있었다. 이 증세는 바늘로 콕콕 짜르듯 통증이 심하다.[355] 세종 8년 30세에는 그의 고질병인 소갈증, 오늘날의 당뇨병이 시작되고 있

---

348) 이석제, 『세종의 번뇌』, 365.
349) 이석제, 『세종의 번뇌』, 230.
350) 이석제, 『세종의 번뇌』, 239.
351) 이한우, 『세종, 그가 바로 조선이다』, 71.
352) 이석제, 『세종의 번뇌』, 182.
353) 이한우, 『세종, 그가 바로 조선이다』, 70.
354) 이석제, 『세종의 번뇌』, 253.
355) 이석제, 『세종의 번뇌』, 271.

었고 고혈압도 있었다. 세종이 계속하여 건강 문제가 있고 세종 20년 당시까지도 세종이 앓았던 병 증세가 계속 나타는데 그 이후에도 의사의 분석에 의하면 세종 13년 안질 발병 추측되고 세종 18-19년경 심해지고 밤낮 가리지 않고 책을 보니 세종 23년에는 왼쪽 눈 시력을 거의 상실하여 어두운 곳은 지팡이 없이 보행이 불가할 정도로 건강이 안 좋았다. 두뇌를 많이 써야 했던 세종으로서는 흰머리가 스트레스로 인하여 일찍 나왔으며 거의 한 해도 거르지 않고 각종 병들에 시달렸다. 46세(세종 24년)때에는 동신언어(童身言語), 즉 몸을 움직이거나 말만 해도 심한 통증을 느끼는 진기한 병까지 앓았다. 불교에 귀의하게 되는 것도 정신적으로 특히 말년에 피폐해질 대로 피폐해져서 신하들의 거센 반대에도 불구하고 불교에 귀의하게 된 것으로 보인다.[356] 이런 가운데 모든 것을 극복하고 세종 25년 12월 30일 훈민정음이 완성된다.

10) 세종의 종교정책

얼핏 보면 세종을 억불정책자로 볼 수 있지만 세종과 불교의 관계는 먼저 부왕 태종과의 관계 속에서 살펴야 한다. 한편 세종대에 이와 같은 부국강병을 이룩할 수 있었던 것은 태종의 불교개혁 정책과 무관하지 않다. 태종은 상왕으로서 세종 즉위 후에에도 당분간 영향력을 행사했는데 재정적 뒷받침이 되지 않으면 소용이 없는데 태종의 불교개혁 정책으로 사원들이 차지하고 있던 재산이 국고로 환수되면서 여러 가지 신무기를 개발하는 등 군사력을 증강시킬 여력이 생긴 것이다. 1406년(태종 6년)에 전국의 사찰을 243사로 그 수를 크게 제한하여 정리하고 1424년(세종 6년)에 또 한번 불교 사찰 정리 작업으로 선종과 교종 각 18사로 총 36 본사만 남겨놓고 사찰을 혁파하여 그 재산을 국고로 편입

---

356) 이한우, 『세종, 그가 바로 조선이다』, 73.

하고 승려들은 평민으로 돌려보냈다. 이렇게 마련된 돈으로 세종은 1445년(세종 27년) 막강한 화력을 자랑하는 화포부대인 총통위를 설치하기도 했다. 이로써 우리나라 최초의 보병부대로 사군육진 개척의 결정적인 역할을 하였다.[357)]

이처럼 세종은 한편 유교정치를 표방한 조선이 개국 초부터 억불책을 써왔기에 태종대에 더욱 강화된 불교에 대한 시책은 선대의 것을 따랐지만 사실 세종은 불교에 대한 태도는 말년에 오면서 크게 변하는데, 이는 세종 26년에 광평대군, 그 이듬해에 평원대군, 세종 28년에 왕후를 연이어 잃게 됨에 따라 정신적으로 큰 타격을 입은 때문으로 보인다. 또한, 왕 자신의 건강도 악화된 것도 세종이 불교로 기우는 데 크게 영향을 주었을 것으로 짐작된다.

급기야 궁궐 내에 사찰을 설치하는 문제로 불교의 사찰을 설치하는 문제로 신하들과 여러 차례 갈등을 빚게 된다. 어떤 불교 행사들은 유신들의 강력한 반대에도 불구하고 이를 강행하였고 세종은 끝까지 불교에 대한 애정을 버리지 않았다. 그것은 유교가 현세 중심인데 반해 불교는 초월적인 세계에 대한 경외심을 일으키기 때문이다.[358)] 불교에 대한 세종의 애정은 심지어 군졸들의 훈련 등 떠드는 소리로 잠을 잘 자지 못한 세종이 목탁 소리로 귀의 어지러움을 막고자 하기도 했을 정도로 그에게 불교는 정신적 피난처였다.[359)]

11) 세종의 리더십

세종의 리더십을 연구한 어떤 학자는 혁명과 건국이라는 창업

---

357) 이성무, 『조선 국왕전』, 80-81.

358) 이한우, 『세종, 그가 바로 조선이다』, 113.

359) 이석제, 『세종의 번뇌』, 216.

의 어수선한 시기를 지나 정치와 사회의 운영 메커니즘이 안정화되고 제도화되어 가는 시기를 "수성기(守成期)"라고 한다면 세종은 자신의 시대를 수성기로 인식하고 있었던 것 같다[360]라고 말하면서 세종의 리더십을 특징을 수성적 리더십이라고 보고 그 원천을 다음 네 가지로 보고 있다.[361]

첫째, 세종은 왕업을 안존시키고 민심을 가라앉히기 위해, 자신의 의견에 반대하는 사람들의 의견까지 경청하는 자기 통제력의 소유자였다.

둘째, 인재를 기르고 적재적소에 배치하는 리더십이다. 세종에 따르면 사람은 누구나 장점과 함께 단점이 있는데, 중요한 것은 공적에 의해서 그의 허물을 덮을 수 있도록 하는 것이었다. 그리고 그것은 군주의 시대적 사명이자 정치의 고유한 영역이다.

셋째, 세제개혁 등 민생(民生)에 영향을 미치는 중요한 정책을 결정할 때, 신료들의 의견은 물론 일반 백성들의 여론까지도 수렴하는 숙의(熟議)의 정책결정 방식이다.

넷째, 명나라에 지성으로 사대외교를 하되, 필요한 외적 '토벌'과 이후 '4군 6진 개척' 과정에서 중국의 지지를 얻어 핵심적인 국가이익을 확보하는 실용적 사대외교이다.

저자는 위의 분석에 어느 정도 동의하면서 세종의 리더십은 단순한 수성을 넘어 파격적이고, 독창적이고, 대소신료의 극심한 반대를 물리치고 비밀리에 훈민정음 창제를 추진하고, 중국 유교의 국가의례를 개조하고, 조선 건국이념인 숭유억불 정책이념 속에 상왕 태종이 혁파해서 정리해 버린 그 불교를 왕궁 내에 사찰을 두어 그의 정신적 이념으로 받아들이는 등 대단히 혁신적이고 진취적이다. 단순히 수성적이라는 프레임 속에 넣어 세조의

---

360) 박현모, 『세종의 수성(守成) 리더십』(서울: 삼성경제연구소, 2006년).

361) 박현모, 세종의 수성(守成) 리더십

리더십을 생각하면 안 될 것 같다. 이는 다른 학자들의 견해에서도 나타난다. 이에 저자는 다음과 같이 세종의 리더십을 그의 교시나 어록에 나타난 기록을 중심으로, 그리고 그의 역사적 치적 가운데 나타나 다채로운 그의 리더십을 살펴보고자 한다.

(1) 독자적 리더십

먼저 그는 상왕 태종이 죽은 직후부터 세종 4년부터 본격적으로 독자적인 정치력을 발휘하기 시작했다.[362] 독자적 리더십은 참고하지만 답습하지는 않는다. 그의 독자적 리더십 태도는 훈민정음이 대표적이다. 국가의례에서도 그는 조선의 독자적인 예치주의를 실현하였다. 그는 예전까지 찾아볼 수 없는 독특한 스타일의 국왕이었다. 단순히 중국의 것을 따르는 것이 아니라 조선의 독자적인 제도를 마련해 유교적·법치적 예치주의 이상을 실현했다는 점이다. 예를 들면 궁중의식과 같은 국가의례는 매우 엄중하고 딱딱한 분위기 속에서 진행됐기 때문에 예법과 격식에 어울리는 음악을 연주할 필요가 있었다. 이것이 바로 궁중음악인 아악이다. 그런데 세종 이전에는 중국에서 들여온 당악을 그대로 사용하다 보니 박자와 음률이 어울리지 않는 경우가 많았다. 이를 개선하기 위해 세종은 1427년(세종 9년)에 박연 책임 하에 율관(음률의 기본을 정하기 위에 분은 대나무 관)과 편경(돌을 매달아 두드리는 아악기)을 제작했다.[363]

(2) 수성을 넘어선 개척형 리더십

한편 세종의 성격이 수동적이고 내성적인 것처럼 보인다. 하지만 그는 정중동의 사람이었다. 세종은 끈기가 강했으며 좀처럼 화를 내지 않았다. 그의 아버지 태종은 수시로 화를 많이 내고

362) 이성무, 『조선 국왕전』, 73.

363) 이성무, 『조선 국왕전』, 75

크게 내었는데 세종은 곤경에 빠져도 좀처럼 화내는 모습을 보이지 않는다. 하지만 자신이 한번 옳다고 믿는 바에 대해서는 그 누가 반대하고 만류해도 단호한 결심으로 일들을 추진해 나갔다. 훈민정음 창제나 북방 이주정책 등을 보면 그렇다.[364]

그는 과연 단호하고 강력한 리더십을 가진 군주였다. 북방 지역 우리 영토를 지켜 내기 위해 모두들 반대하는 천리장성을 건축하였으며 우리 영토를 실효적으로 지배하기 위하여서는 백성들이 싫어하고 욕하고 회피하여도 강력히 추진했다. 북방 이주정책은 황희 정승을 불러 지휘하게 하고 백성 일부의 강제적인 변방 이주가 시작되었다. 그런데 아무도 안가고자 하였고 이 정책에 반대하며 이 일을 주관한 황보인과 김종서를 죽이고자 한다는 소문이 돌 정도였다.[365]

우리나라 북방에는 예로부터 여진족이 살았다. 세종은 여진족을 몰아내고 4군 6진을 개척하나 개척한 땅에 사람들이 사는 것을 기피했다. 북방 경계선이라 추워서 농사도 잘 안 되고 여진족의 약탈도 잦으니 사람들이 살려고 하지 않았다. 고려 때도 동북 9성을 개척했지만 관리가 어려워서 여진족에게 돌려줬다. 그래서 세종이 마련한 특단의 대책은 강제로 사람들을 옮겨 살게 했다. 이걸 사민정책이라고 하는데 주로 충청도, 경상도, 전라도 지역 사람들을 4군 6진에 옮겨 살게 했다. 이 때 사람들은 이주 대상자가 되지 않기 위해 요즈음 말로 로비를 하기도 하고 스스로 자해를 하기도 했다. 이 사민정책으로 세종은 일시적으로 백성들로부터 인기를 잃기도 한다. 일부 온건론자들은 여진족들이 그 지역에서 활동하는 것을 그냥 내버려두자고 주장했지만 세종의 영토 수호 및 확장에 대한 신념은 확고했다.[366]

---

364) 이한우, 『세종, 그가 바로 조선이다』, 71.

365) 이석제, 『세종의 번뇌』, 127.

그리 살기 좋은 땅이 아니었으니 이주 첫 해에 많이들 도망가고, 한편 폭설이 내려 얼어 죽고 가로막는 장애요인과 불행한 일들이 발생하였다. 수많은 백성들 뿐 아니라 이미 정군(正軍)들 가운데에도 152명 도망자 보고되고, 회령 쪽에서 수 백명 백성들의 도망 사태가 발생했으며 또 경상도 아전 임무라는 자가 함길도에 가서 살기를 회피하고자 자기 팔뚝을 끊었다는 보고를 듣고 세종은 고뇌했다. 영토만 포기하면 고민도 안하고 지금이 백성들은 편한 데라는 생각에 고뇌에 찼다. 하지만 이 모든 것에도 불구하고 그는 북방 이주정책을 강행했다. 앞선 아전의 경우에는 비록 불구라고 함길도에 가서 근무하라 명하였고[367] 정해진 정책을 강하게 추진해 나갔다.

(3) 학자형 리더십

세종은 그의 뜻하는 바를 학문적 연구를 통해 실현하고 전달했다. 집현전을 통해 핵심 인재를 길러낸 것은 그의 학자적 리더십 유형이다.[368] 세종 그 자신이 아주 어린 시절부터 책 읽기를 너무 좋아해 부왕 태종이 건강을 염려해 책 읽기를 금할 정도였다.[369]

세종은 활자 중독일 정도로 책을 많이 읽었다. 눈에 다래끼가 났을 때는 신하들이 책을 숨기기까지 했을 정도이다. 세종은 자신의 부족을 공부를 통해 채우려 했기 때문에 신하가 스승이 되어 왕을 가르치는 경연을 활성화시켰다. 오히려 신하들이 박식한 세종으로 인해 공부하느라 분주해질 정도였다.

세종의 독서 습관은 전형적인 정독 스타일이었다. 세종은 세종 15년 2월 자신의 독서법을 예로 들면서 학자들의 과시형 독서법

366) 이성무, 『조선 국왕전』, 79-80. 세종실록 권 62. 세종 15년.

367) 이석제, 『세종의 번뇌』, 139.

368) 이성무, 『조선 국왕전』, 71.

369) 이성무, 『조선 국왕전』, 69.

을 비판하고 있다. 세종은 뛰어난 머리와 성실한 자세로 학문을 연마하여 당대의 여러 학자들도 그의 깊이 있는 학문과 논리적 언변을 감당하기 힘들었다.[370]

(4) 인간 중심 리더십

그의 치세와 행정들을 보면 여러 면에서 참 인간적이고 따뜻함이 묻어난다. 오늘날의 사회복지, 행정, 육아, 보건, 문화 그 어느 것 하나 세세하게 신경 쓰지 아니한 것이 없다. 심지어 죄를 지은 죄수들에 대한 기록만 보아도 그렇다.

교정행정 차원에서 보면 감옥 안의 여러 형편에 대해 세세하게 신경을 기울인 것을 알 수 있다. 당시기록을 보면 "여러 도감사에게 유시(세종 30년 8월 25일)하여 옥은 죄 있는 자를 가두는 곳이나 병에 걸려 죽을 수 있으니 4월부터 8월까지는 새로 냉수를 길어다 주고 자주 자주 바꾸어 주라. 그리고 자원하는 자에 따라 몸을 씻게 하라. 10월부터 정월 가지는 내부에 짚을 두텁게 깔아주라. 목욕 시에는 관리와 옥졸이 잘 감시하여 도망을 잘 막아라."[371] 하였다. 인정미 넘치는 행정이 기도하면서 만약을 대비하는 치밀한 행정이 돋보인다.

법체계에 있어서도 법 보다 법의 정신과 현실적 적용이었다. 그리고 형벌과 사형을 신중히 해야 한다는 세종의 소신이 보인다. 한번은 마치 성종 때의 어우동에 비견되는 치정 사건이 세종 때에도 일어났는데 이에 대해 세종은 남녀의 문란함에 대해 엄격한 법적용을 신하들에게 내리기도 했지만 한편 법으로만 남녀 문제가 다 다스려지지 않는다고 교화(일종의 전신적인 성교육)도 병행하라 하였다(세종 9년, 세종 15년).[372]

---

370) 이한우, 『세종, 그가 바로 조선이다』, 68.

371) 이석제, 『세종의 번뇌』, 65.

그는 항상 사람 중심의 통치 행위였다. 하루는 임금 말을 돌보는 관리가 산에서 내려오는 멧돼지를 잡지 못하여 멧돼지가 내구마(內廐馬: 왕의 말)를 죽게 한 일이 있었는데 감히 왕의 말을 죽게 한 그 사람을 당시의 관례상 업무 태만으로 처벌하려 하자 세종은 이를 가로 막으며 우연히 생긴 일이니 문제 삼지 말라 하였다.[373]

그는 왕으로서의 위엄이나 사치 보다 백성들의 인명을 중시하는 리더였다. 한번은 궁궐 강녕전 보수수리 중 돌 뜨던 군인, 요즈음 말로 하면 석수장이 강인수라는 사람이 돌에 맞아 죽었다는 보고를 듣자 내 궁궐이 이만하면 융성하고 태평함이 이만하면 족하니 앞으로는 삼가고 조심하라(15년 9월 18일)[374] 하였다.

(5) 민생형 리더십

이 당시에 벌써 세종을 통해 신용불량자에 대한 배려도 나온다. 그는 말하기를 "백성에 대한 형벌을 최대한 신중히 하라. 백성들이 먹을 것이 떨어지고 가난하여 갚지 못하는 데 강제로 징수하지 못하게 하라."[375] 그리고 세종은 고을의 수령의 책임을 강하게 추궁하여 백성 한명이라도 굶어 죽는 자가 있으면 그 고을 책임자는 중죄로 처단 할 것이라는 교지를 내렸다. 고을의 백성이 천재지변이 아닌데 굶어 죽으면 그 고을 수령은 곤장을 적게는 60대에서 90대를 맞아야 했다. 그것은 책임자가 자기 배만 불리는 부정이 있었다고 보는 것이다. 기록에 의하면 이와 관련 하여 그 직책이 누가 얼마나 높고 낮은지 다 따져 볼 필요도 없이 지사, 감사, 목사, 현감, 현령 등등 두루 망라하여 곤장을 때린

---

372) 이한우, 『세종, 그가 바로 조선이다』, 224.

373) 이석제, 『세종의 번뇌』, 56.

374) 이석제, 『세종의 번뇌』, 67.

375) 이한우, 『세종, 그가 바로 조선이다』, 221.

많은 기록들이 나타난다.[376] 그는 거침이 없었다. 우리가 단순히 한글을 창제하신 학자풍의 인자한 성품의 성군만은 아니었다.

"가난은 나라도 못 구한다."라며 전가의 보도처럼 가난에 대해서 어떤 통치자나 기득권층 관료들이 책임을 회피하고 심지어 우리자신들 조차도 그렇게 세뇌되어 온 가난의 문제에 대해 세종은 백성들의 가난의 문제는 국가가 책임져야 한다고 하는 강력한 책임 의지를 밝히고 있다. 그리고 강력한 통치 행위를 시행했다.

(6) 실용주의 리더십

세종은 어릴 때부터 대단히 실용적인 인물이었다. 사실 그가 어릴 때 세자가 아니기에 왕위에 관심 못 가지도록 꽃이나 새를 키우면서 유유자적하면서 살도록 왕가에서는 유도적인 교육까지 한다는데 세종은 아예 그런 것에 대해 관심이 별로 없었다. 세종의 개성, 건강, 취미 등을 나타내 주는 자료들을 보면 그는 대단히 실용주의적 인물이었다.

"사슴을 키우고 화초를 기르는 것은 진실로 기묘한 일이 아니다 나는 꽃이나 새들과 즐기는 것을 좋아하지 않는다 해당 관청은 뽕나무 닥나무과실나무를 세우기에 힘써야 할 것이니 이것들은 모두 일용에 필요한 것들이기 때문이다."(세종 7년 12월)라는 당시의 기록만 보아도 화초를 보는 시각 하나도 실용주의적이다. 그의 말과 글에 그대로 적용된다.

그렇다고 그가 정서적으로 메마른 사람은 결코 아니었다. 잡기를 싫어하고 실용적이기는 했으나 전혀 문화, 예술에 감각이 없는 것은 아니었고 술은 잘 하지 않는 편이었으나 그는 의외로 음악이나 춤, 공연 같은 것에는 관심이 많았다.[377]

---

376) 이석제, 『세종의 번뇌』, 20-26.

377) 이한우, 『세종, 그가 바로 조선이다』, 73.

(7) 숙의주의 리더십

요즈음에야 유행하는 숙의정치는 이미 세종 때에 조정에서는 일상처럼 시작되고 있었다. 세종은 국왕으로서의 권위를 앞세워 신하와 백성들 위에 군림하기보다는 경연에 참가해 신하들의 의견을 경청하는 숙의정치를 펴고, 공법을 시행하기에 앞서 백성들의 의견을 수렴하기 위해 전국적인 여론조사를 실시하는 등 정치의 주체가 누구인지를 먼저 생각하고 행동하는 리더였다.

(8) 세종의 용인술

히딩크 감독의 리더십이 우리나라에는 없다고, 전혀 새로운 인재발탁 리더십이라고 찬양하지만 사실 우리에게 옛날 옛적에 그런 리더십이 있었다. 세종의 장영실 선발은 가히 히딩크의 박지성 선발과는 비교도 안 되는 것이었다. 그리고 조선시대란 신분과 출신이 지금과는 아예 비교 불가능한, 출신이나 신분 그 자체가 바로 그의 존재를 말하던 시대였다. 그런데 일개 양반과 천민 사이의 격차도 큰 것이었는데 왕이 친히 나서서 천민 장영실을 발탁하여 국가적 대임을 맡긴 것은 세종의 독특한 리더십이라는 말 외에는 설명할 길이 없다. 세종은 인재로서의 능력 그 자체만을 보았다. 이것이야말로 리더십 용인술의 진면모를 그대로 보여주는 것이다.

세종의 인사정책은 또한 한 번 검증된 사람을 오래 오래 중용하는 것도 특징이다. 대표적인 사람이 황희 정승이다. 황희는 고려가 망하자 일정기간 은둔생활을 하며 고려 유신으로 지낸 사람으로 어떤 학자는 실록의 기록을 들어 황희는 뇌물수수, 간통, 부패 등으로 물의를 빚어 청백리는 아니며 87살까지 영의정을 역임하였다[378]라고 주장 하는데 한편 한국민족문화대백과는 그를 "너그럽고 어질며 침착하였다. 그리고 사리가 깊고 청렴하며, 충효가 지극하였다. 높은 학덕을 쌓았기에 조선왕조를 통해 가장 명망 있는 재상으로 칭송되었다."라고 평하고 있다.[379]

인재등용에 있어 이런 문제는 오늘날에도 청문회 등을 통해 항상 볼 수 있는 문제이다. 한편 황희의 어떤 행적들은 오늘날 현대적 윤리개념으로 볼 때 도무지 용납되지 않는 행각들이 있기도 하다.

이 문제는 리더가 되어야 할 사람이 늘 유념해야 하는 것인데 한편 인간이 일평생 살아오는 가운데 실수도 하고 허물도 범하고 털어 먼지나지 않는 사람이 없기도 하지만 사회적으로 용인되지 않는 문제들이 있다. 다만 중차대한 흠결이 아닌 문제들에 대해서 완벽주의 무 흠결의 잣대를 들이대는 것은 문제가 있으니 그 정도와 한계를 잘 설정하여 고려해 볼 일이다.

(9) 왕들의 준거가 되는 리더십

세종은 단순한 한 명의 국왕이 아니었다. 그는 우리 역사를 통틀어 가장 탁월한 리더였다. 세종 그 자신의 능력이 출중하기도 했지만 무엇 보다 그는 적절하게 인재를 잘 발탁하여 그들과 더불어 국정을 이끌었기 때문이다. 세종의 치적과 행적들을 연구하다 보면 본서에 소개 되는 리더가 갖추어야 할 여러 덕목과 의사소통, 창조적 사고, 인간미, 파격적인 용인술, 미래를 내다보는 과학적 안목과 감각까지 어느 하나 리더십 역량에서 빠지는 것이 없다.

---

378) 전근대 편, 이다지 한국사(서울: 브레인스토어, 2015), 재인용

379) 한국민족문화대백과, 국학중앙연구원, 황희 [黃喜]

2. 성웅 이순신(聖雄 李舜臣, 1545년~1598년)

1) 출생과 성장 배경

이순신은 조선 중기의 명장으로 1545년(인종 원년) 음력 3월 초 8일 자시에 한양의 건천동[380]에서 아버지 이정(李貞)과 어머니 초계 변씨(草契 卞氏)사이에 4남중 3남으로 태어났다.[381] 이순신의 가문은 덕수 이씨[382]로서 같은 가문에 율곡 이이 같은 이가 있다.[383]

그의 가문은 4대 때에 조선 왕조로 넘어오면서 관직에 두각을 나타내는데 선조들이 기묘사화의 참화를 당한 뒤로는 아버지도 관직에 뜻을 두지 않아 이순신이 태어날 즈음에 가세는 이미 기

---

380) 지금의 인현동 1가에서 을지로 4가에 이르는 남산 아래쪽 근처이다. 유성룡도 이웃하여 살던 동네이다. 유성룡이 나이가 약간 위이기는 하나 둘 사이는 죽마고우지간이다

381) 김종대, 『이순신 평전』(부산: 도서출판 지평, 2002), 23.

382) 덕수 이씨 문중은 율곡 이이 같은 이의 출신 가문으로 이순신이 12대 율곡이 13대, 촌수로는 19촌 숙질간이다.

383) 김종대, 『이순신 평전』, 25.

울어 있었다. 그러나 그가 유독 어머니에 대한 효성이 곳곳에 지극히 나타나는 것을 보면 그의 일생에 어머니로부터 큰 영향을 받았던 것으로 보인다.

그는 어린 시절 마을에서 전쟁놀이를 할 때부터 남다른 아이였으며, 나이 많은 어른들이라도 그가 도리에 어긋나는 일을 일하는 이가 있으면 어린 순신에게 혼이 나서 마을 어른들도 그를 무서워할 정도였다.[384]

순신은 어린 시절 생가인 서울 건천동에서 일생에 중요한 영향을 끼칠 죽마고우[385]를 만났으니 훗날에 영의정이 되는 유성룡(柳成龍, 1542~1607)이다. 두 사람은 그 뒤 임진왜란이라는 거대한 국난에서 조선을 구원하는데 각각 문무에서 결정적인 공로를 세웠다. 태종의 가장 큰 치적은 세종을 후계자로 선정한 것이라는 평가도 있듯이, 유성룡의 가장 중요한 공헌은 이순신을 적극 천거하고 옹호한 것이었다. 사람을 알아보는 이러한 유승룡의 혜안은 나라를 멸망에서 건졌다.[386]

같은 마을에 살면서 유성룡은 이순신이 어린 시절부터 큰 인물로 성장할 수 있는 자질을 갖추고 있었다고 『징비록(懲毖錄)』에 기록하고 있다.

이순신은 나이 16세 되던 해에 가세가 기울어 힘든 중에 한양 건천동 생활을 접고 외가가 있는 충청남도 아산(牙山)으로 이주했다. 어머니 친정이 아산 골 백암리(지금의 충남 아산 현충사가 있는 뱀 밭 마을)인이다. 그래서 그에게는 아산이 그의 고향처럼 되어버렸다.[387] 아산은 지금 그를 기리는 대표적 사당인 현충사(顯

---

384) 김종대, 『이순신 평전』, 26.

385) 유성룡이 이순신보다 세 살이 더 많다.

386) 자신과 나라의 역경을 극복한 명장(인물한국사).

387) 김종대, 『이순신 평전』, 25.

忠祠)와 묘소가 있어 그와 가장 연고가 깊은 지역으로 평가된다.

가세도 가세이지만 한편으로는 조선 중기까지도 널리 시행되던 남귀여가혼(男歸女家婚) 풍습의 영향도 있다. 이 풍습은 남자가 결혼한 뒤 처가에서 상당기간 거주하는 당시의 풍습이었다. 율곡 이이(李珥)를 상징하는 지역이 어머니 신사임당(申師任堂)의 친정이 있던 강릉(江陵)이라는 사실에서도 알 수 있다.[388]

이순신은 무술 뿐만 아니라 인격도야도 수행을 깊이 하였으나 특별한 기록이 없어 구체적으로 알 수는 없다. 다만 그의 어릴 적 친구였던 유성룡은 "순신은 말이 적고 잘 웃지 않았다. 그의 용모는 단아하면 그만 선비와 같았고 담력이 큰 사람이었다."라고 말하고 했다.[389]

이순신은 홀로 계신 노모를 극진히 받들었고, 상주 방씨(尙州方氏)와 결혼하여 3남 1녀를 두었으며, 이 밖에 해주 오씨(海州 吳氏)와의 사이에 2남 2녀가 있었다.

2) 관직 생활

이순신은 22세에 무예를 배운 이후 28세 되던 해 무과(별과)시험에 응시했다가 불운하게 말이 쓰러지는 바람에 말에서 떨어져 왼쪽다리가 부러져 탈락하였다.[390] 4년이 지나 32세 되던 해에 무과 병과에 급제했다.[391] 가난한 중에 10년 이상의 긴 세월을 보내며 무예 수련과 공부에 전념하여 이룬 결과이다.

그러나 무관으로 발을 들여놓은 그의 진로는 순탄하지만은 않았다. 당시에 이순신의 상관 병조정랑(국장급에 해당) 서익이란 사람이 사사로운 친분을 가진 자기 사람을 서열을 뛰어넘어 승진시

388) 자신과 나라의 역경을 극복한 명장(인물한국사, 이순신).

389) 김종대,『이순신 평전』, 28.

390) 김종대,『이순신 평전』, 26.

391) 김종대,『이순신 평전』, 27.

키려고 하자 이순신은 그 일이 법에 어긋나고 공평치 못한 일이라 반대하였다. 당시에 핵심 요직인 병조정랑의 뜻을 겨우 종 8품의 봉사(당시 말단 관직)가 반대한 것은 분명히 이례적인 일이었다. 많은 위인들이 그렇고 바로 그런 측면이 그들을 평범한 사람들과 구분시키는 결정적인 차이이다. 아무튼 그로 인해서 이익은 남에게 조소거리가 되었고 이순신을 미워하게 되었다.[392] 이순신은 이로 인해 8개월 만에 충청도절도사의 군관으로 좌천되었다.

이순신을 상징하는 가장 대표적인 면모는 원칙을 엄수하는 강직한 행동이다. 하지만 그의 이런 행동들은 이 사건 외에도 일생 내내 그를 크고 작은 곤경에 빠뜨렸다. 아무튼 [징비록]에서는 "이 사건(서익 관련) 때문에 사람들이 이순신을 알게 되었다"고 기록되어 있다. 이 사건으로 이름이 알려지기 시작한 후 그의 강직성을 알아본 인사정책 때문인지 이순신은 1580년(선조 13) 7월 발포(鉢浦, 지금 전라남도 고흥군) 수군만호(水軍萬戶, 종4품)로 임명된다. 인사도 인사지만 놀라운 것은 그가 처음으로 수군에 배치된 역사적 순간이다.

그런데 또 직속상관인 전라좌수사가 거문고를 만들려고 발포 객사의 오동나무를 베어가려고 하자 이순신이 관청 물건이라고 제지한 유명한 일화도 이때의 사건이었다. 이즈음 서익과의 악연이 다시 불거졌다. 서익은 병기의 상태를 점검하는 군기경차관(軍器敬差官)으로 이순신이 병기를 제대로 보수하지 않았다고 보고한 것이다. 이순신은 1581년(선조 14) 5월 두 해 전의 관직인 훈련원 봉사로 다시 강등되었다.

비록 말직이지만 중앙에서 근무하게 된 그에게 이때 중요한 기회가 찾아온다. 왕을 제외하면 당시 조선에서 가장 중요한 인물이었던 같은 가문의 율곡 이이가 이순신을 한번 만나보고 싶

---

392) 김종대, 『이순신 평전』, 30.

어 한 것이다. 그때 이이는 이조판서였다. 그러나 이순신은 율곡 이이가 지금 인사권을 행사하는 중직에 있으므로 만나지 않겠다는 것이었다.[393]

이순신은 23년간 평생 군인생활을 하면서 3차례의 파직과 2차례의 백의종군을 하게 되는데 상사가 오해를 해도 찾아가 해명하려 하지 않았으며, 승진 운동도 하지 않았다. 부당하게 파면을 당해도 복직할 생각을 하지 않았다. 파면되면 파면되는 대로 집에서 쉬었다.[394]

하지만 주장을 펼칠 때에는 강하게 펼쳤다. 한 번은 한 지역을 맡아 있을 때에는 국방의 강화를 위하여 군사를 더 보내줄 것을 중앙에 요청하였으나 들어주지 않던 차에 여진족의 침입을 받고 적은 군사로 막아낼 수 없어 부득이 피하게 되었는데 조정에서는 그것을 문책하였다. 그는 처형당할 것을 두려워하지 않고 판결에 불복, 끝내 자기의 정당성을 주장하였다.[395] 사실 그것은 당시 이순신의 사전 병력 증원 요청이 있었으나 무시당해 벌어진 일이었었는데도 패전의 책임으로 이순신은 장형(杖刑)을 당한 뒤에 백의종군하게 되었다.[396] 무과에 급제한 지 15년 동안 백의종군을 포함해 그를 싫어하는 대신들에 의해 여러 번 관직의 부침을 겪은 끝에 나중에 이순신은 수군의 주요 지휘관에 오르게 된다.[397]

한편 임진왜란을 뒤돌아보면 이 전란이 일어나기 1년 2개월 전 이순신은 유성룡에게 추천되어 47세가 되던 해에 전라좌도수군절도사가 되어 있었으며 그는 곧 왜침이 있을 것에 대비하여 좌수영(左水營: 여수)을 근거지로 삼아 전선(戰船)을 제조하고 군비

393) 자신과 나라의 역경을 극복한 명장(인물한국사).

394) 김종대, 『이순신 평전』, 37.

395) 이순신 [李舜臣], (한국민족문화대백과, 한국학중앙연구원).

396) 이순신 [李舜臣], (두산백과).

397) 자신과 나라의 역경을 극복한 명장(인물한국사).

를 확충하는 등 일본의 침략에 대처하고 있었고 이러한 때에 임진왜란이 발발한 것이다. 유성룡이 이순신을 추천하여 전라좌수사가 되게 했던 바로 그 출발점 하나가 나중에 임진왜란이 발발했을 때 전쟁을 승리로 이끌었다고 볼 수 있으니 사람을 적시적소에 들어 사용한 유성룡의 공로 또한 적지 않다.[398]

3) 임진왜란과 이순신

조선 최대의 국난인 임진왜란은 1592년(선조 25) 4월 13일 일본군이 부산포로 출항하면서 발발하여 선조 31년(1598년) 정유재란까지 계속되는 7년 전쟁인데 임진년에 발발하여 편의상 임진왜란 이라 분류하기도 한다. 이 왜란으로 인해 조선의 국토와 민생은 처참하게 파괴되었다. 전쟁이 시작된 뒤 보름 뒤 서울이 함락되고(5월 2일) 선조는 급히 압록강변의 의주(義州)에 피신 도착했다(6월 22일). 전쟁 두 달 만에 조선은 멸망 직전의 위기에 몰린 것이었다.

이것은 사실 대비 가능한 것이었으나 그렇게 하지 못했다. 먼저 당시에 일본 왜적의 상황을 예측 가능했기 때문이다. 16세기 후반 일본은 도요토미 히데요시라는 인물이 등장해 전국시대의 혼란을 수습하고 일본 열도를 통일했다. 통일을 달성한 도요토미 히데요시는 국내의 무사들을 모아 대륙 출병의 야욕을 불태웠고 통일 후의 불평 세력을 소모시키고 차제에 일본의 국제적인 위상을 높이기 위해서였다.

1590년(선조 23년 3월)에 조선은 통신사 황윤길과 부사 김성일 등으로 구성된 일행을 일본에 보냈다. 일본의 조선 침략 의도를 파악하기 위해서였다. 이듬해 3월 조선을 떠난 지 1년 만에 통신사 일행이 돌아왔다. 그런데 황윤길과 김성일이 조정에 보고한 내용은 서로 달랐다.

---

398) 김종대, 『이순신 평전』, 54.

황윤길은 "필시 병화가 있을 것이니 조심해야 한다."고 했으나 김성일은 "그러한 증상은 발견하지 못했다."면서 황윤길의 말을 부정했다. 도요토미 히데요시가 어떻게 생겼는지 묻는 선조의 질문에도 황윤길은 "눈빛이 반짝 반짝하며 담과 지략이 있는 사람입니다."라고 했지만 김성일은 "그의 눈은 쥐와 같으니 족히 두려워 할 위인이 못 됩니다."라고 하였다.

이러한 주장은 그들 개인견해이기도 하겠지만 요즈음 말로 하면 일종의 당론 같은 것이었다. 당시에 조선은 여러 당파로 갈라져 있었다. 황윤길은 서인이고, 김성일은 동인이었다. 당시의 실록[399]에는 주장이 다른 그 이유가 기록되어 있는데 동인은 서인을 향해 "저들이 세력을 잃었기 때문에 인심을 동요시키기 위하여 저런 말을 한다."라고 하였다.[400] 오늘날의 당면한 국제 정세에 대해 정치인들은 또 어떻게 다르게 적용할지 모르나 중요한 것 정확한 사실 파악에 따른 냉철하고 객관적인 보고와 분석만이 국익을 위한 것이다.

결국 조선은 일본의 조선 침략 가능성을 외면했다. 그리고 결과는 참담했다. 1991년 선조 25년 도요토미 히데요시는 4월 14일 조선 침략을 감행했다. 미처 대비를 하지 못한 조선은 전쟁이 시작된 지 보름 만에 왕이 도성을 버리고 피난을 가는 초유의 사태를 맞이하게 되었다. 조선의 국토와 백성들은 처참히 짓밟히고 있었다.[401]

부산은 당시에 모두 점령되어 마치 왜구의 땅이나 다름없었다. 부산을 통해 이 나라를 침략해온 왜구는 수백 척의 배와 6만 내지 7만 병력을 주둔시켜 놓고 있었다.[402] 고니시 유키나가가 이

399) 조선 수정 실록 권 25 선조 24년 3월 1일.

400) 이성무, 『조선국왕전』, 212-213.

401) 이성무, 『조선국왕전』(경기도: 청아 출판사, 2012), 214.

끄는 군대가 처음으로 부산을 함락한 이후 조선의 군대는 패전의 패전을 거듭했다. 일본의 침략 소식을 들은 조정에서는 부랴부랴 대책 마련에 부심했다. 좌의정 유성룡이 주도적으로 신립 장군 등 여러 장수들을 전장에 투입하였으나 전혀 훈련되지 않은 군사들이라 왜군의 막강한 병력을 당해낼 수가 없었다. 김시영의 『자해 필담』에서 당시의 상황을 "나라가 태평해 200년 동안 백성들은 전쟁이란 것을 모르고 소문만 듣고도 와해되어 감이 칼끝을 대적해 보지도 못했다"라고 기록하고 있다. 왕의 피란 소식이 전해지자 백성들은 분노로 들끓었으며 왕궁 습격을 당하고 노비문서를 불태워왔다. 그리고 뒤이어 왜군이 한양을 함락시켰다.403) 임진왜란과 관련된 전투일지를 대략 정리해보면 다음과 같다.

왜란이 발발하자 이순신에게 일본의 대군이 침입해 왔다는 급보가 전라좌수영에 전달되었다. 이 날은 국기일(國忌日)이었으므로 그는 공무를 보지 않고 있었는데, 해질 무렵 경상우수사 원균(元均)으로부터 부산과 동래가 왜적에게 함락되었다는 급보가 들어온 것이다. 그 때 부산 앞바다의 방어를 맡은 경상좌수영의 수군은 겁을 먹고 있었고 경상좌수사 박홍(朴泓)은 부산 동래가 함락되는 것을 보고는 군사를 돌려 육지로 도망하였다. 거제도에 근거를 둔 우수사 원균은 적이 이르기도 전에 싸울 용기를 잃고 도망해 일본군은 조선수군과 한번 싸우지도 않고 제해권을 장악하였다. 이에 본격적인 이순신 장군의 출격이 있게 된다. 수없는 해전을 거듭 했지만 이 곳에서는 큰 해전을 중심으로 이름을 붙여 대략 순서대로 정리해 본다.

---

402) 김종대, 『이순신 평전』, 124.

403) 이성무, 『조선국왕전』(경기도: 청아 출판사, 2012), 216.

(1) 옥포해전(1592.5.7.)

드디어 이순신의 첫 해상 전투가 시작되었다. "망동하지 말고 산과 같이 정중하라!" 장군은 군졸들을 향해 큰 목소리로 외치며 해전은 시작되었다. 7일 새벽 이순신은 가덕도 방향으로 행진 했고 거기에 적들이 있다는 정보에 따라 옥포에 도착하였다. 이 전투에서 화살에 맞아 죽고 물에 빠져 죽은 적들의 수가 얼마인지 모를 정도로 적은 괴멸되었다. 이 옥포대첩으로 그의 최초의 해전으로 기록된다.[404]

(2) 사천해전(1592.5.29.)

조선 수군이 사천 앞바다에서 왜군과 벌인 해전으로서 이 해전에서 처음으로 이순신의 거북선이 등장한다.[405] 전라좌수사(全羅左水使) 이순신은 거북선을 포함한 전선 23척을 이끌고 5월 29일 본영(여수)을 출발, 유인작전으로 조수가 밀려드는 것을 계기로 거북선을 선두에 세워 돌진하여 시작된 이 전투는 이틀 만에 철환(鐵丸) 등을 쏘아 왜선 12척을 가라 앉혔다. 전투 중 거북선 건조에 공이 많았던 나대용(羅大用)과 이설(李渫) 등이 화살을 맞아 부상당하였으며 이순신도 왼편 어깨에 철환을 맞았다.[406]

(3) 당포해전(1592.6.2.)

이순신은 여수 본영으로 돌아와 다음 출전을 위해 장정을 징집하고 군사를 정비하고 있었다. 부산의 왜적들은 아직 떼를 서쪽으로 침범해 연해안 여러 고을을 분탕질하고 있었다. 이 소식을 들은 이순신은 다시 출격했다. 이 때에도 거북선의 활약은 대단 했다. 거북선을 앞세워 적의 대장선을 향해 진격해 들어가면

404) 김종대, 『이순신 평전』, 88-91.

405) 이근호 편저, 『한국사 사전』(서울: 청아 출판사, 2003), 383.

406) 사천해전 (한국민족문화대백과, 한국학중앙연구원).

서 현자포, 승자총통 등 포를 한꺼번에 집중 사격하면서 적의 대장선을 깨뜨려 왜장 구루시마가 전사하였고 물 위로 떨어져 죽는 적의 수는 헤아릴 수조차 없었다. [407]

(4) 율포해전(1592.6.7.)

1592년(선조 25) 6월 7일 조선 수군이 경상남도 거제시 장목면 율포(밤개) 앞바다에서 일본 해군을 무찌른 전투이다. 수많은 적선과 왜병들이 사살 되고 적장 구루시마 미치유키(來島通久)는 자결하였다.[408]

(5) 한산해전(1592.7.8.)

당포, 율포 해전이 끝나자 또 다시 급보가 들어왔다. 쉴 새도 없이 지칠 대로 지친 이순신에게 급보에 급보가 계속 들어오고 있었다. 이순신이 5월과 6월에 걸쳐 7군데의 승전을 거둔 후에 영남해안에 왜적의 그림자들이 없어진 것을 확인한 뒤 여수 본영으로 돌아가 있으며 경계하고 탐문하고 있을 때 왜구는 이순신의 존재를 듣고 이번에는 총력을 모아 이순신이 이끄는 조선을 향해 달려오고 있었다.

적장 와키사카(脇坂安治) 등이 인솔한 대규모 배들이 진을 쳤다. 이번에 이들은 115척의 대규모 연합 함대를 꾸려서 여수 쪽으로 움직이기 시작했다. 이순신은 견내량이 지형이 좁고 활동이 불편하다는 판단 아래 장소를 한산도로 물색하였다. 그는 약간의 판옥선(板屋船)으로 일본의 수군을 공격하면서 한산도 앞바다로 유인한 뒤 학익진(鶴翼陣)을 폈다. 왜적을 대항하기 위해 7월, 한산앞바다에 펼쳐진 이순신의 배들은 마치 한 폭의 그림처럼 펼쳐지고 그 그림 속에 갇힌 적들에게 그것은 바로 죽음의 그림자

407) 김종대, 『이순신 평전』, 95-111.

408) 율포해전 (두산백과)

가 되었다.[409)]

(6) 부산포해전(1592.9.1.)

왜적들은 부산을 통해 이 나라의 침략해왔다. 이곳에 이들은 상시 500여 척의 배를 정박해두고 6-7만 병력을 주둔시켜 수시로 일본 본국과의 연락을 하며 침략의 전진기지로 사용하고 있었다. 이순신은 근본적인 승리를 위하여 적의 허리를 끊고자 했다. 그래서 그는 마침내 부산에 포진 한 왜군 주력 부대와 일대 전쟁을 결심하게 된 것이다.

부산포 본격적 공격을 결단한 날 밤을 새운 다음날 오전에 부산 다대포 몰운대(沒雲臺), 절영도(絶影島: 지금의 影島)에 이르러 적선을 쳐부수었다. 부산포를 왜적이 요새화한 것을 알게 된 여러 장수들은 부산포로 깊이 들어가기를 꺼리고 만류했으나 이순신은 이를 거부하고 독전기(督戰旗)를 높이 들고 진격을 재촉하였다. 우부장(右部將) 정운(鄭運) 등이 선두에 서서 공격개시, 이어 아군이 돌진하자 왜군은 모두 산으로 도망, 종일토록 교전하여 적선 100여 척을 격파하였다. 이 전투에서 수많은 적군을 사살했으나 아군도 30여 명의 사망자를 냈으며 특히 정운 장군이 전사하였다. 1593년 부산 일대의 왜적 수군 궤멸, 남해안 일대의 적군을 완전히 소탕, 한산도로 진을 옮겨 본영으로 삼고, 그 뒤 최초로 삼도수군통제사가 되었다.

(7) 웅포해전(1593.2.6.)

부산에서 승전한 이순신은 여수 본명으로 돌아와 새로운 전투를 준비하고 있을 때 한편 진주에서는 김시민 부대가 백성들과 일치단결해 2만에 이르는 왜군을 격퇴함으로써 전라도 내륙을 지켜내는 뜻 깊은 승리를 거뒀다. 그런데 바다를 통해 계속 침입

---

409) 김종대,『이순신 평전』, 112-123.

하는 왜적에 대한 급보를 접하고 또 다시 2월 6일 여수를 떠나 3월 6일 근 한 달을 웅포(부산의 서쪽에 있는 포구 가덕도 근처)에서 주둔 중인 왜적들에게 7번의 공격을 가하여 100명 왜적을 물리쳤다. 부산 경남 지역 해전에서 승리하였으나 아직도 남아있는 수백 척의 적선들을 생각할 때에 끝이 안 보이는 다음 전투를 또 준비해야만 했다.[410]

7월 15일 이순신은 본진을 한산도로 옮겨 왔다. 진을 옮겨 온 한산도는 산이 바다굽이를 싸고 있어 안에는 배를 감출만 하고 밖에서는 안을 엿볼 수 없을 뿐더러 왜적이 호남 땅을 침범하려고 하면 반드시 이 앞을 통과하지 않고서는 갈 수 없는 가장 요긴한 길목으로서 적을 끌어들여 유인 작전을 펼치기에는 최적의 장소였고 또 무엇보다 이순신에게는 한산대첩을 선사한 승리의 땅이었다.[411]

(8) 명량해전(1597.9.16.)

왜적선 8척이 8월 28일 새벽 6시쯤 어란진(於蘭鎭) 앞바다에 출현, 이순신 함대는 9월 15일 조수를 타고 해남군 문내면 우수영으로 진을 옮기어 울돌목을 지켰다. 왜적선은 200여 척 가운데 55척이 9월 14일 어란진에 도착, 9월 16일 오전 11시쯤 전투가 시작되었다. 수중철색에 왜적선이 걸려 전진하지 못하게 되자 곧바로 뒤를 따라오던 왜적선이 그들의 앞배에 충돌하게 하는 전략을 구사하였으며 적선 133척 가운데 무려 31척을 깨뜨리는 전과를 올렸다.[412]

---

410) 김종대, 『이순신 평전』, 124-133.

411) 김종대, 『이순신 평전』, 139.

412) 명량해전 (문화콘텐츠닷컴 (문화원형백과 한국의 배), 2002, 한국콘텐츠진흥원)

(9) 정유재란

한산도 생활에서 삼도수군통제사로 임진년이 끝나갈 하반기에 명나라와 일본 사이에 화해교섭이 진행되고 있어 전쟁은 소강상태에 접어들게 된다.[413] 그러나 명·일 사이의 화해가 결렬되자 본국으로 건너갔던 왜군이 다시 침입하여 정유재란이 일어났다. 1597년(선조 30)에 일어난 재차의 왜란이다. 정유년에 일어났다고 하여 '정유재란'이라고 한다. 한편 이순신은 전쟁이 소강상태에 들어가자, 후일에 대비하여 군사훈련, 군비확충, 피난민 생업 보장, 산업장려 등에 힘쓰고 있다가 다시 전장에 뛰어들게 된다. 그러나 그의 삶은 참으로 파란 만장하다.

그러나 정유년 1월에 이순신은 원균의 모함으로 압송되어 고문으로 죽음의 문턱을 넘나들고 있었고 이순신을 이어 삼도수군통제사가 된 원균은 적의 유인전술에 빠져 거제 칠천량(漆川梁)에서 전멸에 가까운 패배를 당함으로써 이순신이 힘써 길러온 무적함대는 그 형적조차 찾아볼 수 없게 되었었다.

원균의 패보가 조정에 이르자 왕도 대신들도 어찌할 바를 몰랐다. 오직 병조판서 이항복(李恒福)만이 이순신을 다시 통제사로 기용할 것을 주장하였을 뿐이었다. 이에 선조도 변명하듯 다시 그를 통제사에 재임용하였으나 남은 군사 120인에 병선 12척이 고작이었다. 그러나 실망하지 않고 조정의 만류에도 불구하고 수전에서 적을 맞아 싸울 것을 결심하였다.

(10) 노량해전(1598.11.19.)

정유재란으로 조선을 침략한 왜군은 도요토미 히데요시(豊臣秀吉)의 병사(病死) 소식을 듣고 철군하게 되었다. 이때 이순신은

---

413) 김종대, 『이순신 평전』, 140.

다시 모함에서 복권된 상태에서 명나라의 수사제독(水師提督) 진린(陳璘)과 함께 퇴로를 막기로 하였다. 그런데 철수하는 왜군에게 해로를 열어줄 것을 조건으로 고니시 유키나가(小西行長)에게서 뇌물을 받은 진린은 이순신에게 왜군의 퇴로를 차단하지 말자고 권고하였다. 이순신은 이에 강경하게 반대하여 진린을 설득한 후 함께 왜군을 치기로 하였다.

고니시는 경남 사천(泗川)과 남해의 자기 해군에 구원을 청하여 왜선 500여 척을 노량 앞바다에 집결시켜놓고 있었다. 이때 왜군은 이순신을 잡을 목적으로 그를 포위하려 하다가 진린의 협공을 받아 후퇴하였고 이순신은 적선의 퇴로를 막고 이를 공격하여 격파하는 동시에 적에게 포위된 진린도 구출하였다.

이 해전에서 400여 척의 전선을 격파당한 왜군은 남해 방면으로 도망쳤는데, 이순신은 이들을 놓치지 않으려고 필사적으로 추격하였다. 이 추격전에서 이순신은 적의 유탄에 맞아 전사하였다. 이순신은 죽는 순간까지 "싸움이 바야흐로 급하니 내가 죽었다는 말을 삼가라."하고 자기의 죽음을 알리지 말고 추격을 계속하여 적을 격파하라고 유언했기 때문에, 조선군은 왜군을 격파한 후에 이순신의 전사 소식을 들었다. 운명을 지켜보던 또 다른 그의 아들은 슬픔을 이기지 못하였으나, 장수 이문욱(李文彧)이 곁에서 곡을 그치게 하고 옷으로 시신을 가려 보이지 않게 한 다음, 북을 치며 앞으로 나아가 싸울 것을 재촉하였다.

노량해전은 노량 앞바다에서 이순신이 이끄는 조선 수군이 일본 수군과 벌인 마지막 해전이었다. 이 전투의 승리는 7년간 계속되었던 조선과 일본과의 전쟁을 끝내는 데 중요한 역할을 하였다. 전쟁을 끝낸 이순신의 생애도 이때에 마감된다.[414)]

---

414) 일설에 선조를 비롯한 역적들의 이순신에 대한 몹쓸 짓 의구심이 제기되고 있기도 하다. 이성무, 『조선국왕전』(경기도: 청아 출판사, 2012), 218;

4) 그의 일대기를 돌아보며

(1) 모함과 백의종군

그의 일생에서 몇 번의 고난이 있었는데 그 중에 하나는 1597년(선조 30) 1월, 왜적을 공격하라는 왕의 명령을 따르지 않았다는 죄목으로 파직되어 서울로 압송되었고, 죽음 직전에 이르는 혹독한 신문을 받은 끝에 백의종군의 명령을 받고 풀려난 것이다. 일이 이렇게 된 데에는 원균의 모함과 왜군의 모략에 넘어간 선조의 어리석음이 있었기 때문이다.

사실 정유년 1월에 이순신에게 출전 명령이 떨어졌으나 전세에 밝은 그는 반드시 왜군 간첩의 소행이며 복병이 있다고 전략적으로 출정을 거부했던 것이다. 하지만 모함을 듣고 선조는 이순신을 체포하러 의금부도사를 한산도로 내려 보냈고 모함한 원균[415]도 이미 새 통제사가 되어 함께 왔다. 이순신은 그 시간에도 찬바람을 무릅쓰고 군사들과 가덕도 앞바다까지 나가 있다가 명령을 듣고 뱃머리를 돌려 한산도 본진으로 돌아왔다.[416]

결국 잡혀간 이순신은 보통 한 차례의 고문만으로 죽는다고 하는 그런 고문을 당하였는데 그 소식을 듣고 이순신을 구해 내기 위해서 피눈물 나는 상소문 올린 사람이 있었는데 그가 바로 판중추부사 정탁이었다. 그래서 죽음을 면하고 백의종군하게 되었다.[417]

선조는 변덕이 심하고 잘난 척하기를 좋아하는 왕이었다. 전쟁 중에도 이순신과 같은 전쟁 영웅에 대해서도 질투하고 견제하는 선조는 참으로 못난 왕이었다. 전쟁 후에도 유린된 국토를 회복하

---

415) 이근호 편저, 『한국사 사전』, 383.

416) 김종대, 『이순신 평전』, 168

417) 김종대, 『이순신 평전』, 171.

고 민생의 안정을 지키기보다는 자신의 왕권유지에만 급급했다.418)

(2) 죽음의 경계에서(모친 별세, 아들 전사)

이순신의 어머니는 아들이 서울로 포박되어 잡혀간 소식을 듣고는 부랴부랴 서둘러서 배를 타고 가다가 해상에서 풍랑을 만나 고통을 겪은 끝에 배 위에서 숨을 거둔다. 향년 83세였다. 이순신은 좀처럼 비관적인 말을 한 기록이 잘 없는데 이때는 길이 탄식을 거듭했다.419)

그는 백의종군 하여 남해안으로 향하던 도중 어머니의 부고를 받고 "세상천지에서 나 같은 일을 겪는 수도 있을까. 일찍이 죽는 것만 같지 못하다."라고 한탄하면서 잠시 들른 후 슬픔을 이기고 다시 남쪽으로 향하였다. 이때의 심정이 나타난 난중일기의 일부이다.

"16일 병자. 흐리고 비가 내렸다. 배를 끌어 중방포(中方浦)에 옮겨 대고 영구를 상여에 실어 본가로 돌아왔다. 마을을 바라보고 통곡하니 찢어지는 마음을 어찌 말로 다할 수 있겠는가. 집에 이르러 빈소를 차렸다. 비가 크게 퍼부었다. 남쪽으로 떠날 일도 급박했다. 부르짖어 통곡하며 속히 죽기만을 기다릴 뿐이다."

어머니가 돌아가신 뒤 "속히 죽기만을 기다린다."는 절망의 심정을 토로하고 있는데 다시 셋째 아들 이면의 전사소식이 들려왔다. 아들의 죽음 앞에서 52세의 아버지는 또 다시 통곡했다.

"10월 14일 신미. 맑았다. … 저녁에 사람이 천안(天安)에서 와서 집안 편지를 전했다. 열어보기도 전에 몸이 먼저 떨리고 정신이 어지러워졌다. 정신없이 뜯어보니 겉봉에 '통곡' 두 글자가 써

418) 이성무, 『조선국왕전』, 222.

419) 김종대, 『이순신 평전』, 172-173.

있는 것을 보고 면이 전사한 것을 알았다. 나도 모르게 간담이 떨어져 목 놓아 통곡하고 통곡했다. 하늘은 어찌 이렇게 어질지 않단 말인가. 내가 죽고 네가 살아야 마땅한 이치거늘 네가 죽고 내가 살다니 어찌 이렇게도 어그러진 이치가 있겠는가. 천지가 캄캄하고 밝은 해도 빛을 잃었다. 슬프다. 내 아들아. 나를 버리고 어디로 갔느냐. 남달리 영특해 하늘이 이 세상에 머물러두지 않은 것이냐. 내가 지은 죄 때문에 화가 네 몸에 미친 것이냐. 지금 내가 살아있은들 장차 뉘게 의지한단 말인가. 부르짖으며 슬퍼할 뿐이다. 하룻밤을 보내기가 한 해 같다.[420)]

(3) 얻어야 할 역사적 교훈

왜란으로 인해 나라는 곳곳이 폐허가 되었고 귀중한 문화재들은 훼손되거나 약탈되었다. 당시의 조선은 문치주의와 농본주의를 표방하면서 나라를 지키는 방법으로 국방보다는 외교에 힘을 실었다. 조선 외교정책의 기본 틀은 사대교린으로 큰 나라, 예를 들면 중국은 섬겨서 평화적 관계를 유지하고, 그 외 이웃나라들과는 국방차원 보다는 잘 사귀어 공존한다는 것이었다.

그런데 조선은 사대는 비교적 잘했으나 교린은 자주 실패했다. 그래서 변방과 해안지방에는 주변국과의 크고 작은 분란이 끊이지 않았다. 게다가 조선의 외교정책을 이끌어가는 관리들은 문화적으로 열등한 외국과 여진에 대하여 오랑캐라고 무시하는 경향이 있었다. 그래서 16세기 말 세력을 확장한 여진이 명나라를 위하고 통일을 달성한 일본이 정명가도(명나라를 치는 데 필요한 길을 빌려 달라고 요구 함)와 같은 무례한 요구를 해오는 등 전쟁의 기미가 보이는데도 잘 알아차리지 못하고 대비하지 못했다. 위험

---

420) 김태훈, [이순신의 두 얼굴], 창해, 2004; 이민웅, [임진왜란 해전사], 청어람 미디어, 2004; 이순신, 노승석 옮김, [난중일기], 민음사, 2010; 김훈, [칼의 노래], 생각의나무, 2000.

은 무시한다고 사라지는 것이 아니다. 전쟁이 나지 않는다는 것은 다만 희망 사항이었을 뿐이다.[421]

5) 이순신에 대한 기념과 평가

그가 전사했다는 소식이 조정에 전해지자 선조가 그를 우의정에 추증, 1643년(인조 21)에는 '충무(忠武)'의 시호를 받았고, 1707년(숙종 33)에는 충청도 아산(牙山)에 세워진 그의 사당에 '현충(顯忠)'이란 호가 내려졌으며, 묘는 충청남도 아산시 음봉면 어라산(於羅山)에 있다. 1960년대 후반부터 서울의 중심인 세종로에 동상이 세워지고 현충사에는 종가에 보존되어 오던 『난중일기』와 그의 유품 등을 전시하였다. 그리고 그를 대상으로 하는 많은 작품들이 책으로 영화로 만들어졌다. 최근 2017년에 개봉된 영화 "명량"은 영화 역사상 가장 많은 관객수 1,700만 명이 넘게 관람하였다.

"필사즉생 필생즉사(必死則生必生則死)" 즉, 죽고자 하면 살고 살고자 하면 죽는다는 이 말은 명량해전에 나가기 전 그가 남긴 휘호이다. 이 휘호 속에 전쟁에 임하는 장군으로서의 리더십이 잘 담겨 있다. 이순신의 일생을 살펴보면 그는 단순한 전쟁 영웅이 아니라 가히 성인에 가까운 사람이라 볼 수 있다.[422] 왜냐하면 이순신은 왕이 삼고초려 하여 모신 사람도 아니고 주변에서 받들고 응원하는 복된 환경 가운데서 직책을 보장받고 적과 싸운 사람도 아니기 때문이다. 도리어 왕과 조정의 대신들, 동료장수들도 전쟁 중인 그를 음해하는 기막힌 상황 속에서도 온갖 모함을 견디어 가며 나라와 백성들을 위해 자신의 목숨을 내어 놓고 싸우다 전사한 성인이다. 그래서 우리는 이순신을 성웅 이순신이라 부른다.

---

421) 이성무, 『조선국왕전』(경기도: 청아 출판사, 2012), 214-215.

422) 김종대, 『이순신 평전』(부산: 도서출판 지평, 2002), 15.

제 9 장 글로벌 리더(Global Leader)

글로벌 리더란 사전적 뜻은 국가나 지역을 넘어 세계인류 공영에 이바지 할 수 있는 역량을 갖춘 세계적 인재로서 국가나 기업, 그리고 개인에게 새롭게 도전하고 있는 정책이나 사업, 그리고 일을 이끌 수 있는 지도자를 의미한다.[423] 하지만 저자가 이곳에서 다루고자 하는 글로벌 리더에 대한 생각은 이와 같은 사전적 정의와는 다르다. 비록 이 책 내용 가운데 위대하고 범상치 않은 세계적 리더들을 다루고 있지만 우리 모두가 다 그렇게 되어야 한다는 생각은 추호도 없다. 모두가 그렇게 될 필요도 없다. 단지 인류 공영에 이바지한 위대한 인물들의 이모저모를 살펴보면서 우리 자신들의 역량 강화에 교훈으로 삼고자 할 뿐이며 다른 한편 저들 보다 더 뛰어난 지도자가 나오기를 기대할 뿐이다. 아무튼 여기서는 글로벌화 된 세계라는데 방점이 있다.

참고로 말할 것은 역사상의 그 수많은 역사적 위인들을 다 살펴 볼 수 없음으로 이곳에서는 현재 우리 시대의 정치, 사회, 문화의 흐름에 큰 영향을 까치고 있는 현존하는 인물들로 최근에 특히 청년 문화에 지대한 영향을 끼친 사람들을 선택적으로 살펴 볼 것이다. 아직은 저들이 현재 생존해 있는 인물들이거나 최근에 작고한 인물이기에 그들의 업적에 대해서도 역사적 검증이 끝나지 않았기에 비판적으로 살펴야 할 것이다. 마치 20세기 기

423) [네이버 지식백과] 글로벌 리더 [Global Leader] (HRD 용어사전, 2010. 9. 6., (주)중앙경제)

적의 소재 플라스틱이 21세기에 지구촌의 생명을 위협하는 처치 곤란 애물단지로 평가되듯이 말이다.

Ⅰ. 글로벌 시대에 대한 기초 이해

1. 지구촌 시대

우리는 지구촌(地球村, global village) 시대에 살고 있다. 지구촌이란 지구 전체가 하나의 마을과 같은 생활 장소로서, 사람들 모두가 서로를 알고 정보를 나누며 사는 사회를 말한다.

지구촌이란 단어는 실제 이러한 시대가 오기 전인 1945년에 영국의 유명한 공상 과학소설가인 클라크(Arthur Charles Clarke)가 잡지 와이어리스 월드(무선으로 연결된 세계)에 게재한 소설 <외계로부터의 전달>에서 당시로서는 생각지도 못했던 인공위성을 이용한 지구촌 통신의 개념을 창안, 묘사한데서 비롯되었다.

특히 인공위성을 이용한 통신 개념을 묘사하면서 지구의 자전속도와 같은 속도를 갖는 정지궤도 위성까지 생각해내 설명함으로써 마침내 1965년 최초의 상업통신 위성인 얼리 버드(early bird)가 발사되게 하여 그 기술이 실현되도록 했다. 이 때문에 지금도 지구궤도 가운데 지상으로부터 약 3만 6,000km인 높이를 클라크 궤도라고 부른다. 한 사람의 창의적 사고가 어떻게 전 인류를 신세계로 이끌어 갈 수 있는지 잘 보여준다.

세계는 너무나 빠르게 일체화 되고 있다. 우리 모두가 지척 간에 있다. 고대에는 말 할 것도 없고 현대에 들어서도 한 통의 편지가 우편함에 들어오는데 국내에서도 3일 이상이 소요되고, 국제적으로는 비행기나 배를 통해 많은 시일이 걸렸지만 지금은 3초면 전자메일로 전 세계에 우편이 전달된다. 태평양, 대서양 건너 무엇인가를 주문하려면 비싼 돈을 주고 텔렉스를 치던 시절이 있었지만 지금은 손에 들고 있는 스마트 폰에 있는 버튼 하나 누르면 끝이다.[424)]

누구나 자유로운 세계 여행과 다양한 외국인들을 쉽게 만나고 접하게 된 세상에서 우리는 국가적이고 거대 담론적인 정치, 사회, 경제뿐만 아니라 소소한 개인 사업까지도 세계의 경계를 넘나들어야 하는 시대에 살고 있다. 심지어 동네의 구멍가게도 글로벌화 되었다고 말할 정도이다.[425)] 이러한 추세에 따라 리더십도 이제는 본인이 속한 어느 한 공동체나 제한적인 한 지역만이 아니라 세계적 경향성과 트렌드에 민감해야 하는 시대가 되었다. 우리 사회는 이미 놀라운 글로벌 시대로 나아가고 있다. 글로벌 시대에는 리더도 글로벌화 되어야 한다.

2. 다보스포럼(Davos Forum)과 글로벌 리더십

다보스는 스위스 동부에 있는 도시로 1860년대 이후 국제적인 휴양지로 각광을 받고 있고 20세기에 들어서는 국제적인 동계스포츠 중심지로 발전하고 있는 곳[426)]인데 다보스포럼은 매년 스위스의 다보스에서 전 세계 기업인과 정치인을 대상으로 하여 개최되는 일종의 심포지엄이다.

이곳은 세계 각국의 각 분야의 수뇌들이 모여 각종 정보를 교환하는데 이 모임은 공식적인 의제는 없으며, 참가자의 관심 분야에 대해 자유롭게 의견이 교환되는 곳이다. 세계를 움직이는 유력한 글로벌 리더들이 폭넓은 분야에 걸쳐 토론을 벌이며 주

424) 놀란 부쉬넬 · 진스톤, 『나는 스티브잡스를 이렇게 뽑았다』, 한상임 역(서울: 미래의 창, 2014), 17.

425) 로버트 로젠 외, 『글로벌 리더십의 조건』(서울: 세종서적, 2001), 52.

426) 브리태니카 사전 4권, 257

요 인사의 중대 발언이 나오기도 하고, 극비의 수뇌회담이 열리는 등 국제적인 살롱의 역할을 한다. 본서에서 곧 다루게 될 중요한 인물들도 종종 이곳에서 서로 교제하곤 했다. 예를 들면 2007년 고위급 기술 인재 포럼에 초대된 저커버그는 중국의 마윈을 이곳에서 만나 서로 교제하며 사업도 구상하게 된다. 사실 이때만 해도 세계적으로 기라성 같은 사람들은 저커버그와 마윈이 두 사람을 그렇게 눈 여겨 보지 않았다. 두 사람도 그 날 거기서 처음 만나 대가들 사이에 명함도 못 내밀정도라서 문 앞에서 서 둘이는 30분 정도 이야기를 나눌 정도였다. 마윈은 페이스북을 몰랐고 저커버그도 알리바바를 몰랐다. 단지 인사치레로 마윈은 저커버그에게 중국에 한 번 놀러 오라했고 6년이 흐른 어느 날 저커버그가 마윈에게 전화를 걸어 아직도 자기를 기억하느냐고 물었다. 마윈이 그의 페이스 북에 가보니 저커버그는 중국어 공부를 하고 있었다.[427]

2015년 1월 다보스 포럼에서는 글로벌 10대 아젠다[428]를 제시했는데 그 중에 3번째로 리더십 문제가 거론되고 있다. 이 모임에서는 각국의 인사들 중에 어떤 이를 글로벌 리더라는 칭호를 부여하기도 하고 또 글로벌 리더들의 모임이 개최되기도 한다. 우리나라 제주도에서도 그 모임이 있었으며[429] 한국인 중에도 글로벌 리더라는 칭호를 받은 사람들도 있다.

---

427) 알리바바 그룹 편, 『마윈, 내가 본 미래』, 최지희 역(서울: 김영사, 2017년), 347.

428) 10대 아젠다는 다음과 같다: 1. 소득불균형 심화, 2. 치솟는 실업률, 3. 리더쉽 실종, 4. 지정학 갈등고조, 5. 정부에 대한 불신, 6. 환경오염, 7. 기후변화, 8. 국가주의 심화, 9. 물부족, 10. 의료격차.

429) 2016년 10월 22일 영글로벌리더 15명, 글로벌쉐이퍼(세계경제포럼 선정 20대 차세대 리더) 6명이 제주도 모임에 참여했다. 2017년 영리더포럼은 일본에서 개최되었다.

3. 글로벌 리더가 갖추어야 할 덕목과 자질

1) 윤리 의식

글로벌 리더는 무엇보다 뚜렷한 윤리의식이 있어야 한다. 그렇지 않다면 그의 비윤리적 판단이 그의 남다른 놀라운 재능들로 인해 모두 세계의 재앙이 되어 돌아올 것이기 때문이다.

2) 세계 공동체 의식

글로벌 리더는 한 지역의 리더가 아니다. 어떤 한 국가에 속한 리더도 아니다. 그는 이 지구촌의 모든 인류를 위한 글로벌 리더로서의 공동체 의식을 가져야 한다. 이것은 위대한 정치가만이 할 일은 아니고 세계를 그의 무대로 사업을 하며 문화를 교류하며 단순히 여행을 하며 크고 작은 일에 종사하는 모든 사람들이 가져야 할 리더십이다.

3) 인류 문화적 감수성과 공감능력

글로벌 리더에게 필요한 것은 일반적으로 보통 리더들에게 필요한 덕목 뿐 아니라 인종, 종족, 문화를 뛰어 넘는 인류 공동체에 대한 종교 문화적 감수성과 수용성이 있어서 세계 각국의 문화에 대해 이해할 수 있어야 한다.

4) 글로벌 리더와 테크놀로지 이해

이 시대는 이미 4차 산업혁명 시대로 속도 빠르게 진입하고 있다. 글로벌 리더는 테크놀로지화 된 우리 사회에 대한 깊은 통찰력과 이해로 미래를 내다보는 눈이 있어야 한다.[430] 이 시대의 테크놀러지는 무서운 속도로 세계를 연결시키고 있다. 이미 월드

---

430) 로버트 로젠 외, 『글로벌 리더십의 조건』(서울: 세종서적, 1992), 46-53.

와이드 웹의 등장은 우리를 로컬에 머물러 있지 못하게 하고 우리는 자연히 우리의 의지와 관계없이 글로벌화 되고 있다.

데이터퀘스트에 의하면 이미 10여 년 전인 지난 2001년 말의 시점에 약 2억 6천 800만 대의 퍼스널 컴퓨터가 서로 연결된 상태이다. 비즈니스 위크는 겨우 6천만 명의 사람들을 서로 연결시켜주는 데에도 라디오는 30년, 텔레비전은 15년이 걸린다고 분석했다. 하지만 인터넷을 이용하면 2001년 기준으로 볼 때 3년 밖에 걸리지 않는다. 컴퓨터 성능이 시시각각 놀랍게 발전할 뿐 아니라 성능대비 가격은 매년 30% 정도 인하되고 마이크로 칩은 18개월 마다 두 배씩 성능이 좋아진다고 평가되던 때가 2001년이다. 포레스트 리서치는 미국 기업에서 인터넷상의 기업간 거래가 2002년에는 3천 260억 달러로 늘어날 것이라고 했다.[431] 2018년인 현재는 앞서 말한 그 모든 조건들이 어떻게 급변했는지는 짐작하기도 힘들 정도이다.

글로벌 리더는 정보력에 뛰어나야 한다. 아무리 세계적 기업일지라도 정보력에서 뒤지면 낙오하고 만다. 저자는 이 곳에서 다루게 될 몇 몇 최근 인물에 대해 참고하고자 먼저 인터넷을 검색하여 많은 정보를 얻었지만 정작 저자의 서재에 고가를 주고 구입한 그 유명한 브리태니커 사전에서는 그 어떤 자료도 찾아볼 수 없었다. 브리태니커는 수많은 유명인사들의 생애와 업적에 대하여 세세하게 소개하고 있는 총 27권에 달하는 두텁고 무거운 세계적 권위의 사전이다. 하지만 저자는 이곳에서 다루고 있는 스티브 잡스나 빌게이츠 같은 세계 최고의 인물들에 대한 자료를 서재에 꽂혀있는 브리태니커 사전 전집을 뒤져도 아무 정보를 찾지 못하여 결국 포기해야만 했다.

브리태니커 사전의 출간 당시에는 세상에 등장한 컴퓨터의 존

431) 로버트 로젠 외, 『글로벌 리더십의 조건』(서울: 세종서적, 2001), 51.

재를 모르는 것이었나 하는 생각도 들었지만 그래도 혹시나 하고 사전에서 "컴퓨터"라는 항목으로 찾아보기로 했는데 컴퓨터에 대해서는 여러 장에 걸친 방대한 자료들이 나타나 있었다. 하지만 정작 오늘날 세계 모든 사람들의 손에 컴퓨터를 안겨준 스티브 잡스, 빌게이츠 같은 인물들에 대해서는 단 한 줄도 찾지 못하였다.

그러던 중 1946년에 최초의 범용 전자 컴퓨터인 에니악(ENIAC)에 대한 설명이 지극히 간단하게 한 줄 나와 있었는데 "이것은 프로그램을 바꾸기 위해 기계자체를 부분적으로 수정해야 하는 것 이었다"[432]라는 한줄 기록이었고 정작 개인범용 PC에 대한 이야기와는 거리가 멀었고 스티브 잡스와 함께 애플 컴퓨터를 공동으로 창립한 괴짜 천재 엔지니어 스티브 워즈니악에 관한 내용도 아니었다. 컴퓨터와 관련된 수많은 복잡한 공식들과 이론가인 사람 이름도 많이 있었지만 잡스와 빌게이츠는 없었다. 심지어 퍼스널컴퓨터(PC)에 관한 내용을 이야기를 하면서도 세계 최초로 개인용 컴퓨터를 세상에 내놓은 스티브 잡스에 대한 내용은 아예 하나도 없었다.

저자는 소장하고 있는 브리태니커 사전의 출간시기를 살펴보았는데 출간연대는 1993년이었다. 저자가 예전에 몇 번을 망설이다 힘들게 구매한 고가의 사전이었는데 너무 허망했다. 스티브 잡스가 IBM에 대항하여 매킨토시 컴퓨터를 선보이고 대대적인 성공을 거둔 때가 1984년이었고 워즈니악과 함께 백악관에 초빙되어 레이건 대통령이 수여하는 국가기술훈장을 받은 때는 1985년 1월이었다.

---

432) 브리태니카사전, 21권(서울: 한국브리태니커, 1993), 392. 만일 초기의 전자계산기식 기계를 컴퓨터의 시초라고 한다면 그것이 어떤 형태였는지는 잘 알지 못하나 일찍이 17세기 중반 파스칼이 아버지를 위해 만들어준 계산기가 그 시초라 할 수도 있겠다. 현대적 의미의 세계 최초의 컴퓨터는 에니악이다.

마이크로소프트가 컴퓨터에 '창'(windows)을 단 것은 이미 앞서 1983년이었지만 세계적 지성의 집대성인 브리태니커 사전의 출간 연대는 10년이나 지난 1993년이다. 10년이나 지나도록 브리태니커 사전은 윈도우의 위력, 의미, 가치를 세계적 안목을 가지고 그 추세를 내다보지 못한 것일까? 시대를 앞서가는 지성이 되지 못하여 결국 퇴화된 것일까? 브리태니커 사전 전집은 인터넷 중고 장터에 어떤 이는 겨우 15원, 어떤 이는 28원에 처분하고자 한다고 내놓았다. 예전에 구입 당시에는 100만원 넘게 주었다고 하면서…433)

브리태니커 사전을 탓하기 전에 당시에 세상은 아직 PC에 대한 미래에 대해 감각을 가지고 대비하지 못한 것 같다. 사실 저자가 컴퓨터에 대해 관심을 가지고 만지기 시작한 것은 대학 교수로 부임한 1998년부터이다. 그 직전까지만 해도 저자의 모든 지적활동은 필기구로 종이 노트에 기록을 남기는 방식이었고 아직 개인 소유의 컴퓨터는 없는 상태였다. 어느 날 "왜 아직 작업을 컴퓨터로 하지 않느냐"는 어떤 이의 말 한마디가 있은 후에야 어느 날 개인 소유용 컴퓨터를 구매하게 되었다. 시대를 좀 더 앞서 내다보고 적응하지 못한 본인의 부끄러운 고백이다.

Ⅱ. 글로벌 리더 5선

글로벌 리더는 세계의 다양한 분야에서 소개할 수 있겠지만 지면의 한계에 의해 다 다룰 수는 없고, 여기에서는 최근 청년들 가운데 자주 거론되고 있는 몇 몇 인물들만 간략히 소개하고자 한다. 이들에 대한 역사적 평가에 대해서는 앞서 언급하였다.

433) https://cafe.naver.com/joonggonara/210088060

1. 스티브 잡스(Steve Jobs, 1955~2011)

우린 누가 컴퓨터를 발명했는지 그 사람의 이름을 잘 모른다. 하지만 "컴퓨터"라고 하면 우리는 그가 컴퓨터를 발명한 사람이 아님에도 불구하고 스티브 잡스를 빼 놓을 수 없다.

컴퓨터란 어떤 것인가? 최근의 정의는 "전자회로를 이용한 것으로서 고속으로 언어나 영상 정보 처리 등 각종 데이터를 처리하는데 광범위하게 이용되는 것"으로 말하고 있는데 1990년 초반 출간 된 브리태니커 백과사전은 "미리 정해진 방법에 따라 입력된 자료를 처리함으로써 문제를 해결하는 다양한 형태의 전자공학적 자동 장치"[434] 정도로 소개하고 있다. 컴퓨터 기능의 진화로 인해 앞으로 어떻게 더 구체적인 설명이 첨가될지 모르겠다. 아무튼 계산을 행하는 컴퓨터 개념의 기계를 최초로 고안한 사람은 C 베비지라는 사람이라고 나오지만 그의 시도는 그다지 성공적이지 못하였으며 우리 역시 그를 잘 알지 못한다. 그리고 그 이후 1889년 H. 홀리스에 의해 구멍을 뚫어서 숫자만을 표시하는 천공카드 시스템(PCS)이 개발된 정도였다.[435] 1950년대에 도입된 초기 하이브리드 컴퓨터에서 디지털 장치라고 하는 것은 단지 아날로그 장치를 위한 지원 장치에 불과했다. 1960년 중반 이래 핵발전소나 우주항공기 등 일반인들의 직접적인 생활과는 동떨어진 세계에서나 복잡하게 사용되던 것이었다. 세상이 현재와 같은 이런 개념의 컴퓨터에 대해 관심을 가지고 사용하게 된 데에는 미국 애플 사(社)의 창업자인 잡스의 공헌이 크다. 이제 우리는 모든 분야에서 본격적인 인공지능 AI(Artificial Intelligence) 시대

---

434) 브리태니카사전, 21권(서울: 한국브리태니커, 1993), 390.

435) 브리태니카사전, 21권, 393.

를 맞이하고 있는데 컴퓨터는 일종의 AI 시스템인데 AI 시대에 새로운 또 다른 스티브 잡스가 필요하다.

1) 출생 배경

잡스는 1955년 2월 24일 미국 캘리포니아주 샌프란시스코에서 태어났다. 태어나자마자 양부모 폴과 클라라에게 입양되었다. 양부모는 기독교 신앙을 가진 미국 서부의 농부였는데 아이가 없자 스티브 잡스를 입양하였다. 스티브 잡스가 3살 되던 해 그의 가족은 아버지의 직장(자동차 영업, 부동산 중계)을 따라 사우스 샌프란시스코의 산업단지로 이주하였는데 이곳 환경은 주변에 전자회사가 많았고 잡스는 이들과 어울리며 성장하였다. 성장과정에서 훗날 잡스는 자신이 입양되었다는 사실을 알게 되었고 인생에 심한 방황의 시기가 있었으며 한 때 미국 히피문화에 흠뻑 젖어있었다.[436] 나중에 그는 대화 치료사였던 어머니와 정치학 교수였던 아버지 그리고 작가로 활동하는 모나 심프슨(Mona Simpson)이라는 여동생의 존재도 알게 되었지만 그는 친부모나 가족에 대해서는 냉담했고 언제나 양부모를 친부모로 여겼다.

2) 학업 및 사업

그가 어릴 때 전자회사가 많은 동네에서 자란 환경 탓인지 그는 전자 분야에 관심이 많았고 특히 빌 페르난데스, 스티브 워즈니악(Steve Wozniak) 등은 잡스에게 많은 영향을 끼쳤다. 그들은 모두 학교에서는 낙제생이자 독선적인 성격을 가진 외톨이였지만 전자적인 지식과 집념 그리고 유쾌한 성격은 비슷했다. 잡스는 좀 기이한 데가 있었다. 학교에서 그는 맨발로 돌아다니고 공부할 때에는 밤에 아예 학교에 자리를 깔고 자기도 했다. 그의

---

436) 놀란 부쉬넬 · 진스톤, 『나는 스티브 잡스를 이렇게 뽑았다』(서울: 미래의 창), 250.

이러한 행보는 취직한 회사에서도 마찬가지였다. 규칙상 안 된다고 해도 막무가내로 그게 안 되면 직장을 그만 두겠다고 실랑이를 벌였다.[437] 아무튼 입양아, 대학 자퇴생, 불교신자, 히피족… 이런 이름들이 바로 스티브 잡스의 또 다른 이름이다.[438]

잡스의 방황은 쉽게 끝나지 않았다. 한 때 아타리(Atari)라는 전자게임 회사에 취업한 잡스는 1970년대 중반에는 오직 명상만을 하려고 직장을 그만 두고 인도에 간 적이 있는데 아타리 CEO는 그런 잡스에게 명상을 위한 비용을 지원하면서까지 그를 놓치지 않고자 하였다.

수개월간 인도 북부 히말라야 일대를 여행한 후 그는 미국으로 돌아와 워즈니악의 도움을 받아 1976년 컴퓨터(회로기판)를 제조하는 회사를 공동창업을 하였다. 이 회사 이름이 애플(Apple)이다.

애플(Apple)이라는 이름은 스티브 잡스가 컴퓨터를 만들 때, 사과를 한입 베어 물고 컴퓨터 위에 올려놓았던 것을 상징화한 것이라는 설, 사과가 좋은 의미(성취, 지적 호기심, 건강)를 담고 있어 지었다는 설, IBM이 '썩은 사과'를 신문 광고에 내고 애플을 비꼬자 다음날 애플이 '썩은 곳이 도려내진 사과'를 신문에 내어 응수한 사건 때문에 자사 로고까지 바꾸었다는 설 등이 여러 가지 이야기가 있다. 그러나 사실은 잡스가 죽은 뒤 공동 창업자인 워즈니악은 "잡스가 오리건 주의 선불교 수행을 하던 장소였던 사과농장을 연상하여 애플(Apple)이라고 지었다"고 밝힌 바 있다. 잡스는 한 때 그 애플에서 쫓겨난 적이 있다.[439]

---

437) 놀란 부쉬넬 · 진스톤, 『나는 스티브 잡스를 이렇게 뽑았다』(서울: 미래의 창), 36.

438) 감독, 조슈아 마이클 스턴이 제작한 작품으로서 미국에서 드라마로 제작된 CD 속에 나타나는 잡스의 모습, 2013.08.29 개봉작.

439) 놀란 부쉬넬 · 진스톤, 『나는 스티브 잡스를 이렇게 뽑았다』(서울: 미래의 창), 250.

3) 창업정신과 경영

잡스는 1976년 21세의 나이에 집 차고에서 애플 컴퓨터를 시작했다. 1970년대 중반은 컴퓨터가 무선 햄 라디오처럼 아마추어 기술 애호가의 취미 정도로 여겨지던 때였다.[440]

그는 어려운 컴퓨터 시스템을 획기적인 운영체계를 적용하여 컴퓨터에 대한 지식이 없는 사람들도 불편 없이 사용할 수 있도록 만들고자 했다. 영세한 업체로서는 사업여건이 불리했지만 그는 이런 환경에 굴하지 않고 자신이 믿는 어렵지 않는 획기적인 운영체계라는 비전을 열정적으로 설득해나갔다. 마침내 그들이 만든 퍼스널컴퓨터는 시장에서 큰 반응을 보이며 판매에 성공했고 그는 억만장자가 되었으며 미국에서 최고 부자 대열에 합류했다.

한편 그는 모순된 성격과 인색함으로 어려운 시기에 힘이 되었던 친구들에게서 외면 받게 되었다. 하지만 자신의 태도와 생각을 바꾸지 않았고 이상적인 목적을 실현하기 위해 더욱 집중했다. “리더들은 회사 내에 독특한 성격의 소유자들을 알아보고 그 인재에 대한 관심을 등한시하지 말아야 한다.” 이는 잡스를 한 때 고용한 적이 있는 아타리의 CEO가 그의 책에서 전반에 걸쳐하고 있는 주장이다.

한편 회사 내에서는 매킨토시와 리사 컴퓨터를 개발하면서 애플사의 핵심 엔지니어와 경영진 사이에 반목이 심해졌고, 스티브 잡스는 이런 불화를 조화롭게 리드하지 못했다. 그래서 자신이 주도했던 리사 프로젝트에서 밀려나자 새로운 컴퓨터를 개발하는 매킨토시 프로젝트를 추진하였다. 하지만 그를 믿고 따랐던 매킨토시 프로젝트 담당 엔지니어들은 형편없는 연봉을 받고 있

440) 무굴판다 · 로비 셀, 『세상을 변화시킨 리더들의 힘』(서울: 럭스 미디어, 2007), 157.

다고 불만하며 스티브 잡스를 배신했다.

벤처사업 창업가들이 대기업을 상대로 같은 시장에서 살아남을 수 있을 것인가에 대하여 용광로처럼 뜨거운 불구덩이에 빠져 장렬하게 죽을 것인가 아니면 담금질을 당하여 강철과 같이 편할 것인가를 고민해야 하는데 스티브 잡스는 1980년대 초에 이와 같은 도전에 직면한다.[441)]

1985년 1월 19일 워즈니악과 함께 백악관에 초빙되어 레이건 대통령이 수여하는 국가기술훈장을 받았지만 워즈니악은 회사를 떠나고 말았고 스티브 잡스는 현실성 없는 망상가이자 회사를 도탄에 빠뜨린 인사로 지목되어 1985년 5월 경영 일선에서 쫓겨났다. 그의 이상적인 사고가 회사에 맞지 않았기 때문이다. 한 때 잡스를 고용한 적이 있는 아타리(Atari)라는 전자게임 회사 창업주는 그의 책에서 말하기를 애플이 왜 스티브를 해고했는가에 대해 "애플이 잡스의 프로젝트가 말도 안 된다고 생각했기 때문"이라고 한 적이 있다. 잡스가 떠난 애플은 추락했고 훗날에 그가 복귀하고서야 다시 성공 가도를 새롭게 달리기 시작했다.

아무튼 애플을 떠난 잡스는 1986년에는 조지 루카스 감독으로부터 픽사(Pixar)를 1000만 달러에 인수, 그래픽 전용 컴퓨터를 개발하여 의료업계에 판매하려고 시도했으나 수익을 내지 못하여 위기를 맞았다.

1991년 결혼하여 가정은 행복했지만 그의 사업은 점점 벼랑 끝으로 내몰리고 있었다. 픽사를 담당했던 엔지니어와 그래픽 아티스트들은 하드웨어 사업을 포기하고 장편 애니메이션 영화를 만들 것을 잡스에게 제안, 잡스는 픽사에 대규모 투자를 했고 Toy story는 놀랍게 흥행했다.[442)]

---

441) 무굴판다 · 로비 셀, 『세상을 변화시킨 리더들의 힘』, 157.

442) 놀란 부쉬넬 · 진스톤, 『나는 스티브 잡스를 이렇게 뽑았다』, 252-253.

1996년 적자에 허덕이며 새로운 운영체계를 원했던 애플이 넥스트 사(社)를 인수하면서 스티브 잡스에게 기회가 와서 13년 만에 다시 애플로 복귀, 4억 달러 흑자를 내는 데 공을 세웠다. 쓸모없는 회사로 생각했던 픽사도 존 래스터가 제작한 애니메이션 토이스토리의 대대적인 성공으로 거의 빈털털이에 내몰렸던 스티브 잡스를 단번에 억만장자에 올려놓았다. 나중에 잡스는 월트 디즈니의 이사회 임원이 되었다.

한편 여유로워진 스티브 잡스는 새로운 미디어인 인터넷과 접목한 새로운 제품 개발에 눈을 돌렸으며 그 대상은 음악이었다. 하지만 1990년대 말 인터넷이 발전하면서 MP3 파일에 담긴 음악을 자유자재로 주고받는 사람들이 불법복제를 하자 음반업계는 아수라장으로 변했다. 업계의 대응방법은 불법 사이트와 사용자들을 상대로 고소하는 방법을 택할 것인가 고민할 때 잡스는 이러한 방법은 수천만 명의 고객을 적대시하는 악재가 될 것이라고 생각했다.

그는 도리어 사용자가 편리하고 재미있게 따를 수 있는 소프트웨어와 초소형 휴대기기를 결합하여 음악 파일을 싼값에 합법적으로 다운로드 받을 수 있는 환경을 제공하는 아이디어를 개발했다. 그리고 항상 제품에서 모양과 색깔 등의 디자인 결정을 매우 중요시 여겼다. 모든 유사 업계가 빠진 대공황 속에서도 그는 근시안적으로 판단하지 않고 도리어 아이튠즈, 아이팟이라는 아이디어 상품을 개발해 선보이며 매킨토시를 능가하는 성공 스토리를 만들어낸 것이다.[443] 2010년 발표된 아이패드라는 태블릿 컴퓨터를 발표하면서 스티브 잡스가 주도하는 변화는 가속화 되었다.

---

443) 무굴판댜 · 로비 셀, 『세상을 변화시킨 리더들의 힘』, 162.

4) 잡스의 리더십

(1) 마니아 기질

학생 시절에도, 나중에 그가 취직을 했을 때에도, 창업 이후에는 말할 것도 없이 그는 미친 듯이 자기 일에 열중했다. 그런 그에게 자율을 얽어매는 규칙 따위는 아무 소용이 없었다.

밤새도록 자리를 깔고 현장에서 잠을 자면서 그는 뛰고 또 뛰었다. 아마 그래서 그렇게 일찍 세상을 떠났는지도 모른다. 아마 그래서 그는 그렇게 병적으로 쉬고 싶은 명상을 중요시 했는지 모른다. 아무튼 그는 짧은 생애에 그 자신을 주체할 수 없는 열정(passion)으로 자신을 활 활 다 태우고 떠났다.

(2) 규칙파괴와 창의성

규칙이란 질서를 위해 모두가 지켜야 하는 필요한 것이지만 때로 획일적인 규정과 규칙들은 창의성을 가로 막기도 한다. 이럴 때에 창의적인 인재들은 이것을 견딜 수 없다. 그러면 이러한 창의적인 사람들에 대한 주변 사람들의 반응은 어떠할까? 회사 내 다른 동료들이나 세상 사람들은 그들을 환영하며 반가워할까? 대체로 그렇지 않다. 특이한 그들을 비난하고, 무시하고, 왕따시킬 가능성이 높다. 그러므로 창의적인 인물들은 사람들과 잘 섞이지 못하며, 공감대도 잘 형성하지 못한다. 외톨이가 되기 쉽고, 사회 부적응자처럼 보인다.

조직의 획일화는 규칙 파괴적 마니아 기질을 가진 사람들을 잘 수용하지 못하며 결과적으로 창조적인 리더를 길러내지 못한다. 특이한 복장, 특이한 성격, 일반적이고 보편적이지 아니한 특성을 가진 사람들 그들을 무조건 기피하는 것은 창의성을 무시하는 것이다.

만일 스티브 잡스가 한국의 대기업에 이력서를 냈다면 그는 불합격했을 것이라고 전문가들은 말한다. 일단 그는 대학을 졸업하지 못한 사람이다. 그리고 면접관의 면접도 통과하지 못 할 것 같은 스타일이다.[444] 혹시 합격했다고 해도 회사 규칙을 잘 따르지 않는, 다른 부서와 갈등을 자주 일으키는 까칠한 그를 회사는 언제까지 받아줄 것이며 아니 잡스 자신은 또 얼마나 오래 그 회사에서 버틸 수 있었을까? 실제로 미국에서 잡스가 취직한 적 있는 어떤 한 회사에서도 그가 동료들과 결코 잘 지내지 못했다고 그를 고용한 적이 있는 CEO가 말하고 있다. 스티브 잡스의 특성 가운데 하나는 규칙에 얽매이지 않는 창의성이다. 한 때 잡스를 자기 회사에 고용한 적이 있는 CEO는 잡스와 규칙을 가지고 실랑이를 벌이다 규칙이 아닌 절충적인 퐁(Pong)[445]이라는 제도로 그의 독창성을 인정하기로 한 일화를 소개하고 있다.

(3) 주관이 뚜렷한 비호감형

잡스는 어떻게 보면 비호감 인물이다. 하지만 그를 고용한 적이 있는 아타리(Atari) CEO는 말한다. "우리는 상냥한 직원을 좋아하지만 종종 비호감이라도 더 나은 직원이 있다. 잡스가 그렇다. 그들의 오만함은 나름 근거가 있기 때문이다."[446]

비호감형 인재는 구성원의 사기를 떨어뜨리는 것이 사실이긴 하지만 어느 조직이나 한 두 사람 항상 있기 마련이고 만일 그가 유능한 인재라면 경영적 차원에서 어쩔 수 없다. 도리어 이런 사

---

444) 놀란 부쉬넬 · 진스톤, 『나는 스티브 잡스를 이렇게 뽑았다』(서울: 미래의 창), 4-10.

445) 탁구 비디오 게임 용어에서 유래한 것으로 규정을 제안하면서도 일종의 타협안이다. 예를 들면 개를 회사로 데리고 오면 안 된다는 규정을 어기는 직원을 놓치지 않고자 할 때에는 "○요일에는 안 된다"는 식의 예외규정으로 창조적 사고를 하는 직원을 방해하지 않는 것이다.

446) 놀란 부쉬넬 · 진스톤, 『나는 스티브 잡스를 이렇게 뽑았다』, 63-65.

람은 항상 따돌림 당하기 때문에 누군가가 그를 안아준다면 그 인재는 당신에게 찾아 올 것이라고 아타리(Atari) CEO는 말한다.[447]

(4) 명상을 통한 재충전

스티브 잡스는 항상 명상을 중요시하고 강조했다. 그는 자기가 유일하게 안정감을 느끼는 활동이 바로 홀로 하는 명상이라고 늘 말했고 명상을 즐겼다. 잡스는 늘 이렇게 자신을 충전하곤 했는데 그의 자신의 건강이 나빠졌던 것은 1997년 애플로 복귀했을 당시 회사에서 많은 문제들이 발견되어 더 이상 이전처럼 세상과 떨어져 홀로 명상할 시간이 없었기 때문이라고 말한 적이 있다.[448] 4차 산업 혁명이니 IT, DT, AI의 사회니 하며 우리 사회가 달려가는 속도가 빠르면 빠를수록 우리는 잠시 멈추어 명상을 통한 자기반성이 꼭 필요하다. 2018년 8월 현재 미국의 실리콘 밸리는 온통 명상에 빠져있다고 뉴스 매체는 소개하고 있다. "내면을 검색하라", "지친 연혼 씻는 명상, IT와 만나다", "스티브 잡스의 애플이 터를 잡고, 세계에서 가장 창의적 직장으로 손꼽히는 구글이 있는 곳, 세계 IT 산업을 선도하는 실리콘 밸리"가 명상의 도시가 되고 있다고 한다.[449]

7) 생애 마감

잡스는 IT업계에 큰 획을 그은 인물로 평가되며 성공가도를 달렸으나, 개인적으로는 희귀암 발병 등 건강 문제에 시달렸다. 2011년 8월 24일 병세 악화로 애플 CEO직을 사임, 사임 후 2달이 채 지나지 않은 10월 5일에 향년 56세로 사망했다. 사인(死因)은 췌장 신경내분비종양이었다.

---

447) 놀란 부쉬넬 · 진스톤, 『나는 스티브 잡스를 이렇게 뽑았다』, 65.

448) 놀란 부쉬넬 · 진스톤, 『나는 스티브 잡스를 이렇게 뽑았다』, 145-146.

449) 중앙일보, 2018년 8월 11일자 신문.

2. 빌 게이츠(Bill Gates, 1955~)

빌 게이츠는 마이크로소프트 창업자로서 컴퓨터 소프트웨어 분야에서는 마치 전구를 발명한 에디슨과 같다. PC의 95%를 마이크로소프트사가 차지한 때가 이미 14년 전인 2004년도였다. 2008년 회계연도 매출액은 617억 2천만 달러로 애플과 구글을 크게 앞섰으며 그의 다음 일화가 그가 얼마나 재력가이며 성공한 인물인지를 보여준다.

마이클 샌델 교수가 말하기를 “빌 게이츠는 하루 16시간을 일했다고 한다면 초당 140불을 벌었기 때문에, 길거리에 100불 지폐가 떨어져 있어도 허리 굽히느라 멈춰서는 시간이 아까워서 줍지 않고 지나갈 것”이라는 농담을 한 적이 있다고 한다. 그 이후 어느 연설회장에서 질문 시간에 빌 게이츠를 향해 누가 질문하기를 정말 그럴 거냐고 물어 본 적이 있는데, 그 때 빌이 우물쭈물하자 빌의 절친이며 빌과 달리 어릴 때부터 가난하게 살아온 대재벌 워런 버핏이 “빌은 모르겠지만, 나는 빌보다 가난하기 때문에 줍겠다.”라고 답해 청중을 웃긴 적이 있다고 한다. 세월이 흘러 2014년에 마이크로소프트사로 5년 만에 복귀한 빌 게이츠에게 다시 이 질문을 하자 이번에는 “줍겠다.”고 말했다는 재미있는 일화가 있다.

1) 출생 배경

미국 시애틀 출생이다. 시애틀 시내에는 그가 나중에 기증한 큰 규모의 빌게이츠 공공도서관이 있어 수년 전에 들어가 본적이 있다. 그는 변호사인 아버지와 초등학교 교사이자 자선단체 이사인 어머니 사이에서 태어났다. 그는 어릴 때부터 언제나 책을 옆에 끼고 사는 책벌레였다.[450] 책을 가까이 하는 그의 이러한 독서 습관이나 그가 나중에 위대한 기부천사가 된 것이 아마 그의 어머니의 영향이었을 수도 있겠다. 스티브 잡스와는 대조적으로 그는 유복한 가정에서 시애틀의 유력 가문 자제들이 다니는 레이크사이드 중·고등학교에 다녔다. 그는 이 학교에서 처음으로 컴퓨터를 접하게 된다. 그는 이미 1968년 13세 때 이미 게임 프로그램을 만들었다.[451] 이 때 그가 컴퓨터 프로그래밍을 터득한 것은 거의 독학이었다.[452]

2) 학업 및 사업

그는 미국 시애틀에서 귀족학교로 소문난 레이크사이드 중학교에 다녔다. 빌 게이츠가 이상한 기계 한 대를 처음 본 것은 바로 이 중학교 2학년 때 수학과 과학 수업 건물에서였다. 그것은 외부 세계와 전화선을 이용하여 연결할 수 있도록 모뎀이 장착된 케비넷 모양의 텔레타이프 같은 것이었다. 방 하나를 가득 차지하는 크기였으며 키보드, 프린트, 종이테이프, 펀치 같은 것이 그가 본 것이었다. 이 기계를 움직이는 프로그램을 일주일 만에 익힌 그는 컴퓨터 구입을 추진했고 그 학교 수학교사를 앞지르는 실력을 보이기도 하였다.[453]

빌 게이츠는 겨우 18세 고등학교 시절에 친구인 폴 앨런과 자본금 1500달러로 창업했다.[454] 1973년 하버드대학 법학과에 입학했지만 수업을 대부분 빼먹고 대부분 시간을 컴퓨터실에 앉아 자신의 프로젝트를 연구하는데 몰입했다. 하버드대학 시절 수학

450) KCTS/Seattle 비매품, 『빌게이츠와 워렌버핏 성공을 말하다』, 김광수 역(서울: 월북, 2004), 17.

451) 무굴판다·로비 셀, 『세상을 변화시킨 리더들의 힘』, 266.

452) KCTS/Seattle 비매품, 『빌게이츠와 워렌버핏 성공을 말하다』, 18.

453) 무굴판다·로비 셀, 『세상을 변화시킨 리더들의 힘』, 260.

454) KCTS/Seattle 비매품, 『빌게이츠와 워렌버핏 성공을 말하다』, 김광수 역(서울: 월북, 2004), 26.

과 과학에는 흥미가 있었지만 컴퓨터만큼 그의 마음을 사로잡지는 못했다. 그는 당시를 회고하기를 "심오한 생각에 잠긴 우울한 청년처럼 나는 내 방에 틀어박혀 평생 무엇을 하며 살 것인지 고민했다."라고 당시를 회고하고 있다.

그는 대학 내에서 컴퓨터 프로그래머 동아리를 만들어 컴퓨터에 완전히 매료되었고 밤을 새우기 일쑤였다.[455] 그리고 하버드 대학에 싫증이 나서 대학 2학년 때 중퇴하고 복학하지 않았다. 1975년 어린 시절부터 친구인 21살의 폴 앨런과 PC에서 돌아가는 소프트웨어를 만들어 팔겠다는 생각을 가지고 마이크로소프트사를 창업한 첫해 매출이 당시에 1만 6천 달러였다.[456] 자본금 1500달러를 갖고 마이크로소프트를 창업한 것이다.[457]

1980년대 초반 애플사가 데스크탑 컴퓨터 시장을 장악하자 그 유명한 IBM은 빠른 시일 안에 경쟁력 있는 PC를 생산해기 위해 칩(chip)과 운영체제(OS)를 외부에서 들여오게 되는데 무명회사인 마이크로소프트사에서 공급받기로 했다. 그 소프트웨어가 지금의 MS사를 있게 한 MS-DOS이다.[458] 굴지의 IBM 임원들이 1980년 여름 무명의 벤츠기업 마이크로소프트사를 찾아 나선 당시 빌게이츠는 당시 25살이었는데 외견상 18세도 채 안되어 보이는 앳띤 나이였다.

1986년 빌 게이츠는 31세의 나이에 역사상 가장 어린 억만장자가 되었다. 그는 포보스 선정 세계 억만장자 1위에 11년째 올라 있으며, 1990년대 초반 MS-DOS가 컴퓨터 업계를 완전히 장악

455) KCTS/Seattle 비매품, 『빌게이츠와 워렌버핏 성공을 말하다』, 17.

456) 무굴판댜 · 로비 셀, 『세상을 변화시킨 리더들의 힘』, 266.

457) 마이크로소프트라는 이름은 마이크로컴퓨터와 소프트웨어의 앞부분을 합친 것이다. 자본금은 하버드대 기숙사에서 친구들과 포커를 해서 모은 돈이라는 전설이 전해진다.

458) KCTS/Seattle 비매품, 『빌게이츠와 워렌버핏 성공을 말하다』, 19.

한 것은 그래픽 환경을 지원하는 윈도우즈 3.1의 성공 덕분 이었다. 그 이후 윈도우 95, 98, 2000, XP 등도 연이어 인기를 끌었다.

2004년 기준으로 전 세계 90% 이상이 마이크로소프트 운영체제 사용 중이며 2004년 파이낸셜 타임즈가 선정한 존경받는 재계의 세계 1위에도 올랐다. 그리고 세계 최고의 자선가로도 인정받는 빌 게이츠는 2004년 당시에 이미 총 100억 8500만 달러를 기부했으며 아내와 함께 재단을 세워 사회에 유익한 일들을 많이 하고 있다.[459]

3) 위기와 극복

처음 창업 당시의 규정은 25세 이하는 자동차 렌트 조차도 어려웠기 때문에 고객을 만나기 위해 늘 택시를 이용하기도 하였다. 그리고 고객을 만나면 어린애 취급을 당하며 무시하는 고객들 눈총을 견디며 그 모든 것을 다 감수했다.

그리고 당시의 마음고생은 학교를 그만두고 공부를 더 이상 못하는 것이 아니라 자기가 고용한 사람들의 수를 어떻게 책임지느냐 하는 것이었다. 그래서 만약의 경우를 대비하여 직원들 1년 연봉에 해당하는 금액은 항상 사전에 은행에 예치해 둘 정도로 사원들의 생계를 걱정하는 리더였다. 직원 생계를 우선 예비하는 이 철학은 그 이후에도 계속하여 실천해 오고 있다.[460]

1992년 11월 유력한 경제 주간지 비즈니스위크는 마이크로소프트사를 성토하는 목소리를 내기 시작했다. 비즈니스위크 "반칙왕 빌 게이츠"라는 기사에서 창업하고 불과 17년밖에 되지 않는 마이크로소프트사가 무척 빨리 성장했다는 것이며 전세계 PC의 80%가 마이크로소프트사 제품 MS-Dos에 의해 움직이고 있다고

459) KCTS/Seattle 비매품, 『빌게이츠와 워렌버핏 성공을 말하다』, 9-10, 20.

460) KCTS/Seattle 비매품, 『빌게이츠와 워렌버핏 성공을 말하다』, 77.

했다. 하지만 그로부터 12년이 지난 후 전 세계 PC의 95%를 마이크로소프트사가 차지했다. 미국 법무부가 착취성 독점기업으로 규정하여 2000년 4월 마이크로소프트사가 패소하고 이 판결에서 시장독점을 사유로 2개의 회사로 분리할 것을 지시받는다. 하지만 2004년 영국의 주간 유력지 이코노미스트는 "법정 소송은 마이크로소프트사의 사활을 결정지을 수 없을 것이다."[461]라고 말했다.

4) 빌게이츠의 리더십

(1) 시간과 지식을 자산으로 활용

그는 말한다. "여러분에게 주어진 최고의 자원은 바로 시간이다. 시간을 어떻게 사용하느냐가 가장 중요하다."[462] 그리고 "돈은 그리 중요하지 않다. 소중한 건 지식이다."[463]

(2) 대결이 아닌 제휴

반드시 경쟁에서 이겨야 한다는 본능적인 의식이 강한 빌게이츠가 공격적인 경영전략을 구사하기도 했지만 결국 오랜 숙적이었던 선 마이크로 시스템스와 화의를 통해 분쟁을 결말짓고 또 독일의 지멘스와 상호 지적재산권을 교류하는 계약도 체결하는 등 대결이나 경쟁을 피하고 협력과 전략적 제휴에 관한 리더십을 발휘하고 있다고 평가받고 있다.

(3) 민첩성

위기 속에서 보인 그의 섬광 같은 민첩성과 상황 판단력은 대단하다. 컴퓨터를 처음 접한 지 1주일 만에 이 기계를 움직이는 프로그램을 익히고 즉시 컴퓨터를 구입했고, 교사를 앞지르는 실

---

461) 무굴판다 · 로비 셀, 『세상을 변화시킨 리더들의 힘』, 258.

462) KCTS/Seattle 비매품, 『빌게이츠와 워렌버핏 성공을 말하다』, 87.

463) KCTS/Seattle 비매품, 『빌게이츠와 워렌버핏 성공을 말하다』, 91.

력을 보이기도 하였다. 성인이 된 이후에도 그는 새로운 트렌드를 재빨리 감지하고 대응하는 그의 글로벌 리더적인 능력을 알 수 있다. IBM과 협상을 통해 MS-Dos를 PC 운영체계 표준으로 자리 잡게 만든 것도 그렇고, 인터넷의 폭발적 가능성을 감지하고 재빨리 반응에 대응에 나서 결국 웹 라우저 시장을 선도하는 Net Skype를 따돌린 일도 그렇다.464)

(4) 미래를 내다보는 눈

현재 보다 미래를 내다보는 그의 예지력은 여러 면에서 관찰 가능하지만 일례로 든다면, 그가 한번은 중국을 방문한 적이 있는데 그가 방문할 당시의 중국은 대다수의 국민들이 컴퓨터는 어느 정도 보급되어도 소프트웨어를 구입할 돈은 거의 없는 실정이었다. 그러나 그는 중국의 다가올 미래를 내다보고 이렇게 말했다 "만약 중국 국민들이 소프트웨어를 훔치고자 한다면 우리 것을 훔쳤으면 하는 게 제 솔직한 생각입니다. 그렇게 해서라도 컴퓨터를 알게 되면 향후 10년쯤 뒤에는 우리 회사에 막대한 수익을 가져다 줄 수 있을 것입니다. 중국은 우리에게 거대한 보고가 아닐 수 없습니다."라고 말했다. 이처럼 그는 현재보다는 미래를 내다보는 탁월한 안목을 가지고 있었다.465)

(5) 독특한 캐릭터

재미있는 일화로 그의 성격의 일면을 엿 보고자 한다. 빌 게이츠의 아버지의 자서전에서는 그에 관한 이야기가 있는데, 그가 초등학교 6학년이던 1967년 어느 날, 저녁을 먹다가 빌 게이츠가 어머니에 대들자 그것을 보고 있던 그의 아버지가 화가 나서 컵에 있는 찬물을 게이츠의 얼굴에 힘껏 뿌렸다. 이때 빌 게이츠의

464) 무굴판다 · 로비 셀, 『세상을 변화시킨 리더들의 힘』, 261.

465) KCTS/Seattle 비매품, 『빌게이츠와 워렌버핏 성공을 말하다』, 63.

반응은 주눅이 들어 반성하고 멈칫 하기는커녕 "샤워를 시켜줘서 고맙네요."라며 빈정거렸다고 한다. 너무 정신적 충격을 받은 그의 아버지는 그를 심리상담가에게 데려갔는데 전문가는 그의 독특한 성격을 존중해주라는 충고를 했다. 결국 이 충고를 받아들인 빌 게이츠의 아버지는 사립학교 레이크사이드 스쿨로 그를 보낸 것이 그의 인생의 큰 전환점이 되었다고 한다.[466)]

쉽게 자신을 반성하지 않는 그의 모습은 둘도 없는 절친 워렌 버핏과는 너무 대조적이다. 극과 극은 통하는 모양이다. 워렌 버핏은 전설적인 투자자이지만 그가 투자 이익을 높이지 못했을 때 그는 주주들에게 보내는 서신에서 언제나 자기 책임이라고 항상 인정했다.[467)] 여기서 빌게이츠를 버핏과 연결시킨 이유는 그가 결코 자기 자신의 잘못을 모르는 사람이 아니라 그 표현 방식이 다름을 말하고 싶어서이다. 우리는 어떤 이의 일반적이지 않은 독특한 모습에 쉽게 정죄하지 말아야 한다.

(6) 빌게이츠와 도서관

빌 게이츠는 말한다. "오늘날의 나를 만든 것은 동네 도서관이다. 멀티미디어 시스템이 정보 전달 과정에서 영상과 음향을 사용하지만, 문자 텍스트는 여전히 세부적인 내용을 전달하는 최선의 방식이다. 나는 평일에는 최소한 매일 밤 1시간, 주말에는 3-4시간의 독서 시간을 가지려 노력한다. 이런 독서가 나의 안목을 넓혀준다." 저자는 미국 시애틀에 그가 기부하여 지어준 큰 도서관에 직접 들어가서 너무나 쾌적한 환경 가운데 자녀와 함께 자유롭게 여러 자료들을 열람하고 시애틀에서 공부 중이던 자녀에게는 대출증을 무료로 발급하여 주어서 마음껏 책을 대여한 적이 있다.

466) KBS 방송국 1대100 프로그램, 134회 후반전 6단계 문제 중.

467) 무굴판다 · 로비 셸, 『세상을 변화시킨 리더들의 힘』, 292.

(7) 빌게이츠와 기부

게이츠의 제2의 인생은 돈을 쓰는 것이다. 2000년에 설립한 빌 앤 멜린다 게이츠 재단(Bill & Melinda Gates Foundation)을 통한 그의 기부사업은 타의 추종을 불허한다. 공공도서관, 고속통신망 개선, 대학생 장학금, 중국의 결핵 퇴치, 소아마비 퇴치, 빈곤층을 위한 모바일 금융서비스 사업, 말라리아 백신 개발 연구, 어린이 치료약품 연구비, 빈민지역 교육환경 개선, 저소득층 장학사업 등 그 종류와 천문학적 기부금을 일일이 다 열거할 수 없다. '세계에서 가장 부유한 인물' 수위를 다투던 버핏과 게이츠는 이제 '세계에서 기부를 가장 많이 하는 인물' 수위를 놓고 다투는 중이다.

3. 워런 버핏(Warren Buffett, 1930~)

투자의 귀재라고 불리며 20세기를 대표하는 미국의 사업가이자 투자가이다. 26살 이후 고향 오마하를 벗어나지 않고 활동하며 뛰어난 투자실력과 기부활동으로 인해 사람들은 흔히 그의 출생지 네브래스카 주의 오마하를 따서 '오마하의 현인'이라고 부른다.[468] 억만장자이면서도 검소한 생활태도를 지니고 있으며 2006년에 이미 재산의 85%를 사회에 환원하기로 약정하는 등 적극적인 기부활동을 펼치는 것으로도 유명하다. 2008년 미국 경제전문지 <포브스>에 의해 세계 재력가 1위(재산 58조 8천억 원)에 선정되기도 했다. 2018년 올해에도 3조가 넘는 돈을 기부하고 있다.

1) 출생 배경

1930년 미국 네브래스카주(州) 오마하에서 사업가이자 투자가

468) 한겨레신문 2006.06.27

의 둘째 아들로 태어났다. 하지만 그의 아버지는 증권회사를 운영했지만 수입은 거의 없었다. 그는 어렸을 때부터 껌이나 콜라, 주간신문 등을 팔고, 할아버지의 채소가게에서 일을 하고, 핀볼 기계를 이발소에 설치해 장사를 하는 등 돈을 벌고 모으는 데 관심이 많았다. 11살 때에는 누나와 함께 100달러의 자금으로 주식투자를 시작하기도 했다.

어린 시절 가난을 경험한 이유인지 평생 검소했고 어린 시절부터 신문배달을 했는데 이미 14세에 신문배달로 돈을 많이 벌었다. 시스템을 변화시켜 한 사람이 각각 구역에서 한 신문 배달을 각자 구역에서 여러 신문 배달했다. 당시 배달하던 신문이 워싱턴 포스트이며 30년 후 이 신문 대표이사로 취임했다. 특이하게도 그는 신문배달로 벌인 돈도 자진 납세신고를 하기도 했다.

2) 학업 및 사업

고교시절에는 학교 수업에 충실하여 전교 20등 정도의 성적을 유지하였으며 유머 좋아하였다.[469] 17살부터 21살 때까지 펜실베이니아대학, 와튼 비즈니스 스쿨, 네브래스카-링컨대학, 컬럼비아대학 경영대학원에서 경제학을 공부했지만 공부에 흥미 잃고 주식시세 동향에 관심을 가지다가 어느 날 학교에서 홀연히 사라지기도 하고 공부의 필요를 느껴 다시 대학으로 돌아오기도 하였다.

그도 한 때에는 무엇에도 흥미를 못 느끼고 방황하다가 네브라스카 대학에 재입학했다. 그리고 다시 신문배달 시작하고 1만 달러로 사업을 시작했는데 어느 날 책 한권이 그의 인생을 바꾸었는데, 그 책은 벤자민 그레이엄의 『현명한 투자자』라는 책이었다. 그 후 비즈니스 스쿨에 입학, 자기만의 가치 투자론을 연구

---

469) KCTS/Seattle 비매품, 『빌게이츠와 워렌버핏 성공을 말하다』, 12.

했고 현재 회장으로 있는 버크셔 해서웨이는 1965년 운영 어려운 방직회사 인수한 것이다.

그의 아버지가 설립한 버핏 포크사(Buffett-Falk & Co)를 거쳐 뉴욕의 투자회사 그레이엄 뉴먼(Graham-Newman Corp)에서 근무하다가, 버핏 파트너십(Buffett Partnership Ltd)이라는 투자조합을 설립해 본격적인 투자인생을 시작하였다. 1965년 그는 방직회사 버크셔 해서웨이(Berkshire Hathaway)의 경영권을 인수하여 현재 최고경영자로 활동하고 있다.

3) 그의 투자 철학

그는 경기나 환율 따지지 않고 가치 있는 주식을 사들여 오래 보유하는 것으로 유명하다. 초조해 하지 않는 끈기 있는 투자자이다. 때로 그는 끈기 있게 10년, 20년 보유하는 주식도 있다. 흥미로운 사실은 그는 자기가 좋아하는 것에 투자하기로 유명하다. 코카콜라, 질레트면도기, 퀸 아이스크림 등에 투자하는 것은 다 그가 그것을 좋아하기 때문이다.[470)]

투자자들을 향해서는 항상 자기 반성적 기업가 윤리가 뛰어나다. 그는 투자의 귀재로 성공적인 전설적 투자 전문가이지만 그가 투자 이익을 높이지 못했을 때 그는 주주들에게 보내는 서신에서 항상 그것은 자기책임이라고 인정했다. “범인은 바로 제 자신입니다.”라고 말하며 “저는 이번 투자에 D학점입니다.” “이번 투자에 F학점입니다.”라고 스스로 자기 점수를 매기기도 하였다. 그는 떨어진 주가를 시장 탓으로 돌린 일이 없다.[471)] 도리어 그는 성공한 일에는 모두 다른 사람들에게 그 공을 돌리는 것으로 유명하다.[472)]

---

470) KCTS/Seattle 비매품, 『빌게이츠와 워렌버핏 성공을 말하다』,14-15.

471) 무굴판다 · 로비 셀, 『세상을 변화시킨 리더들의 힘』, 292.

4) 기업의 사회 환원

그는 은퇴 후에 아내에게는 1%, 자식에게는 0%, 사회에 99%를 내놓겠다고 그의 재산의 사회 환원을 천명했다. 2004년 아내가 사망하자 3조원 유산 전액을 기부했다.[473] 2006년 본격적으로 기부를 시작하여 현재 그의 누적 기부 총액은 52조이다. 하지만 어릴 때부터 가난이 몸에 밴 그는 여전히 20년 된 캠리 자동차와 뿔테 안경을 쓰고 다닌다. 이 글을 쓰고 있는 며칠 전인 2018년 7월 18일 아침 출근 시간에 라디오 아침 뉴스를 통해 그의 수조원에 달하는 기부 소식을 또 들었다. 이 원고를 교정하는 2018년 8월 11일 오후 1시 CBS 라디오 뉴스는 워렌 버핏의 아들이 미국 일리노이에 대형 약물중독 케어센터를 건립하여 우리 사회에 또 다른 기여를 하게 된다는 뉴스가 흘러나오고 있다.

4. 마크 저커버그(Mark E. Zuckerberg, 1984~)

마크 저커버그는 페이스북(Facebook)의 설립자이다. 페이스북 세계에서 가장 큰 소셜네트워크 서비스(Social Network Service, SNS)이자 어쩌면 현대판 탈무드이기도 하다. 탈무드란 지난 5000년 동안 유태인들이 주제와 상관없이 누구든지 자신이 하고 싶은 말을 자유롭게 기록할 수 있었던 것으로서 유대문명의 모든 것이라 할 수 있는데 페이스북은 불과 19살 한 유태 청년에 의해 인터넷과 스마트폰을 통해서 전 세계인의 지혜와 생활을 공유하며 우리 모두가 함께 기록하는 현대판 탈무드로 평가되기도 한다.[474] 페이스북은 2003년 서비스를 시작해 10년도 안된 시기에

---

472) 무굴판다·로비 셀, 『세상을 변화시킨 리더들의 힘』, 299.

473) KCTS/Seattle 비매품, 『빌게이츠와 워렌버핏 성공을 말하다』, 16-17.

474) 김욱, 『탈무드에서 마크 저커버그까지』(서울: 도서출판 더 숲, 2012년), 13

전 세계 6억 명 이상이 사용했으며, 최근 조사한 바에 따르면 페이스북 이용자는 월 1회 이상 이용자만 집계해도 22억 명[475]에 이른다.

1) 출생 배경

1984년 미국 뉴욕 주의 유복한 환경에서 태어났다. 그의 아버지는 치과 의사였으며 어머니는 정신과 의사였다. 그는 어릴 때부터 유달리 호기심이 많아 "왜?"라는 질문이 많은 아이였다.[476] 그것도 한번 그가 질문하면 한 번의 대답을 듣고 끝나는 일이 잘 없었다. 들은 답에 대해 또 다시 질문하고, 또 다시 질문하고 그와 대화하면 몇 번이나 질문과 대답을 주고받아야 했다. 그리고 보는 것마다 질문 후에 연이어 자기만의 상상을 하곤 했다.

예를 들면 자전거는 뭐예요?라고 하는 물음에 바퀴가 두 개 달린 이동수단이라고 답 하면 "자전거는 왜 바퀴가 두 개예요? 네 개짜리 자전거는 없나요?"라고 말 하곤 했다. 이 말을 들으니 며칠 전 라디오에서 흘러나오는 김광석의 번안 곡 가사 "네발로 가는 자전거"(곡목: 두 바퀴로 가는 자동차)를 들으며 대단히 상상력이 풍부하고 창의적이라 생각이 난다. 어떤 가수는 반대라는 뜻의 역(역)이라는 제목으로 노래했다고 음악 진행자가 소개하는데 이 노래는 사실 2016년 노벨 문학상을 받고 며칠 전[477] 내한 공연한 밥 딜런의 노래 "don't think twice, it's all right"을 번안한 곡들이다. 아이러니 하고 역설적이게도 두 번 생각하지 말라는 밥 딜런의 노래는 우리를 두 번 생각하게 한다.

아무튼 저커버그는 창조적인 자기 상상의 나래를 펴고 질문에

---

475) 한겨레[경제] 2018.07.17.(화) 게재, 백석대학교 도서관 전자 신문 열람.

476) 주디 L. 해즈 데이, 『저커버그 이야기』, 박수성 역(서울: 움직이는 서재, 2016년), 19.

477) 2018.7.27. 서울 올림픽 공원 체조경기장 밥 딜런 내한 공연.

꼬리에 꼬리를 물고 계속하여 질문을 하는 아이였다. 이런 그의 행동에 유태인인 그의 부모는 끊임없이 그와 대화했다. 사실 유태인 전통 교육 방식인 하브루타는 대화와 토론을 통해 생각하는 법을 가르치는 것인데 그의 부모들은 하루타 교육을 시킨 것으로 보인다. 그리고 부유한 그의 부모들은 어릴 때 그에게 일찌감치 컴퓨터를 보여주었다. 당시엔 퍼스널 컴퓨터가 대중화되기 전일 때라 컴퓨터 가격이 상당히 비쌌다. 마크가 어릴 때부터 컴퓨터를 접하게 된 것은 특별히 컴퓨터 마니아였던 그의 아버지 덕분이었다. 치과 의사인 그는 1985년도에 거액을 주고 아타리 800 초기 모델 컴퓨터를 구입했는데 아마 개인 치과병원 중에서 최초로 컴퓨터를 보유한 경우일 것이다.[478]

저커버그는 자라면서 아버지의 치과 진료에 도움을 주기 위해 컴퓨터에 많은 관심을 가진 것 같으며 페이스북의 상호 연결 개념을 벌써 어린 이 당시의 경험을 바탕으로 한 것으로 보인다.

치과 의사인 그의 아버지는 2층집에 올라가 있다가 1층 진료실에 환자가 도착하면 접수 직원이 소리를 들려주거나 직접 2층으로 뛰어와야 했다. 이것을 본 저커버그는 아버지의 이런 불편을 없애주기 위해서 집안에 있는 모든 컴퓨터와 아버지의 진료실에는 컴퓨터가 소통할 수 있는 방법에 대해 연구하기 시작했다. 그래서 그는 집안에 있는 컴퓨터를 연결하여 메시지를 주고받을 수 있는 프로그램인 Zuck-net을 만들었던 것이다. 1996년 12살 마크 저커버그가 만든 첫 번째 소프트웨어 프로그램인 Zuck-net의 탄생이다.

이것은 환자가 들어왔을 때 진료실에 접수 직원이 체크 프로그램에 접속해서 키를 누르면 다른 컴퓨터에서 "핑" 하고 소리가 났다. 이것을 듣고 그의 아버지는 환자가 도착했다는 것을 쉽

478) 주디 L. 해즈 데이, 『저커버그 이야기』, 29.

게 알 수 있었다. 가족 서로 간에도 읽을 수 있는 메시지를 보내어 의사소통을 했다. 이 프로그램은 가족들 간에 교류하는 최초의 인터넷 프로그램이었다.

그는 대단히 장난기가 많은 아이였으며 그의 발명품으로 때로 가족들에게 장난을 걸어 놀라게 하여 혼이 나기도 했다. 그의 어릴 때 유행했던 닌텐도에서 나온 <마리오 브라더스> 같은 비디오 장난감을 사주면 그는 단순히 가지고 놀기보다 그것의 원리를 알고 싶어 했다. 그리고 직접 만들려고 했다.[479]

2) 학업 및 사업

저커버그는 중학교 시절 본격 프로그래밍을 시작했다. 당시 아버지로부터 아타리 BASIC 프로그래밍 언어를 배웠으며, 1990년대 중반에는 집 근처 머시 칼리지의 대학원 수업을 청강하기도 했다.[480] 〈소셜 네트워크〉란 영화에서는 저커버그를 프로그래밍밖에 모르는 사회부적응자로 묘사하기도 했지만 실제의 저커버그는 고등학교를 당시 서양고전 과목에서 우수한 성적을 거두었으며, 3학년 때 학교를 옮긴 뒤에도 과학과 서양고전 연구 과목에서 재능을 보였고 펜싱 팀의 주장을 맡기도 했다.

저커버그는 고등학교 재학 중 시냅스 미디어 플레이어(synapse media player)라는 음악 프로그램을 개발하였고 이것은 인공지능을 이용해 만든 음악 플레이어였다.

고등학교 시절에 이미 마이크로소프트사와 AOL 회사가 일백만 달러의 프로그램 인수 제안을 하고 회사 고용을 제안하였으나 그는 돈에 이끌려서는 안 된다는 확고한 신념으로 그 제안을 거절하고 컴퓨터 과학과 심리학을 전공할 생각으로 2002년 9월

---

479) 주디 L. 해즈 데이, 『저커버그 이야기』, 48-49.

480) 주디 L. 해즈 데이, 『저커버그 이야기』, 61.

곧바로 하버드 대학교에 입학했다.[481]

저커버그는 대학 2학년 때인 2003년 10월 페이스매시(Facemash)라는 이름으로 SNS 서비스를 시작했다. 2004년에는 '더 페이스북(TheFaceBook)'이란 이름으로 서비스를 개편했으며, 2005년에는 지금의 이름인 페이스북으로 변경했다. 페이스북으로 개명 후 미국 전역의 고등학교에 공개하면서 사업에 전념하기 위해 하버드 대학을 중퇴하였다.

사실 하버드 대학교 내에서는 저크버그 보다 앞서 2002년 12월 윙클보스 형제와 디브야라는 학생이 하버드 대학교 학생들 간의 친목을 도모하는 웹사이트를 구상하고 있었다. 목적은 수업 과목 정보교류나 데이트 신청이나 등을 위한 학생들 프로필 수집이었다. 돈을 벌 목적도 가지고 하버드 커넥션이라 이름 붙였다.

하지만 계속 난항을 겪고 코드 프로그래밍 고수가 필요하다는 것을 절실히 느낄 때 저커버그가 나타난 것이다. 하지만 이들의 인간 관계문제가 불거져 저커버그가 그 모임 탈퇴 3일 전에 The FaceBook.com이란 사이트를 등록했고 이로 인하여 그 이후 장장 7년간 법정 시비가 벌어졌다.[482]

한 가지 분명한 사실은 마크 저크버그는 돈을 벌 생각이 없었고 오직 사람과 사람 사이를 연결하는 인터넷을 꿈꾸었던 것이다. 그 이후 그는 자신의 꿈을 극소수의 주변 친구들[483]에게만 털어 놓았다.

페이스북은 처음엔 하버드 대학교의 학생들만 이용할 수 있었지만 이후 전국 대학교로 서비스 영역이 확대됐다. 2005년 9월에

481) Wikipedia, 2012; 주디 L. 해즈 데이, 『저커버그 이야기』, 서언.

482) 주디 L. 해즈 데이, 『저커버그 이야기』, 141.

483) 더스틴 모스코비츠(Dustin Moskovitz), 크리스 휴즈(Chris Hughes), 세버린, 아리 하시트 등.

는 고등학교 학생도 서비스에 가입할 수 있게 되었고, 2006년 9월에는 13세만 넘으면 누구나 가입할 수 있게 확대되었다.

Facebook이 세상에 나와 인기를 끌자 거액을 제시하며 Facebook을 사겠다는 제안이 하루가 멀다 하고 들어왔다. 마이크로소프트 사도 Facebook 인수에 관심이 있다는 사실을 적극적으로 밝혔다. 2006년 야후의 CEO 테리 세멜이 10억 달러에 Facebook을 사겠다고 했지만 이 제안을 한 마디로 거절해서 세상을 깜짝 놀라게 했다. 테리 세멜 역시 자기 귀를 의심할 정도였다. 2007년 마이크로 소프트회사가 다시 Facebook을 인수하겠다고 제안했고 150억 달러가 당시의 평가금액이었다.

하지만 그는 <포춘> 지와의 인터뷰에서 이렇게 말했다. "저는 세상을 변화시키는 것을 만들어내기 위해 이 일을 하는 것이지 그에게 팔려고 하는 게 아닙니다." 이 말은 그의 고등학교 시절에 "꿈과 비전을 돈과 바꾸긴 싫다"고 시냅스를 팔기를 거절하던 그의 생각과 조금도 달라지지 않은 그의 철학을 보여주는 것이었다.[484]

그의 철학은 돈이 아니라 세상을 연결시키고 싶다는 것이며 그러한 꿈이 그 자신을 이끌어가기를 원하는 것이었다.[485] 소위 페이스북 선거라고 불렸던 2008년 미국 대통령선거를 거치며 세계 최대의 SNS로 자리매김하였다.

3) 일상생활

누구에게나 그러하듯이 에너지가 고갈되고 쉼이 필요할 때가 있을 것인데 너무 분주하고 바쁜 마크 저커버그도 종종 그런 시간이 필요했다. 그럴 때마다 그가 찾아가는 그의 연인이 있었다.

484) 주디 L. 해즈 데이, 『저커버그 이야기』, 192.

485) 주디 L. 해즈 데이, 『저커버그 이야기』, 6.

그녀는 중국계 미국인 여성 챈이다. 그가 그녀를 만나게 된 것은 2003년 어떤 한 사교모임의 화장실 앞에서 순서를 기다리다가 우연히 그녀와 대화하면서 마음과 뜻이 통했다고 한다. 당시에 그는 촌스런 옷차림에 슬리퍼 차림으로 소위 전형적인 덕후 스타일이었다. 그녀는 마크 저커버그의 존재를 잘 알아보지 못하는 때였다. 하버드 대학교에서 친구를 사귈 수 있는 공간은 사교 클럽과 기숙사 정도로 제한되어 있었다. 마크는 촌스러운 옷차림과 아디다스 삼색 슬리퍼를 신고 다니기로 유명하다. 사시사철 캠퍼스에서 그는 슬리퍼를 신고 다닌다. 그것은 우리가 흔히 아는 청색에 흰줄 세 개 그어져 있는 그런 슬리퍼이다. 그의 이러한 허름한 차림새와 특이한 성격으로 그는 별로 친구가 없을 정도이다.

그의 촌스러운 옷차림은 그가 크게 성공하고 대외적 활동을 할 때에도 고쳐지지 않아 늘 챈의 인상을 찡그리게 했고 2008년도에는 "2009년 새해에 넥타이 매고 출근하기"를 목표로 정할 정도였다고 한다. 하지만 결국 이런 챈과의 약속과 다짐은 실패했고 다만 타협하기를 회사에선 자유로운 복장, 외부로 나가서 사업상 업무를 볼 때는 정장을 하기로 타협점을 찾았다. 챈은 마크 저커버그와 같이 있기 위해 그녀가 다니던 하버드 대학교를 졸업하고 캘리포니아 주립대학 의과대학으로 진학하게 된다.

2012년 오랜 연인은 결혼했는데 마치 챈의 졸업식 파티처럼 소박하게 100명 정도를 초청하여 결혼식을 올렸다. 유럽 신혼여행 중 길거리에 아무렇게나 앉아 함께 패스트푸드를 먹는 모습 사진[486]은 세계 굴지의 재벌의 위엄은 전혀 찾아볼 수 없고 단지 지나가는 청년 배낭 여행객처럼 보인다.

---

486) 주디 L. 해즈 데이, 『저커버그 이야기』, 242.

4) 위기의 굴곡들

페이스북이 커다란 성공을 거둔 것은 사실이지만 초기 설립시기에 동업한 친구들과의 불화설도 불거지기도 했고 또한 저커버그가 다른 서비스를 모방해 페이스북을 만들었다고 고소당해 수년간 법정 투쟁을 벌이기도 했다.

사용자의 프라이버시에 대한 우려도 끊임없이 제기되고 있다. 2011년엔 미국 연방무역위원회(FTC)가 페이스북의 프라이버시 문제에 대한 조사를 진행했고, 결국 FTC와 페이스북은 20년간 외부 기관의 정기적인 감사 등의 내용에 합의했다.[487] 그 외에도 여러 위기와 난관이 있었겠지만 가장 최근의 위기는 캠브리지 애널리티카(CA) 정보유출 사건이다. 2017년 캠브리지 애널리티카 사건이 터진 후 페이스북 탈퇴 움직임이 일부 번지기도 했다.[488]

캠브리지 애널리티카는 영국에 있는 정보추출회사(데이타 마이닝)인데 여기를 통해 페이스북에 있는 개인정보들을 가입자 정치성향 분석을 통해 트럼프 캠프에서 이용했다는 것이다.[489]

페이스북의 사생활 침해 문제는 그 후에도 계속 사회적 문제가 되어 비판적 개발자들이 대안 만들기에 나서고 있다. 영국 파이낸셜 타임즈는 새로운 소셜 플랫폼을 준비하는 스타트 업 '오픈 북'(Open book)을 소개했다.[490] 오픈 북 설립에는 정보보호 보안전문가들이 대거 참여했다. 암호화 해주는 프로그램 PGP 개발자 필립 지머민, 네덜란드 이동통신 KPN 최고보안책임자 자야 발루 등이 그 대표적 인물이다. 오픈 북 설립자이자 최고경영자인 호엘 에르난데스는 사이버 보안 개발자 출신으로 그는 지난

487) Wikipedia, 2012.

488) 한겨레[경제] 2018.07.17.(화) 게재, 백석대학교 도서관 전자 신문 열람.

489) 2017년 9월 포브스지.

490) 2018.7.16.일자 영구 파이낸셜 타임즈.

몇 년 동안 페이스북을 대체할 플랫폼을 준비해 왔다. 최근 개인 정보보호를 중시하는 인식에 따라 새로운 플랫폼으로 세상 앞에 나타날 것 같다.[491] KISA, 한국 인터넷진흥원 자료에 나타나는 바에 의하면 페이스북은 2017년 캠브리지 애널리티카(Cambridge Analytica) 스캔들 이후 최근까지지도 혹독한 곤욕을 치루고 있다. 하지만 아직까지 페이스북은 22억 명의 인구가 이용 중이다.[492]

아무튼 저크버그는 이 모든 위기 가운데 개인정보유출 등 심각한 문제는 해결해야 할 것으로 보이고 다만 그의 어린 시절부터 돈과 관련 없이 세상 사람을 연결하고 싶다는 철학을 저버리지 말고 끝까지 성공적 글로벌 리더가 되길 바란다. 최근 그가 기업의 사회적 환원이나 온 세계의 사람들이 하나 되어 살아가게 하고 싶다는 깊은 철학과 그에 걸 맞는 과감한 재산 기부 등은 그의 진정성을 보여 준다고 보이긴 하다.

5) 사회적 영향력

세계는 저커버그를 정보화 시대를 비롯하여 각종 사회 분야에서 가장 영향력 있는 인물로 간주하고 있다. 잡지 《배니티 페어》는 2009년 그를 정보화 분야에서 23위 랭킹이라 했고, 2010년에는 '정보화 시대에 가장 영향력 있는 인물' 1위로 선정했다. 2008년 에는 《포브스》가 선정한 세계의 억만장자에 15억 달러의 자산으로 785위에 올랐다.[493] 2010년 <포브스>는 그를 세계에서 가장 젊은 억만장자 1위로 선정했으며, 같은 해 2010년 <타임>지는 그를 "올해의 인물"로 선정했다. 타임지가 올해의 인물로 그를 선정한 이유는 세상의 인간관계를 근본적으로 변화시킨 주역

---

491) 한겨레[경제] 2018.07.17.(화) 게재, 백석대학교 도서관 전자 신문 열람.
492) 한겨레[경제] 2018.07.17.(화) 게재, 백석대학교 도서관 전자 신문 열람.
493) Wikipedia, 2012.

이라는 것이다.494) 그 이후에도 <타임>지는 그를 매년 세계에서 가장 영향력 있는 인물로 꼽히고 있다.

2015년 9월 그는 제70차 유엔총회 기조연설에서 "인터넷은 물처럼 모든 사람이 누려야 할 기본적인 인권이다. 아직 세계 인구의 60%가 인터넷 이용 못하고 있다. 선진국은 10명 중 9명이, 후진국은 10명 중 3명 정도만 누리고 있어 양극화 문제 극복 위해 유엔과 협력하여 도움을 주고자 한다."495)고 말하며 모든 이에게 도움 주는 인터넷 보급에 적극 참여할 것을 약속했다. 사실 그는 이미 2013년부터 인도, 잠비아, 탄자니아, 케냐, 콜롬비아 등 인터넷의 혜택을 받지 못한 낙후된 지역에 무료로 인터넷을 공급하는 "internet.org"라는 프로젝트를 시작했다.496) 2015년 그에게는 세계 7대 부호라는 칭호가 주어졌다. 그의 배우자가 된 챈은 세계 7대 부자가 될 연인을 우연히 화장실 앞에서 만난 셈이다.497) 빌 어거스티 감독의 영화 '리스본행 야간열차'의 남자 주인공은 어느 날 훌쩍 미지의 땅으로 떠나며 이렇게 독백한다. "내 인생을 만들어온 감독은 우연(The director of my life is accidental)이다." 여기서 우연이란 사람(People)이라는 날줄(인생의 행로에서 만나는 사람)과 시간(Timing)이라는 씨줄의 결과물이라고 얘기한다. 2015년 딸의 출생과 함께 더 나은 미래를 만들기 위해 전 재산의 99%(한화 52조원으로 추정)를 기부하겠다는 대담한 결정을 했다.498) 이 모든 것은 나와 너로 분리되지 아니한 우리가 하나라는 공동체 의식에서 나온 것이기에 글로벌 리더 모델로서는 현재 이보다

494) 주디 L. 해즈 데이, 『저커버그 이야기』, 238.

495) 2015년 9월 제70차 유엔 총회 기조연설 내용 중에서. L. 해즈 데이, 『저커버그 이야기』, 254-256.

496) 주디 L. 해즈 데이, 『저커버그 이야기』, 8.

497) 주디 L. 해즈 데이, 『저커버그 이야기』, 241.

498) 주디 L. 해즈 데이, 『저커버그 이야기』, 8.

더 바람직한 사람은 많지 않다.

하버드 대학교 재학시절 대학생이라는 제한된 사람들만을 대상으로 만든 페이스북은 그 이후 전 세계로 확산되어 2017년 6월 28일자 뉴스로 IT world, 디지털 타임즈, 동아일보, 매일경제, 중소기업 신문 등 수 많은 매체들은 페이스북 월간 사용자가 20억 명을 돌파했다고 공식 발표했다. 20억 명이면 전 세계 인구(약 75억 명)의 26.7%에 해당하며, 지구에 사는 사람 4명 중 1명은 페이스북을 사용하고 있다는 굉장한 사실이다. 월간 이용이 아닌 하루 중 이용자수는 2018년 또 다른 조사에 의하면 총 14억4천900만 명으로 급성장했다.[499)]

마크 저커버그의 꿈은 전 지구인을 연결하는 것이라고 한다. 하지만 앞서 살핀대로 2017년부터 불거진 캠브리지 애널리티카(Cambridge Analytica) 스캔들과 관련해 최근 각종 문제들[500)]로 곤혹스러워하고 있다. 이런 사실을 볼 때 앞서 저자가 언급한 대로 윤리적 의식으로 온전히 무장되지 못한 리더는 그 모든 공든 탑이 다 한 순간에 무너질 수도 있다는 사실을 명심해야 한다. 부디 이 책이 출간된 이후 재판 출간에서도 그의 이름을 더 자랑스럽게 소개할 수 있었으면 한다.

499) 아이뉴스 24, 안희권 기자(기사입력 2018-04-26 08:51).

500) KISA, 한국 인터넷 진흥원에는 페이스북이 2018.3.22. 이후 4월까지 곤욕을 치루는 일들이 잘 정리되어 있다.

5. 마윈(馬雲, Ma Yun, Jack Ma, 1964~)

마윈은 중국 전자상거래 업체인 알리바바그룹 회장으로서 중국 최고의 부자이자 세계 18위의 부자[501]이며 포브스 표지에 최초로 실린 중국의 사업가이다.[502] 알리바바그룹은 현재 중국 전자상거래 시장에서 80% 이상에 이르는 점유율을 차지하고 있는 중국의 아마존이다. 그들은 마치 "우리는 세상에 있는 모든 것을 다 팝니다"라고 말하듯 전자상거래와 관련하여 온갖 것을 다 취급하기에 매일 1억 명의 사람들이 물건을 구매하기 위해 알리바바를 찾는다. 중국 국내 소포 역시 70%가 알리바바 관련 회사를 통해 거래될 정도다. 알리바바는 1999년에 영어강사 출신 마윈이 직원 18명으로 그의 집에서 시작하여 중국 제조업체와 국외 구매자를 위한 기업 대 기업(B2B) 사이트 '알리바바 닷컴'을 개설한 것이 그 출발점이다.

1) 출생배경

1964년 항저우에서 태어난 마윈은 가난한 집에서 태어나 공부도 잘 못했던 사람으로서 그의 부모는 항저우 지방 전통공연인 핑탄(평탄) 배우로 겨우 생계를 이어갔다. 하지만 중국 공산당이 1966년부터 문화대혁명에 나서 핑탄 공연은 금지됐고 집안은 급격히 쇠락했다. 키 162㎝, 몸무게 45kg이라는 왜소한 체격으로 그는 불우한 환경 가운데에서 공부도 그다지 잘하지 못했다. 하지만 영어 하나는 관심이 많았는데 이것은 그가 살던 곳이 항저우에서 외국인이 가장 많은 시후(西湖)였기 때문일 것이다. 그는

501) 2017년 7월 기준. 포브스에 따르면 18위, 블룸버그에 따르면 14위이다. 나무위키 2018-07-06일자 기록.

502) 나무위키 2018-07-06일자 기록.

매일 자전거를 타고 외국인들이 많은 호텔로 가서 그들에게 영어를 배웠다.[503] 호텔에 취직을 하면 영어도 더 잘 하게 될 것 같아 종업원으로 지원했지만 그의 외모 때문에 불합격 되고 말았다. 이 뿐 아니라 군 입대도 거부당하고, 경찰모집에서 떨어졌으며, KFC 입사시험에도 모두 실패했다. 이 모든 것에도 불구하고 그는 집에서 45분이나 되는 거리를 자전거를 타고 다니면서 호텔 외국인 고객들을 무료로 여행가이드 해주며 꿈을 품고 있었다.

2) 학업과 직장 생활

그는 비록 불우한 어린 시절을 보냈지만 영어에 남다른 관심을 가졌고[504] 고등학교를 다닐 때부터 영어가 능숙했다. 하지만 수학은 너무 형편없이 못해서 대학입시에 실패하여 사업에 뛰어들었다. 그 후 여러 번 대학에 떨어진 후 마침 결원이 생긴 덕분에 운좋게 항저우사범대 영문과에 입학했다. 세 번 만에 대학에 진학한 그의 수학 실력은 1점, 19점, 79점이었다고 한다. 수학을 너무 못했던 그는 영어에 승부수를 던진 듯 영어 공부만은 열심히 했다. 대학을 졸업하고 그는 한 때 월급 89위안(1만 5천원)의 가난한 대학 영어강사로 활동하다가 사표를 던지고 창업을 하게 된다.

3) 가정생활

마윈은 항저우 사범대 1학년 때 같은 사범대학 여학생이었던 장잉(張瑛)을 만나 결혼했다. 장잉의 친구들은 학교에서 '외계인'으로 불리던 마윈이 그녀와 어울리지 않는다고 극구 만류했다. 하지만 장잉은 한번 몰입했다하면 물불을 안 가리는 '외계인'에게 매력을 느끼고 마윈과 사랑에 빠졌다. 그리고 졸업과 동시에

503) 알리바바그룹 편, 『마윈이 말하다』, 이기선 역(서울: 처음북스, 2016년), 표지글.

504) 장용 · 옌추친 공저, 『양쯔강의 악어』(서울: 강단, 2015), 16.

그들은 결혼했다.

마윈은 뛰어난 아이디어와 언변으로 항저우 10대 인기 영어강사로 나름 성공해 번역회사를 차렸지만 사업은 계속 실패한다. 그러자 그는 꽃 장사, 옷 장사 등 닥치는 대로 일하던 힘든 시절도 있었다. 이런 그의 힘든 시절에 부인 장잉은 레스토랑에서 피아노 연주자로 아르바이트하며, 마윈이 사업을 한답시고 많은 친구들을 자기들의 보금자리 인 집으로 데리고 와 사무실을 차리고 숙식을 해결할 때에도 그 모든 뒤치다꺼리를 감당했다. 그리고 필요시에는 긴급 자금을 꾸어오기도 했다.[505)]

마윈은 불과 20년 전만 해도 패밀리 레스토랑에서 아르바이트를 하며 하루에 15달러를 벌고자 불철주야 일하던 사람이었다. 하지만 그는 미래를 내다보는 안목이 있었다. 그는 사회, 문화적으로 변화하는 중국을 주목했다. 이와 같은 그의 동물적 감각, 목표물을 향한 끈기와 노력, 사람을 끌어당기는 소통과 공감능력이 오늘의 그를 있게 했다. 무엇보다 그는 중국의 인터넷 도입과 더불어 펼쳐질 무한한 시장에 대한 예지력을 가지고 있었고 그런 그에게 말없이 그를 내조한 장잉을 비롯한 좋은 친구들이 그의 성공에 결정적인 디딤돌이었다.

묘하게도 성공한 글로벌 리더들을 살펴보면서 그의 주변 사람들과의 협력과 인간관계가 공통적인데 사실 이것은 새로운 것도 아니고 앞서 살펴본 고전적 인물들에서도 꼭 같이 나타나는 현상이었다. 리더십과 팔로워십과의 깊은 연관성에 대한 본 저자의 확신을 더해 주는 대목이다.

4) 창업과 위기 그리고 성공

마윈은 1992년 31살에 중국 최초의 인터넷 기업이라 할 수 있

505) <최기억 칼럼> "마윈의 부인과 친구들", 연합 인포맥스, 2014.11.11.일자.

는 통역회사 하이보를 차리며 창업세계에 뛰어들었다. 하지만 경험 부족으로 경영에 실패했다. 그 이후 마윈은 미국에 갈 기회가 있어 거기서도 인터넷을 접하고 인터넷 불모지인 자기 나라 중국에서 1995년 인터넷 관련 기업을 또 다시 시작했다. 하지만 이 사업마저도 실패하고 만다. 거듭된 실패에도 불구하고 마윈은 도전하고 또 다시 도전하여 1999년 자신이 살던 아파트에서 B2B 사이트인 알리바바 닷컴을 개설했다. 하지만 위기는 계속 찾아왔다.

마윈은 알리바바를 글로벌 기업으로 성장시키고자 미국에서 투자유치를 받기 위해 40여 곳의 회사를 찾아갔지만, 모두 고배를 마셔야만 했다. 그러다가 2000년도에 IT업계의 세계적 거물인 일본의 손정의를 찾아가 투자를 요청했는데 왜소한 체격에 촌스런 외모의 마윈, 알리바바는 무명의 회사였지만 손정의는 마윈의 사업 설명을 듣고는 즉석에서 투자 요청금액의 10배를 내놓았다.

알리바바는 결국 상장을 한 2014년에는 구글, 애플, 마이크로소프트를 잇는 IT업계 4위 기업이 됐다. 그 이후 투자와 온라인 시스템 변화, 인터넷 시대가 열리면서 대성공을 하게 된 것이다.

얼마 전에는 5조원 규모의 중국판 유튜브로 불리는 중국 최대 동영상 포털 '여우쿠투더우'를 인수하였다. 그래서 스마트폰과 SNS 시대를 이끄는 미국의 4대 IT업체를 TGIF(트위터, 구글, 아이폰, 페이스북)라고 한다면, 이에 대한 중국 버전의 신조어 BAT는 바이두(Baidu), 알리바바(Alibaba), 텐센트(Tencent)라 할 수 있다.[506] 18년이 지난 2017년 창립기념식에서는 직원 5만 명이 넘는 거대한 회사로 세상을 놀라게 했다.[507]

---

506) 중국현대를 읽는 키워드 100, 국민대학교 중국인문사회연구소.

507) <최기억 칼럼> "마윈의 부인과 친구들", 연합 인포맥스, 2014.11.11.일자.

5) 마윈과 인터넷

(1) 마윈이 컴퓨터를 만났을 때

마윈이 영어선생이던 시절 그는 우연한 기회에 미국 시애틀에 통역하러 갈 일이 있었는데 그때 난생 처음으로 그는 컴퓨터를 보았다. 그때 그는 인터넷이라는 것이 정말 대단하다고 생각을 했지만 '중국'이라는 단어로 검색을 하면 아무런 정보가 나오지 않았다.[508] 그 때 그는 미국 친구들의 도움을 받아 자기의 번역 회사 하이보에 대한 사이트를 만들었는데 불과 3시간 후에 미국, 독일, 일본 등 세계 각지에서 자기에게 온 전자메일이 6개나 들어있는 것을 보고 놀랐다고 한다. 그들은 마윈의 인터넷이 중국과 관련된 유일한 인터넷 정보라면서 반가워했고 마윈과 함께 하고 싶다고 말했다.

(2) 근무하던 직장 사표

컴퓨터를 처음 접하고 28일간 미국에 머물며 이와 관련된 여러 생각을 고민한 마윈은 중국으로 돌아와 영어와 해외무역을 가르치던 학교 총장에게 사표를 냈다. 그러면서 그 총장에게 컴퓨터 관련 사업에 대해서 이야기 하자 총장은 마윈이 도대체 무슨 정신 나간 소리를 하는 것인지 이해하지 못했다. 그날 저녁 그는 동료, 친구, 학생 24명을 초대해서 자신의 생각에 대해 2시간가량 회의를 진행하고 인터넷 기업을 창업하겠다는 이야기를 했는데, 다들 무슨 말인지 이해하지 못했다. 결국 찬반 투표까지 했는데 결과는 반대 23명, 찬성 1명이었다.[509] 찬성표를 던진 사람은 우습게도 당시에 농사를 짓던 학생이었다. 그는 마윈에게

508) 알리바바그룹 편, 『마윈의 내부 담화』, 송은진 역(서울: 스타리치 북스, 2017년), 351-352.

509) 장용 · 옌추친 공저, 『양쯔강의 악어』, 18.

"하고 싶으면 해야 한다. 대신 아니다 싶으면 바로 손 떼고 나와야 한다."라고 말했다. 마윈은 밤새 고민을 하고 그 학생 말대로 "하기로 했으면 한번 시도는 해봐야겠다. 시도도 해보지 않고 후회하는 것은 너무 억울하다."라며 결단했다.[510)]

(3) 차이나 옐로우 페이지 오픈

그는 2만 위안을 빌려 중국의 첫 번째 인터넷 기업인 차이나 옐로우 페이지를 세웠다. 그때가 1995년 1월~2월경이었다. 아직 중국에는 인터넷이 들어오기도 전이었다. 그 때 그는 그 사업을 시작하면서 여러 업체를 찾아다니며 회사의 홈페이지를 만들어 주겠다고 했다. 그러던 중 인터넷 홈페이지를 처음으로 만들어준 것이 바로 중국의 왕후호텔이다. 호텔 사장에게 중국어와 영어로 된 안내문을 만들고 국제 우편으로 미국 시애틀에 있는 협력업체에 보내어 홈페이지를 만들게 했다. 그는 호텔 사장에게 외국에서 이 홈페이지를 보는 사람 있을 테니 기다려 보라고 말했고 그때 대금을 지불에 주어도 늦지 않다고 말했지만 그 호텔 사장은 아마도 돈을 지불할 일이 없을 것이라고 말했다. 왜냐하면 당시의 중국에는 인터넷이 없어서 그 사장 자신도 그 홈페이지를 보지 못할 정도였다. 그 당시의 사람들은 대부분을 마윈을 사기꾼 취급했다.[511)]

왕후호텔 홈페이지 개설 건도 겨우 설득하여 만든 후 아무 소식이 없더니 몇 개월 후 인터넷으로 예약이 하나 들어왔다. 1995년 9월에 유엔 제4차 세계여성회의가 베이징에서 열리는데 베이징을 방문할 미국의 여성 대표들이 중국에서 머물 곳을 검색하기 시작한 것이다. 하지만 난감했다. 항저우가 베이징에서 1000

510) 알리바바그룹 편, 『마윈의 내부 담화』, 352-353.

511) 장용 · 옌추친 공저, 『양쯔강의 악어』, 23; 알리바바그룹 편, 『마윈의 내부 담화』, 12-13.

킬로미터나 떨어진 곳이라고 그들에게 말했지만 달리 정보가 힘든 그 여성 대표들은 오겠다고 했다.[512] 이 일을 계기로 그는 모든 중국 기업인터넷 홈페이지를 만든다면 상상조차 할 수 없는 변화가 일어나라고 직감했다.[513] 1995년 당시는 중국의 인터넷 속도가 매우 느렸고 먹통이 되기 일쑤였다. 아무튼 1995년 8월 차이나 텔레콤이 인터넷 서비스를 시작한 이후 마윈은 그들의 일곱 번째 고객이 되었다.

중국의 언론 매체들은 1995년 세계적인 부호 빌 게이츠가 "인터넷이 인류의 생활을 바꿀 것"이라고 말했지만 사실 이 말은 마윈 자신이 한 말이고 정작 빌 게이츠는 당시 인터넷에 대해서 회의적인 생각을 했다고 그는 주장한다. 아무도 그가 주장한 말을 귀담아 듣는 사람이 없어서 마윈이 빌게이츠에게 양보할 수 밖에 없었다고 가는 곳 마다 자신이 미래 예견에 대해 강조하고 있다.[514]

(4) 타오바오 설립

2003년 그는 "세계를 상대로 어려운 장사가 없게 한다" 철학으로 전자상거래 타오바오를 설립했다. 그는 당시의 중국과 국제정세를 살폈다. APEC, WTO, G20, 다보스 포럼, 세계경제포럼 등 굵직한 국제 행사 등 중국에서 개최되는 세계적 행사들에 대해 그는 주목했고 국제회의에서 중소기업을 위한 플랫폼 조성과 국경 없는 전자상거래를 시도했다. 마윈이 계속하여 외치며 주장하는 것은 개방이었다. 동서양의 사유 방식을 자유자재로 넘나드는 기업가 마윈은 젊은이들과 창업자들과 평등한 시각에서 세계와

512) 알리바바그룹 편, 『마윈의 내부 담화』, 355.

513) 알리바바그룹 편, 『마윈의 내부 담화』, 13.

514) 알리바바그룹 편, 『마윈의 내부 담화』, 17, 354(마윈은 가는 곳 마다 거듭 거듭 반복 주장).

미래를 놓고 함께 토론하기를 원한다.[515]

(5) 알리페이(Alipay) 설립

2004년에는 온라인 결제시스템인 알리페이(Alipay)를 설립했다. 이런 형태의 온라인 결제시스템은 물론 우리나라에서도 얼마 전부터 실시하고는 있었지만 2018년 7월 말 서울시장이 "서울페이"를 계획하고 있다고 하자 '서울페이', 결제 수수료 0원 진짜 가능할까?[516] 등 뉴스 후속 보도들로 인해 더욱 세간의 관심을 끌고 있다.

(6) 티몰 개업

2008년에는 세계적인 제품을 중국 소비자가 직접 구매할 수 있도록 한 사이트인 티몰을 열었다.

6) 마윈 리더십 분석

굳이 그의 리더십은 분석이랄 것도 없다. 세련되지 못해도 소박하고 투박하게(naive)하게 그의 진심이 묻어난 그의 말들을 직접적으로 그대로 소개하는 편이 더 나을 것 같다. 마윈에 대한 이차적 자료도 참고하겠지만 무엇보다 마윈 자신이 직접 강연을 통하여 그의 직원들이나 대중을 향하여 전한 어록 중심의 내용들을 가지고 그의 대한 리더십을 분석해보는 것이 좋겠다. 이 자료들의 출처는 대부분 알리바바그룹에서 제공 하는 회사 편집실 편저로 나온 것들이다. 책 이름도 주로 『마윈의 내부 담화』라거나 『마윈이 말하다』이다.

마윈 자신이 문필가적 소양을 가지고 조리 있고 논리적으로 말한 내용들이 아니기 때문에 인용 중에 다소 주장의 흐름이 비

515) 알리바바그룹 편, 『내가 본 미래』, 최지희 역, 6-7.

516) 정은주 기자, 이데일리 뉴스, 2018-07-30 기사 중에서.

약적이거나 매끄럽지 않을 수는 있다. 하지만 가능하면 마윈의 말을 직접 인용하고 필요에 따라 분명한 의미전달이나 이해를 돕기 위해 해석 혹은 견해를 덧붙이는 형식으로 전개하고자 한다. 먼저 마윈이 말한 대목부터 소개하고자 한다.

"인터넷에는 마윈 어록이라는 말이 꽤 많이 떠돌고 있는데 사실 이 말들은 대부분 내가 한 것이 아니다. 그리고 서점에는 나에 관한 책이 많이 나와 있는데 나는 도대체 이런 책들이 어디서 나왔는지 알 수가 없다. 글에 형용사가 많으면 분명히 내가 한 말이 아니다. 나는 말할 때 그렇게 형용사를 많이 사용하지 않는다. 행동도 단지 내가 해야 할 일을 할 뿐이다. 사명감이 나를 움직이는 힘이라고 말할 수 있다."[517)]

(1) 리더십의 중요성 강조

"저는 스위스 다보스 포럼에서 미국 클린턴 대통령이 리더십에 대해서 하는 말을 듣고 정말 리더십이 중요하다는 생각을 했습니다."[518)] "저는 다보스 포럼에서 리더십이란 무엇인지 고민했습니다."[519)] 그가 이룩한 모든 사업에 대해 은퇴 이후를 걱정하며 그는 말한다. "요즘 제가 가장 많이 고민하는 것은 리더에 관한 것입니다."[520)]

(2) 글로벌 의식을 가져라

"세계화된 눈으로 승리하라."[521)] 알리바바 그룹의 편집실에서 발간한 책에 나오는 마윈의 연설의 제목이다. 그의 창업의 동기

---

517) 알리바바그룹 편, 『마윈의 내부 담화』, 송은진 역(서울: 스타리치 북스, 2017년), 89-90.

518) 알리바바그룹 편, 『마윈의 내부 담화』, 88-89.

519) 장용 · 옌추친 공저, 『양쯔강의 악어』, 116.

520) 알리바바그룹 편, 『마윈이 말하다』, 347.

521) 알리바바그룹 편, 『마윈의 내부 담화』, 350.

부여가 된 경영철학이기도 하다. 그는 미래의 세계화를 내다보고 정작 자기 나라 중국 땅에 아직 인터넷에 들어오지도 않았는데[522] 인터넷 관련 사업을 세계를 향해 꿈을 품었다. 그는 리더에게 "안목이 중요하다"[523]고 강조한다.

(3) 타인 중심의 시각

그는 "현재 많은 사람들은 '내'가 중심이 되어 내가 편리하게 관리하는 IT방식으로 세상을 보고 있다. 그러나 DT 방식은 다르다. DT는 '타인'을 중심으로 하여 타인의 역량을 강화하고 돕는 것"이라고 말한다. 실로 거대한 사고의 전환이며 이러한 사고의 전환은 기술의 변화, 기술의 전환을 이끌어낸다. [524] 마윈은 이러한 IT에서 DT로의 변화를 직감적으로 읽어 내었기에 그는 이 시대의 새로운 리더가 될 수 있었던 것이다. 타인이 성공해야 내가 성공할 수 있다는 것이 마윈의 DT 철학이다. 이것이야말로 글로벌 리더십 정신이다.

(4) 고객중심의 시각

여기서 그는 허버트 캘러허와는 좀 다르다. 마윈에게는 고객이 항상 1순위이다. 그는 말하기를 월가에서는 주주를 1순위로 하지만 저에게는 항상 고객이 1순위, 직원이 2순위, 주주는 마지막 3순위라고 말했다.[525] 그는 줄곧 "기술이 사람을 위해 서비스 해야지 사람이 기술을 위에 서비스에서는 안 된다고 생각해 왔다. 전 세계의 80프로 이상의 사람이 나처럼 기술을 잘 알지도 못한

---

522) 알리바바그룹 편, 『마윈의 내부 담화』, 353-354.

523) 알리바바그룹 편, 『마윈의 내부 담화』, 359.

524) 알리바바그룹 편, 『마윈이 말하다』, 이기선 역(서울: 처음북스, 2016년), 10-11.

525) 알리바바그룹 편, 『마윈의 내부 담화』, 347.

다. 나 마윈이 사용하기 어려우면 그들도 어려운 것이다.[526] 고객에게 첨단 기술을 이야기 하면 고객이 우리로부터 멀어지니 쉽게 다가가라고 말한다.[527] 리더십에 대한 고민 후 그것은 "고객에게 해가 되지 않는 일을 꿋꿋이 해 나가는 것이다."라는 그의 말에서도 그의 리더십의 초점을 반복적으로 보게 된다.[528]

(5) 포용력

"현재 알리바바의 가장 큰 장점은 바로 포용력이 크다고 하는 것이다. 다양한 사람들을 받아드리며 그 결과 훌륭한 인재를 많이 각양각색의 인물을 받아들이는 회사야말로 좋은 회사라는 사실을 명심해야 한다. 사람들이 동물원에 가는 이유는 그 안의 다양한 동물이 있기 때문이다. 한 가지 동물만 있으면 재미가 없다. 사람들 꼼꼼히 살펴보라. 어떤 사람은 고집이 세고 어떤 사람은 꼼꼼하고 어떤 사람은 거시적인 안목을 갖추었고 세상에 이처럼 다양한 사람이 있듯이 회사 안에도 다양한 사람이 있어야 하고 그들을 인정해야 한다."[529]

(6) 공부하는 리더가 되라

"공부하지 않는 리더는 역량을 발휘할 수 없다[530] 그리고 자신보다 뛰어난 사람 인정하라. 18명으로 시작한 알리바바는 큰 회사로 성장했다. 나는 미국 대통령 클린턴, 빌게이츠, 워런 버핏 등과 소통하고 꾸준히 교류하며 친구가 되었는데 그들을 만나면 감탄하며 어떻게 이런 생각을 할 수 있을까 생각을 했다. 리더는

526) 알리바바그룹 편, 『마윈의 내부 담화』, 349-350.
527) 알리바바그룹 편, 『마윈의 내부 담화』, 12.
528) 장용 · 옌추친 공저, 『양쯔강의 악어』, 116.
529) 알리바바그룹 편, 『마윈의 내부 담화』, 293-294.
530) 알리바바그룹편, 『마윈의 내부 담화』, 91.

모든 영역에 자신보다 뛰어난 사람이 있다는 사실을 인정해야 한다."[531]

이 말은 리더는 그가 아무리 크게 되었다고 하여도 낮은 자세로 늘 배우고 공부하는 자세를 가지라는 뜻으로 보인다. 한번은 마윈이 세계적으로 인정받아 소위 아무나 가지 못하는 다보스 포럼에 갔는데 거기에서 자신은 너무 초라한 존재였고 저크버그 역시 그러하였으며 그를 만나 나중에 서로 연락한 일이 있다고 일화를 소개하는데 그와 만난 몇 년 후 페이스 북에 가보니 저커버그는 중국이라는 시장에 관심을 가지고 중국어 공부를 하고 있었다는 것이다.[532]

(7) 운명은 바꿀 수 있는 것이다

"운명은 있다. 그러나 그 운명은 바꿀 수 있는 것"[533]이라고 마윈은 말한다. 그리고 그는 "나처럼 부족한 사람도 성공했으니 80%의 청년들도 틀림없이 성공한다."고 강조한다.[534] 무엇보다 마윈 그 자신이 운명을 바꾼 살아있는 증인이다. 운명이란 환경의 좋고 나쁨에 있지 않다. 우리는 역사상에 수많은 위인들을 보면서 그것은 전혀 그렇지 않음을 보았다. 운명의 사촌인 역경이란 그가 좋은 환경 가운데 있다고, 나쁜 환경 가운데 있다고 비켜 가는 것이 아니다.

같은 바다에 배 두척이 그 돛배의 방향에 따라 배 한척은 동으로 가고 나머지 한척의 배는 서로 간다. 어떤 유명한 알코올 중독자 치료 정신과 의사와 또 다른 유명한 알코올 중독자 청년이 있었다. 어떤 사람이 물었다. 어떻게 한 사람은 훌륭한 의사

531) 알리바바그룹 편, 『마윈의 내부 담화』, 91-93.
532) 알리바바그룹 편, 『마윈, 내가 본 미래』, 347.
533) 알리바바그룹 편, 『마윈이 말하다』, 23.
534) 장용 · 옌추친 공저, 『양쯔강의 악어』, 250.

가, 또 한 사람은 알코올 중독자가 될 수 있었습니까? 그 두 사람은 말했다. “우리 아버지 때문이예요.” 이 두 사람은 같은 아버지를 둔 형제이다.

(8) 대중과 함께 호흡하는 리더

그는 사업 외에도 영화배우와 가수 데뷔 등 자신의 버킷리스트를 하나씩 성취해나가는 것으로도 잘 알려져 있다. 한 해에 26조원 이상의 매출을 거두는 알리바바 그룹을 총수이기에 무척 분주할 것이 분명한데 그의 기이한 행적은 계속 되고 있다. 본인 출연의 영화 ‘공수도’ 배경음악으로 자신이 한 노래도 활용됐다. 세계적인 무술스타 리렌제(이연걸)과 홍진바오(홍금보)도 함께 출연했으며 마 회장은 주인공에게 태극권을 전수하는 스승 역할을 맡아 이목을 끌었다.

마 회장의 무술 사랑은 유별나다. 마윈이 태극에 관심을 가지는 것은 단지무술에 관한 관심만은 아니다. 마윈 강연회의 어떤 모임에서 “마윈에게 있어 태극권이란 무엇입니까?”라고 하는 질문에 마원은 “알리바바 전체 운영시스템은 모두 태극사상을 기반으로 하고 있다. 그룹 전체의 전략과 발전을 세울 때 언제 쪼이고 언제 풀지, 언제 비우고 언제 채울지, 언제 공격하고 언제 방하는지에 대한 생각이 모두 태극사상”이라고 그는 경영철학을 태극과 관련하여 말했다.[535]

마윈은 알리바바그룹 18주년 기념행사에서 마이클 잭슨 복장을 하고 나타나 수만 명 직원들의 환호를 받았다. 공연 마지막에는 세계적 마술사 데이비드 카퍼필드처럼 무대 위에서 사라지는 마술쇼까지 선보였다.

개인자산 435억 달러(약 48조원)로 아시아 최고 부호 중 하나인

---

535) 알리바바그룹 편, 『마윈이 말하다』, 204.

그가 다른 경영인이나 갑부들과 달리 화려한 쇼맨십을 발휘하며 다양한 면모를 적극적으로 세상에 알리는 재주에 대하여 현지 언론들은 그가 어릴 때부터 배우 활동을 해 오던 그의 부모님들의 직업적, 가정환경에서 찾기도 한다. 수입도 없이, 때로는 박해와 괄시를 당하던 부모님들의 배우 활동이 그의 경영 전략에 절묘하게 적용되어 특이한 리더십으로 재생산 되어 나타나는 이 연관성을 우리는 어떻게 더 연구해야 할까?

(9) 마윈과 만만디(慢慢地)

만만디(慢慢地, mànmàndi)란 우리 한국인의 "빨리 빨리"와는 정 반대로 "천천히 천천히"라는 뜻으로 잘 알려진 말이다.[536] 마윈은 적어도 성공하기 위해 10년, 성공하고 나서 10년이라는 원칙을 가지고 있다. 그는 이베이(Ebay)와 경쟁하기 위해 굴욕의 10년을 기다려왔다. 알리바바의 놀라운 성장으로 인해 결국 미국 이베이가 2006년 중국 시장에서 철수하게 되었다. 그런데 사실 그는 이베이와 경쟁하기 위해 10년을 준비해 왔다고 했다.

야후(중국)을 인수한 후에 마윈은 또 10년을 투자했다고 한다.[537] 지구전으로, 계획성 있게, 천천히 행하는 중국 특유의 기질이 그의 사업 경영의 철학이었다.

(10) 마윈과 휴양생식

휴양생식이란 말은 "전쟁 같은 동란 뒤에 사회를 안정시킨 후 경제력을 회복하다는 뜻이며 휴양하며 예기를 기른다는 뜻이다. 교수 사회에서도 퇴수(退守)라는 말을 사용하는데 이는 잠시 물러나 다시금 자신을 돌아보고 지킬 것은 지키고 수양을 쌓는 것이다. 마윈은 자기 전략의 핵심으로 중요한 결정을 내렸다고 말

536) 늦을 慢, 땅 地인데 地는 여기서는 어조사로 쓰인다.

537) 알리바바그룹 편, 『마윈이 말하다』, 59.

하면서 어떤 모임에서 향후 3년간의 전략을 휴양생식이라 했다. 이것은 명상을 그렇게 중요시 했던 스티브 잡스를 연상하게 한다.[538] 최근 국내 매체들은 실리콘 밸리의 대단한 명상 바람과 박찬호 선수의 명상을 통한 기술력 향상을 소개하고 있다.

7) 마윈의 용인술

본래 용인술이란 저자도 리더십 항목 속에 하나로 취급하였지만 마윈의 경우는 특히 그의 리더십 중에 용인술이 뛰어나기에, 우리는 여기서 그의 용인술을 분리하여 좀 더 심층적으로 들여다 볼 필요가 있다. 그의 용인술을 들여다보면 마치 저자가 언급한 삼국지의 인물들이 튀어나온 듯하다. 그는 인재를 알아보고 귀히 여기고 대단히 인재 중심의 경영을 펼치고 있다. 그리고 사람을 의심하라고 하는 말도, 의심스러운 사람을 들어 쓰라[539]는 말도 다 그의 리더십에 있어 용인술에 속한다.

사실 그는 창업 당시부터 마치 삼국지의 도원결의처럼 그의 집에서 회사를 차려 창업 멤버들과 함께 숙식하며 사업을 시작했다. 그 사업을 하기 전에는 자기가 가르치는 학생들과도 장시간 토론하고 결정적으로는 다 반대하는 가운데 찬성한 한 사람의, 그것도 학생의 말을 귀담아 듣고 결행하여 대승하였다. 때로는 삼고초려 하듯 여기 저기 필요한 사람들을 찾아가 허리 숙여 필요한 바를 얻어내는 이 모든 그의 경영이 용인술이다.

(1) 사람을 들어쓰라

이 말을 저자가 다르게 바꾸어 표현한다면 "내가 못하면 남이 하게 하라"의 뜻 정도가 되겠다. 사람을 잘 들어 쓰는 것이 중요

538) 알리바바 그룹 편, 『마윈이 말하다』, 55.

539) 마치 잡스가 성격이 괴팍해도 그를 고용ㅇ한 적이 있는 어떤 CEO는 그의 그런 점을 요인하고 규정을 탄력적으로 적용하여 현실화하듯이

하다고 하는, 인재와 전문가를 활용하는 그의 리더십이 돋보인다. 마윈이 2008년 6월 27일 상무부 연설에서 한 내용이다. "나는 컴맹에 가깝다. 컴퓨터로 하는 일이라고는 단순히 인터넷에 접속하거나 이메일을 보내는 정도이다. 하지만 나는 기술을 모르는 것은 큰 문제가 아니라고 생각한다. 기술에 대해서 아는 것이 별로 없는 나도 세계 최대의 전자상거래 기업을 세우지 않는가 물론 나 같은 문외한이 전문가들의 리더가 되려면 무엇보다 그들을 존중해야 한다."[540]

본서에서 저자가 소개한 잡스, 빌게이츠, 저크버거 등은 모두 다 컴퓨터의 귀재들이다. 그러나 마윈은 그 자신도 밝혔듯이 컴맹에 가까운 사람이라 정작 기술적으로 잘 알지 못하는 사람이다.[541] 그러나 그는 전문가들을 존중하고 들어 쓸 줄 알았다.

(2) 사람에게 다가가라

그는 임원들과 사원들을 향하여 말하길 고객의 수준에 맞추어 그들의 언어로, 그들의 눈높이로 제품을 개발하고 홍보하라고 기회 있을 때 마다 교육을 통해 당부했다.[542] 이런 점에서는 앞서 언급한 잡스를 비롯한 여러 컴퓨터 귀재들의 철학도 일맥상통한 차원에서 살펴볼 수 있다. 그들은 그 어려운 컴퓨터를, 그 값비싼 컴퓨터를 쉽고 저렴하게 우리가 접하게 만들었다.

(3) 사람을 의심하라

알리바바 절약 투자에 관한 기업 설명회에서의 마윈은 이렇게 말한다. "사람을 쓰면 반드시 의심하라. 반드시 맡긴 일에 대하여 그를 관여해야 한다. 일을 맡겼으니 알아서 하겠지라고 생각하면

---

540) 알리바바그룹 편, 『마윈의 내부 담화』, 11

541) 알리바바그룹 편, 『내가 본 미래』, 6.

542) 장융 · 옌추친 공저, 『양쯔강의 악어』, 122.

안 된다. 사람을 쓰면 의심해야 한다는 것이다."[543]

아직 일처리가 미숙한 학생들의 행사를 지도하며 일을 맡겨 본 저자는 이 말이 무슨 말인지 안다. 사람을 의심을 해서 의심하는 것이 아니라 반드시 일을 맡은 자가 의도대로 정확히 수행했는지 점검해 보아야 하는 것이다. 종종 믿고 맡겼는데 나중에 당면하여 낭패를 당하는 경우가 한 두 번이 아니었다. 그 원인도 참으로 다양하다. 일처리 미숙, 착각, 게으름, 잊음, 오해, 왜곡, 깜박 잠이 듦, 다른 이에게 대신 부탁했다가 시행되지 않음 … 등등 이유도 참으로 황당하고 다양하다. 뒤늦게 믿는 게 아니었는데 후회해 보아야 이미 늦었다. 이 말은 단지 그 사람을 믿지 못한다는 말이 아니다. 물론 아예 불성실하여 일을 맡기기 어려운 경우도 있다. 그러나 아무튼 일의 최종적 책임은 리더에게 있다. 사람을 너무 믿으면 일을 그르친다는 사실을 명심해야 한다.

(4) 의심되는 사람을 활용하라

이 말은 언뜻 사람을 쓰면 반드시 의심하라는 그의 말과 모순되는 것 같지만 다른 차원에서 생각해야 한다. 이 말은 너무 예측 가능한 사람만 사용하면 혁신이 없다는 뜻이다. 특별히 믿을 만하고 마음이 놓이는 사람만을 사용하면 안정적이기는 해도 그에게서 새로운 혁신을 기대하기는 어렵다는 그래서 잘 파악되지 않는 사람을 어디에 써야 할지 생각해서 변화와 변혁을 시도하라는 그의 경영 철학이 담겨있다..[544]

(5) 구조를 조정하라

세계최고의 기업 GE 신화를 이룬 잭 웰치는 46세 최연소 회장 시절 경영혁신을 주도하면서 글로벌 기업이 되지 못하는 사업들

543) 알리바바그룹 편, 『마윈이 말하다』, 16.

544) 알리바바그룹 편, 『마윈이 말하다』, 16.

에 대해서는 냉혹하게 10만명 이상을 해고하여 선택과 집중 경영을 인정받았다.[545] 마윈 역시 잉여 인력 없는 탄탄한 조직 경영으로 유명하다. 그는 자기 회사 직원들을 향한 강연 중에 2012년 채용 계획에 대한 보고를 들은 이야기를 했다. “그룹에서는 신규 사원을 6,000명이나 7,000명 뽑아야 한다고 보고했지만 절대 200명 이상은 안 된다고 못 박았다고 한다. 그 때 그들은 나의 말을 납득하지 못했다. 그래도 나는 몇 번이고 설득하고 다시 설득하여 겨우 200명을 채용했는데 나중에 사실 그 200명도 다 어디에 배치해야 할지 난감할 정도였다. 우리는 그 200명의 신규 사원만으로도 실적이 두 배가 되었고 수익도 일조 위안을 남겼다.”[546] 마윈은 다른 많은 기획 간부들이 보지 못하는 세밀한 안목을 가지고 자신의 조직을 샅샅이 꿰뚫어 보고 있었다.

(6) 좋아하는 일에 그를 배치하라

자신이 하고 싶은 일을 해야 그 일에 대해서 하고 싶은 열정도 생긴다.[547]는 생각을 마윈은 가지고 있다. 최근 선출된 우리나라의 어떤 도지사가 파격적 인사를 단행한 것을 며칠 전 신문기사를 본 적이 있다. 그 도지사는 공무원들에게 자기보직을 자기가 생각하여 지자체장인 자신의 개인 e-메일로 보내라고 했다.[548] 이 도지사 역시 마윈처럼 사회 밑바닥에서 도지사가 되기까지 입지전적 인물로 성장하여 놀라운 파격적 리더십을 인정받는 한 사람이었다.

마윈은 그의 책이나 연설 곳곳에서 본인이 하고 싶은 일이라고 하는 열정을 여기저기에서 강조하고 있는데, 세상에는 내가

545) 장종현 편, 직업@ 비전(서울: 백석출판사, 2004), 66.

546) 알리바바그룹 편, 『마윈이 말하다』, 350.

547) 알리바바그룹 편, 『마윈이 말하다』, 20

548) 이재명, “고위직 ‘희망보직’ 내 이메일로 제출하라”, CBS노컷뉴스 2018-07-12.

할 수 있는 일은 많지만 정말 하고 싶은 일은 많지 않다고 말하면서 열정이야말로 중요한 요소라고 강조하고 있다.[549)]

(7) 직원은 한 식구이다

마윈에게는 직원이 마치 식구이다. 그는 창업 당시부터 그와 18명의 직원들은 한 집에서 먹고 자면서 창업했다. 그는 마치 부모 형제처럼 직원들 대해야 된다고 생각하고 그것이 자기 사업의 최대의 자산이라고 주장한다.[550)] 그의 이러한 직원 중심의 리더십은 마치 모든 직원들을 가족처럼 여기고 고객 보다 더 우선 순위에 두는[551)] 허버트 켈러허를 생각나게 한다.[552)] 마윈은 부하 직원들을 상대로 격 없이 대하며 마치 대학생 동아리 친구들이 같이 분장하여 어울리고 놀듯이 편 경영[553)]을 펼치는 리더십 행동도 허버트 켈러허와 많이 닮았다.

(8) 법치 보다 인치

그의 연설에 자주 등장하는 "법치 말고 인치"라는 말은 그가 제도 공동체 보다 사람 공동체를 원함을 보여준다. 그는 공동체를 법과 제도에 일괄적으로 맡기기보다 사람이 직접 그 공동체를 어거해 나가기를 원했다. 이런 그의 행동들은 마치 그 예전의 공자나 유비의 덕의 리더십을 보는 듯하다. 마윈은 항상 제도 보다 사람을 앞세우는 리더였다. 심지어 부정부패를 저지른 직원을 언급하면서도 그는 법치 보다는 인치를 외친다.[554)]

---

549) 알리바바 그룹 편, 『마윈이 말하다』, 20.

550) 알리바바 그룹 편, 『마윈이 말하다』 ,295

551) 물론 이 부분에서 마윈은 고객이 1순위 직원은 2순위이다. 동양적 이타사상의 소산으로 보이며 결코 직원이 차순위라고 보이지는 않는다.

552) 무굴판댜 · 로비 셀, 『세상을 변화시킨 리더들의 힘』, 51.

553) 무굴판댜 · 로비 셀, 『세상을 변화시킨 리더들의 힘』, 47.

554) 알리바바 그룹 편, 『마윈이 말하다』, 342.

"보통 제도만 잘 만들면 모든 문제가 해결될 수 있다고 생각하지만 법은 가치관을 강화하기 위한 수단일 뿐이다. 우리에게 부족한 것은 도덕과 가치 체계이다. 이러한 것이 없다면 훌륭한 제도가 있어도 소용이 없다." 마윈은 그 거대한 기업을 경영하면서도 여전히 건조한 법과 시스템보다는 사람 냄새 물씬 나는 인정과 덕으로 경영하는 기업을 지향하고 있다.[555] 시스템 중심의 다른 재벌기업의 건조한 리더십과 대조되는 알리바바 그룹은 마치 대가족을 이루고 있는 큰 집을 보는 듯 한 느낌이 들게 한다.

(9) 리더십 후계 구도

그는 아직 비교적 젊은 나이인데도 후계 구도를 생각하고 있다. 그리고 요즘 가장 고민을 많이 하는 문제는 바로 리더십에 관한 것이며 차세대 리더를 키우기 위해 직원들을 주목하고 있는데 "중국에 아직 이런 회사는 없지만 우리 회사가 그렇게 되기를 희망한다."[556]고 했다. 그는 21세기 리더십에 대해서는 "남을 관리하는 능력이 아닌 자신을 관리하는 능력이 필요하다. 남을 관리하는 능력은 20세기에 필요한 능력이었다."고 답한다. 이렇게 말하는 마윈에게 진행자는 "회장님은 어떻게 자기를 관리하시나요?"라고 질문하자 "최근에 일부러 회사에 오지 않는 것도 그 중의 하나인데 마치 아이가 크면 아버지가 늘 데리고 다닐 필요가 없는 것과 같이 그런 원리다."[557]라고 그는 말했다. 그 옛날 중국 고전에서 노자는 말하기를 "백성들이 지도자가 있는지조차 의식하지 못할 때 그는 가장 훌륭한 지도자이다."라고 했는데 마윈은 마치 노자에서 말하는 그런 지도자 같다.

555) 알리바바 그룹 편, 『마윈이 말하다』, 344.

556) 알리바바 그룹 편, 『마윈이 말하다』, 347.

557) 알리바바 그룹 편, 『마윈이 말하다』, 411

진행자는 또 물었다. "회장님께서는 언젠가 자신이 너무 강해져서 회사를 망치게 될까 무섭다고 말씀한 적이 있다." "여러 차례 은퇴의사를 밝혔는데 투자자들이 불안해하지 않겠는가?"라고 질문하자 "쉬고 싶거나 지치고 힘들어서가 아니라 제 능력이 따라주지 않아 회사에 해가 되고 수많은 사람에게 해가 될지 모르기 때문에 그렇다. 이제 갈수록 인터넷 시대에 대한 나의 이해가 부족하기 때문이다."[558]라고 말 한 그는 이미 차기 후계 경영자로 직원들을 자기 집 식구 대하듯 고락을 함께 하는 자를 눈여겨보면서 리더십 훈련에 돌입해 있다.

8) 사회적 영향력

2013년 기준 알리바바그룹 전자상거래로 팔린 상품은 2,480억 달러로 이베이, 아마존(Amazon)의 거래 규모를 더한 것보다 많다. 2014년에도 하루에 2억5천만 건의 매출이 있었다. 2014년은 주가총액이 아마존을 뛰어넘는 거대한 회사로 자리매김하며 주식 보유액 31조원이 넘어가는 아시아 최고의 부자가 되었다.[559]

그는 2015년 9월 UN 글로벌 교육재정위원회 위원, 2015년 10월 영국 상업자문위원회 위원, 2016년 9월 UN무역개발회의 청년창업 중소기업 특별고문, 2016년 5월부터 중국기업가클럽 회장 등을 역임하며 활발한 사회활동을 펼치고 있다.

558) 알리바바그룹 편, 『마윈이 말하다』, 413

559) 알리바바그룹 편, 『마윈이 말하다』, 표지글

[저자소개]

주 만 성

고려신학대학원(M. Div.)
REGENT UNIVERSITY SCHOOL OF DIVINITY (D.Min)
부산 성지여자실업 고등학교 영어교사 역임
전라 고려신학교(영문신학 강독) 교수 역임
백석대학교 교목 실장 역임

현 백석대학교 교수(경찰학부 인성담당)
현 백석대학교 리더십 과목 강의 중

리더십 / 팔로워십

2018년 9월 1일 | 초판 인쇄
2018년 9월 10일 | 초판 발행

지은이 | 주만성
발행인 | 고호균
발행처 | 법영사
등 록 | 1987.11.5 제3-125호(윤)
주 소 | (06302) 서울특별시 강남구 논현로 130
전 화 | (02)501 - 8898
팩 스 | (02)501 - 8895
Site : www.bubyoungsa.co.kr
E-mail : bypuco@chol.com
ISBN : 978-89-7032-317-6

정 가 12,000원